가장 쉬운
초등 과학 실험

**가장 쉬운
초등 과학 실험**

초판 2쇄 발행 2022년 9월 10일

지은이 | 이조옥
발행인 | 김태웅
책임편집 | 안현진
디자인 | ALL designgroup
마케팅 | 나재승
제 작 | 현대순
발행처 | (주)동양북스
등 록 | 제2014-000055호
주 소 | 서울시 마포구 동교로22길 14(04030)
전 화 | (02) 337-1737
팩 스 | (02) 334-6624
내용 문의 | 전화 (02) 337-1762 이메일 dybooks2@gmail.com
ISBN 979-11-5768-815-9 73400

ⓒ이조옥, 2022

• 이 책은 저작권법에 의해 보호받는 저작물이므로 무단 전재와 무단 복제를 금합니다.
• 잘못된 책은 구입처에서 교환해드립니다.
• 도서출판 동양북스에서는 소중한 원고, 새로운 기획을 기다리고 있습니다.
• http://www.dongyangbooks.com

가장 쉬운 초등 과학 실험

국내 최고 영재교육기관

CBS영재교육원·시엘영재교육원 과학 프로그램 대공개!

이조옥 지음

동양북스

머리말

과학은 인간이 가치 있다고 여기는 수많은 가능성 중 하나로, 미래를 향해 활짝 열려 있는 분야입니다. 제가 연구한 바로 과학은 '재미'-인간의 본질인 '호기심'에서 시작해서 우리가 놀이에서 느끼는 것과 같은 '재미'를 통해 그 생명력을 탄탄하게 이어 왔습니다. 여기서 재미란 신기한 것을 볼 때의 놀라움, 몰입에서 오는 기쁨, 힘들고 어려운 것을 성취하는 데서 오는 효능감, 깨달아 아는 즐거움 등 다양한 요소들을 포함합니다.

그러나 대부분의 사람들은 과학을 '어렵다', '재미없다', '나와 상관없다'로 경험합니다. 천재적 과학자들이 이끌어 낸 완성된 법칙으로서의 과학, 이를 배우고 풀어야 하는 교과목으로서의 과학만을 경험했기 때문일 것입니다. 만약 사람들이 과정으로서의 과학, 일상으로서의 과학, 실패하거나 실수할 여지가 있는 과학, 취미로서의 과학, 놀이로서의 과학, 아직도 많은 여백을 가지고 탐험 중인 과학을 경험했다면 과학에 대한 이미지는 어떻게 달라졌을까요?

저는 세상 모든 아이들이 그들의 특성과 소망, 욕구에 맞게 교육받아야 한다는 신념으로 영재교육을 시작했습니다. 비단 영재뿐 아니라 세상 모든 아이들이 자신 안에 잠재된 수많은 가능성들을 하나씩 펼쳐내고 성장하며, 그를 통해 행복할 수 있도록 도와야 한다고 생각합니다. 어린 학생들이 과학을 재미있고 즐겁게 다양한 형태로 경험하도록 하고 싶어 이 책을 쓰게 되었습니다. 기존 영재원 프로그램도 있고, 이번에 새롭게 구성한 프로그램도 있습니다. 필요하다면 약간의 도움을 얻되 집이나 슈퍼마켓, 약국에서 구할 수 있는 재료들로 혼자 실험해 볼 수 있도록 나름 촘촘한 잔소리도 담았습니다.

한 번에 성공하지 못했다고 실망하지 말고 실패하고 실수하며 곰곰이 생각하고 새롭게 도전해 보길 바랍니다. 내가 얻은 결과와 밝혀진 결과 사이에 간격을 두고 물음표를 만들어 주고, 내 생각을 메모해 보고 책 위에 물도 쏟아가며 과학의 즐거움과 재미를 느껴보길 바랍니다.

이조옥(CBS영재교육학술원장, 동아사이언스시엘영재교육학술원장)

추천사

학생들이 생각하는 과학의 이미지는 '재미없고, 이해하기 어렵다'인 것 같습니다. 물론 저도 연구자로 살아오면서 과학이 쉬웠던 적은 없었습니다. 그러나 늘 재미있었습니다. 과학 활동을 어떻게 접하느냐에 따라 낯설고 생소했던 과학도 점점 익숙해지고 재미있어집니다.

본 서는 초등학생들이 간단한 과학실험을 할 수 있도록 도와주는 책으로, 집에서 학생들이 과학을 하며 즐길 수 있도록 안내되어 있습니다. 이렇게 과학 활동을 해보면 과학에 대한 흥미도 커지고, 활동 중간에 '왜 그러지?' 하는 호기심도 생기게 될 것입니다. 그리고 하다 보면 당연히 학교 과학과도 연결이 되어 학교에서는 연관이 어려웠던 과학 개념이 어느새 이해되기도 하고 또 새로운 의문이 생기기도 할 것입니다. 이 책을 가지고 독자들이 과학 활동을 즐기며 과학을 일상의 한 부분이 되도록 활용할 수 있다면 좋겠습니다.

／ 최승언(서울대학교 사범대학 지구과학교육과 명예교수)

"흥미롭고 이해하기 쉬운 방식으로 과학을 설명하고 항상 재미있는 실험을 해주시는 선생님께 감사드립니다." 올해 스승의 날에 받은 편지입니다. 그리고 이는 제가 꿈꿔온 과학교사의 모습입니다.

오랫동안 보아온 대학 후배이자 과학교사이고 영재교육전문가인 저자가 이 책을 쓰면서 바라던 바도 비슷할 것이라 생각됩니다. 과학이란 과학자들만의 언어가 아니고 우리의 일상생활과 맞닿아 있는 것이라는 것을, 그래서 주위에 있는 것들을 이용해서 과학의 기본 원리를 손쉽게 찾아볼 수 있다는 것을, 궁금한 것이 많은 아이들이 직접 시도해볼 수 있고, 과학을 전공하지 않은 부모님들도 함께 즐거운 과학 활동을 할 수 있다는 것을 이 책이 도와줄 것이라고 기대합니다.

활동을 하다가 실패해도 괜찮습니다. 결과가 책에 있는 대로 나오지 않아도 괜찮습니다. 왜 다르게 나왔는지, 어느 부분이 어려웠는지, 실패하게 된 이유는 무엇인지를 짚어보는 것도 과학입니다. 과학 내용과 이론을 무조건 암기하는 것이 아니라 실생활과 관련지어 과학과 함께 살아가는 방법을 익히는 것. 이 책을 추천하는 이유입니다.

／ 김경화(이학박사, 덕수중학교 과학교사, 2015 올해의 과학교사상 수상자)

국제화로 인한 무한 경쟁시대인 기술 중심의 미래사회에서 각국 인재들의 경쟁력을 높이기 위해 교육 선진국인 유럽과 미국에서 과학, 공학, 기술의 융합교육인 STEM 교육의 차세대 과학교육 표준(NGSS, Next Generation Science Standards)을 만들어 공교육에 적용하려는 이때에 과학적인 사고를 논리적으로 받아들일 수 있는 초등학교 고학년들을 위한 실습 중심(Hands-on Activities)의 과학책이 한국에서 나온 것은 매우 고무적입니다.

물론 공교육 시스템 안에서 실습 중심의 과학 교육이 학습 능력이 다른 학생들이 모여 있는 일반 교실에서 효과적으로 수행하기에는 한계가 있으나, 좀 더 높은 수준의 학업성취를 위해 심화학습에 도전하기를 원하는 학생들에게는 좋은 과학 교육 방법입니다. 그러므로 이 책은 이러한 학생들의 과학적인 이해도(Science Literacy)를 높이는 데 아주 좋은 교재로 활용될 수 있을 것입니다.

이 책에 소개된 생활과학적인 실험들을 부모님과 함께 혹은 비슷한 학업 능력을 가진 친구들과 함께한다면 탐구중심 학습(Inquiry-Based Learning)을 통해서 창의적 사고와 문제해결 능력을 향상시킬 수 있습니다. 그리고 또 이 책을 통해 과학에 재능이 있는 한국의 초등학생들이 일상생활에서 일어나는 과학적인 현상들을 자연스럽게 배우고, 이를 토대로 중고등학교에서 배우는 과학교육의 내용을 좀 더 쉽게 이해하여 그들의 과학적인 이해도를 넓히고 나아가 기술 중심의 미래사회를 이끌어 나가는 인재로 성장하기를 바랍니다.

Jay J. Jeong Ph.D.(국제 STEM 교육 프로그램 센터장, 서부워싱턴 주립대학교)

영재원 학부모들의 추천평

3년 전 서점에서 우연히 이조옥 원장님이 쓰신 『엄마표 실험왕 과학놀이』 책을 만났습니다. 저는 방송기자로 직업의 특성상 평일엔 아이와 함께할 수 있는 시간이 절대적으로 부족했는데, 주말마다 '엄마표 과학놀이' 시간을 만들어 한두 가지씩 실험을 했습니다. 주말마다 엄마표 과학놀이를 하면서 시행착오도 겪고, 실험에 성공하면 함께 손뼉 치고 즐거워하면서 그렇게 서로 신뢰 관계를 쌓아갔습니다.

아이가 자라 9살이 될 무렵, 지인의 추천으로 지능검사(웩슬러)를 받고 영재원을 다니게 되었습니다. 아이는 현재 CBS영재원에서 수업을 듣고 있는데요, 아이와 몇 년간 즐겁게 과학놀이를 했던 책의 저자인 이조옥 원장님을 직접 만날 수 있어서 정말 신기했습니다. 영재원 오리엔테이션에서 원장님이 "영재원 수업은 문제를 풀고 답을 찾는 데 초점이 맞춰 있지 않고 과정에 있습니다. 어떻게 풀어나가서 어떻게 답을 찾는지, 어떻게 생각하고 어떻게 상호작용을 하는지를 봅니다."라고 하신 말씀이 깊은 울림을 주더군요.

부모와 자식의 인연으로 만난 귀한 아이가 키가 크고, 생각이 자라는 과정을 지켜보고 그 시간을 함께할 수 있는 것은 큰 축복입니다. 그 축복을 제가 경험할 수 있었던 것에 감사하며, 이 책을 통해 많은 아이들이 과학하는 마음을 키우고 많은 부모님들이 아이들의 생각 주머니가 커가는 순간을 함께하는 축복을 누리시길 기원합니다.

／ 임현주(CBS영재원 초2 박채은 엄마)

준상이는 다섯 살때부터 다닌 시엘영재원의 모든 수업을 좋아했지만 그 중에서도 과학 수업을 가장 좋아합니다. 일주일에 한 번뿐인 수업이 아쉬웠을 정도로 시엘영재원 가는 날만 기다리는 날이 많았습니다. 이렇게 좋은 책이 출간되어 영재원 수업시간에 실험했던 것들을 집에서 다시 해 볼 수 있어서 아이가 너무 좋아하네요. 원리도 쉽게 설명이 되어 있고 더 해보고 싶었던 실험을 찾아 몇 번이고 해보기도 하고 분자요리 사과를 만들어 가족들을 즐겁게 해주기도 했습니다. 유아부터 초등학교 귀요미를 둔 부모님께 적극 추천해 드리고 싶습니다.

／ 이영길(시엘영재원 초4 이준상 아빠)

과학은 자연에 있는 현상과 원인을 설명하는 학문이라죠. 어렵게만 느껴지는 둘의 인과관계를 너무 쉽고 흥미롭게 그리고 탄탄한 구성으로 풀어내셨네요. 어릴 때부터 이런 오감을 통해 스스로 확인하는 작업을 거쳤던 아이들은 과학이라는 과목을 대하는 마음가짐부터 남다르겠죠.

이조옥 원장님께서 말씀하신 "세상의 모든 아이들이 자신들의 특성과 소망, 욕구에 맞게 교육받아야 한다"라는 신념은 매 수업 후 아이들을 통해 전달되고 느껴집니다. CBS영재원 선생님들께서는 과정에 집중하시며, 아이들 하나하나의 생각을 어떻게든 꺼내려 하시죠. 저희 아이는 답답해하며 끙끙대기 일쑤지만 그래도 뭐가 그리 재미난지 수업이 끝나고 나면 쫑알쫑알 정신이 하나도 없죠. 호기심을 탐구 과정으로 이끌어주는 이 책을 통해 아이와 과정에 동참하시되, 예상되는 결과를 자녀에게 발문하는 방식으로 활용하시면 좋을 것 같아요.

박세희(CBS영재원 초3 임수아 엄마)

성준이는 6살부터 초등 6학년까지 시엘영재원을 다니고 졸업했습니다. 성준이는 시엘영재원에서 여러 실험을 하면서 과학을 직접 맞닥뜨려 왔어요. 선생님이 던지는 질문이나 미션에 맞춰 아이디어를 내고 친구들과 계획을 세워 실험을 했는데, 선생님이 내는 미션을 단 한 번에 성공한 적이 거의 없었다고 합니다. 이렇게도 하고 저렇게도 해보면서 미션을 완수하고 왜 그렇게 되는지 생각하고 찾아내는 데 두어 달이 걸리기도 하고 그랬던 것 같습니다. 6학년 때는 자기들이 하고 싶은 주제를 정해 실험을 하는 경우가 많았고요.

성준이가 중학교에 와서도 과학을 너무나 좋아하고 자신 있어 하는 것은 원리를 배우고 문제를 푸는 방식으로 과학을 접한 게 아니라 자기가 궁금한 것을 자기 손으로 직접 해보며 그 뒤에 숨은 원리를 알아갔기 때문인 것 같아요. 중학교 아이들이 과학이 재미없고 어렵다고 한다고 하는데, 부디 이 책을 통해 많은 초등학생들이 과학 실험을 직접 해 보면서 과학과 친해지기를 바랍니다.

장은미(시엘영재원 중1 이성준 엄마)

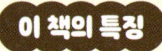

국내 최고 영재교육기관
CBS영재교육원·시엘영재교육원
커리큘럼 대공개!

초등 영재원 아이들은 어떻게 과학을 공부할까?

대한민국 최고의 영재들이 받는 CBS영재교육학술원 및 동아사이언스시엘영재교육학술원의 과학 교육 프로그램을 통해 초등 과학자들의 창의력을 키워 주세요. CBS영재교육원과 시엘영재교육원의 프로그램은 일부 기관들에서 시행하고 있는 단순한 선행학습이 아니라, 아이들이 생활 속에서 가지는 호기심을 끊임없이 자극해 창의적인 사고를 통해 문제를 해결해 나갈 수 있도록 해 주는 과학 교육 프로그램입니다.

원리가 보이고 개념이 잡히는 100가지 과학실험

과학은 실험을 통해 배우면 제일 재미있습니다. 아이들은 과학실험을 통해 신기한 것을 볼 때의 놀라움, 몰입에서 오는 기쁨, 힘들고 어려운 것을 성취하는 데서 오는 효능감, 깨달아 아는 즐거움을 얻으며 과학을 좋아하는 아이로 자라게 됩니다. 공교육의 여건상 학교에서는 이를 수행하기 힘든 만큼 이 책을 통해 집에서 아이가 마음껏 과학실험을 해 볼 수 있게 해 주세요. '손대지 않고 탁구공 들어올리기', '저절로 휘어지는 물', '초콜릿 무지개 폭포', '겨울왕국 올라프 만들기' 등 마법처럼 신기한 과학실험을 통해 과학의 진정한 재미를 경험할 수 있습니다.

초중등 교과서 필수 과학개념 + 과학용어 + 과학퀴즈

초중등 교과서 필수 과학개념들을 과학실험을 통해 원리를 이해하며 효과적으로 익히세요. 이 책에는 초등학생들이 집에 흔히 있는 재료들을 사용하여 부모의 도움 없이 자기주도로 쉽게 할 수 있는 100가지 과학실험이 담겨 있습니다. '산과 염기', '물의 표면장력', '밀도와 농도', '관성', '중력', '파동', '빛의 굴절과 반사', '전류와 자기장' 등 초등에서 중등까지 필수적으로 알아야 할 과학개념 및 용어들을 다양한 실험을 통해 이해하며 익혀보세요. 각 실험이 끝날 때마다 개념 확인 Quiz를 통해 학습한 개념들을 다시 한번 정리하고 복습할 수 있도록 했습니다.

이 책의 활용법

한 번에 성공하지 못했다고 실망하지 말고
실패하고 실수하며 곰곰이 생각하고
새롭게 도전해 보세요!

교과연계
실험과 연계되어 있는 초등 과학 개정 교육과정을 제시합니다.

준비물
집이나 슈퍼마켓, 약국에서 손쉽게 구할 수 있는 재료들 위주로 구성하였습니다.

이렇게 실험해요
실험 방법을 단계별로 사진과 함께 상세히 소개합니다. 주의사항을 안내하는 Tip과 실험 결과 예측 질문들을 함께 수록하여 실험을 좀 더 과학적으로 접근할 수 있도록 했습니다.

어떻게 될까요?
'이렇게 실험해요'의 실험 과정에서 제시된 질문들을 바탕으로 실험의 결과를 소개합니다. 실험 과정에서 본인이 예측했던 결과와 같은지, 다르다면 왜 다른지 생각하며 확인해 보세요.

실험 속 과학원리
해당 실험을 통해 익히게 되는 과학원리와 개념을 자세히 소개합니다. 실험 과정에서 궁금했던 과학원리를 보다 깊이 있게 이해할 수 있도록 도와줍니다.

➕ 이것도 알아두세요
해당 실험과 연관 있는 추가적인 과학적 사실이나 현상들을 함께 설명합니다.

개념 확인 Quiz
실험을 통해 배운 핵심 개념을 간단한 마무리 퀴즈를 통해 정리 및 복습합니다.

Contents

- 머리말　4
- 추천사　6
- 영재원 학부모들의 추천평　8
- 이 책의 특징 및 활용법　10

Part 1 물질의 성질과 특성

- **001**　적양배추 지시약 만들기　18
- **002**　겨울왕국 올라프 만들기　20
- **003**　두드려서 뚝딱 만드는 슬러시　22
- **004**　알록달록 음료수 무지개탑　24
- **005**　오색 쭈쭈바 만들기　26
- **006**　둥둥 음료수 빙산　28
- **007**　비에 젖지 않는 종이 우산　30
- **008**　저절로 가는 나뭇잎 배　32
- **009**　뒤집어도 쏟아지지 않는 물　34
- **010**　계란 물에 띄우기　36
- **011**　식초로 쓴 비밀 편지　38
- **012**　솔방울 스노우볼　40
- **013**　계란으로 만든 사과 분자요리　42
- **014**　연기에 불 붙이기　44
- **015**　오렌지 향초 만들기　46
- **016**　알록달록 물보석 만들기　48
- **017**　색색깔로 내리는 보석비　50
- **018**　열 받으면 변신하는 요구르트병　52
- **019**　쉐킷쉐킷 김치통 흔들기　54
- **020**　얼음으로 만드는 아이스 랜턴　56
- **021**　키친타월 레인보우 브리지　58
- **022**　키친타월 크로마토그래피　60
- **023**　초콜릿 무지개 폭포　62
- **024**　냉장고 없이 슬러시 만들기　64
- **025**　흐르는 고체 우블렉 인형　66
- **026**　매니큐어 마블링 아트　68

Part 2 힘과 물체의 운동

- 027 세모기둥 네모기둥 원기둥의 대결 72
- 028 계란 껍질 우주 팽이 74
- 029 풍선 극장의 동전 발레리나 76
- 030 물 뿌리는 삼각팽이 78
- 031 풍덩 다이빙 놀이 80
- 032 빙글빙글 옷핀 프로펠러 82
- 033 재주 넘는 쿠킹호일 누에고치 84
- 034 기차 바퀴의 비밀 86
- 035 비탈길을 저절로 오르는 원뿔 바퀴 88
- 036 CD 중력 바퀴 레이스 90
- 037 피에로 철봉 묘기 92
- 038 기우뚱 당근의 하루 94
- 039 연필심으로 서는 몽당연필 96
- 040 아슬아슬 균형 잡는 새 98
- 041 아주 삐딱한 깡통 100
- 042 줄 타는 어릿광대 102
- 043 휴지심 저울 만들기 104
- 044 계절 모빌 만들기 106
- 045 물과 공기에서 반대로 움직이는 공 108
- 046 저절로 움직이는 풍선 호버크래프트 110

Part 3 빛과 소리, 에너지의 전달

- 047 일회용컵으로 만드는 플룻과 팬파이프 114
- 048 충돌 구슬 진자 116
- 049 너트의 그네 시합 118
- 050 젤리로 만드는 파동 전달 장치 120
- 051 빨대 팬파이프 만들기 122
- 052 빛의 판타지아 조명상자 124
- 053 동전을 통과하는 유리구슬 126
- 054 물병 돋보기와 숟가락 거울 128
- 055 빛으로 화살표 뒤집기 130
- 056 내 방에 뜬 CD 무지개 132
- 057 무아레를 찾아라! 134
- 058 색혼합 CD 팽이 만들기 136
- 059 카멜레온 같은 색깔 그림자 138
- 060 진동에 맞춰 춤추는 애벌레 140

Part 4 전기와 자기

- 061 빨대로 만든 자석 미로 **144**
- 062 층층이 자석 바람개비 **146**
- 063 연료가 필요 없는 자석 자동차 **148**
- 064 빙글빙글 자석 자이로스윙 **150**
- 065 자석으로 춤추는 못 댄서 **152**
- 066 구리선으로 만드는 초간단 전동기 **154**
- 067 호모폴라 전동기 **156**
- 068 건전지로 만드는 자석 **158**
- 069 정전기로 풍선 붙이기 **160**
- 070 자석처럼 밀고 당기는 풍선 **162**
- 071 정전기로 떠다니는 비닐 해파리 **164**
- 072 은빛 구슬 정전기봉 **166**
- 073 정전기로 움직이는 털실 코브라 **168**
- 074 손대지 않고 깡통 굴리기 **170**
- 075 저절로 휘어지는 물 **172**
- 076 색종이와 쿠킹호일의 높이뛰기 **174**

Part 5 생물의 생활과 기능

- 077 물고기의 부력 **178**
- 078 조개화석 공룡화석 만들기 **180**
- 079 단풍 씨앗 부메랑 **182**
- 080 향긋한 귤껍질 불꽃놀이 **184**
- 081 눈의 착각인 신기한 착시 **186**
- 082 크기가 달라 보이는 착시 **188**
- 083 겹쳐 보이는 착시 **190**

Part 6 기체의 성질

- 084 오르락내리락 빨대 문어 **194**
- 085 꼬마 잠수부 구출 작전 **196**
- 086 스티로폼공 불어 띄우기 **198**
- 087 풍선 링 서커스 **200**
- 088 종이컵 마그누스 비행체 **202**
- 089 병 속 토네이도 **204**
- 090 날개 없는 원기둥 비행기 **206**
- 091 큰 입술 글라이더 **208**
- 092 하늘을 구르는 쌍둥이 물고기 **210**
- 093 색종이로 만든 꼬마 헬리콥터 **212**
- 094 실내용 부메랑 만들기 **214**
- 095 양초 엘리베이터 **216**
- 096 손대지 않고 탁구공 들어올리기 **218**
- 097 오르락내리락 청포도 댄스 **220**
- 098 사이다 기포의 정체 **222**
- 099 자투리 채소로 만드는 산소 **224**
- 100 딸깍딸깍 달리는 동전의 비밀 **226**

Appendix

개념 확인 Quiz 정답   **230**

Part1

물질의 성질과 특성

001 적양배추 지시약 만들기

보라색 양배추인 '적양배추'를 본 적이 있나요?
적양배추의 즙은 보라색인데, 어떤 물질들을 만나면 분홍색으로도, 파란색으로도 바뀐대요.

교과연계
5학년 2학기
5단원 〈산과 염기〉 심화

핵심용어
산성, 염기성, 지시약

준비물
적양배추 1/4통, 냄비, 식초, 사이다, 주방세제, 세탁세제, 접시 또는 종이컵 4개, 물약병

 이렇게 실험해요

1. 적당한 크기로 자른 적양배추를 물을 붓고 15분간 끓여 식힌 후 체에 밭쳐 내립니다.
   💡TIP 적양배추를 믹서기에 갈아 체에 밭쳐 사용해도 됩니다.

2. 접시나 종이컵에 ①식초, ②사이다, ③주방세제, ④세탁세제 푼 물을 약간씩 담아 준비합니다.
   💡TIP 주방세제나 세탁세제는 원액 그대로 사용하거나 물 1/2컵에 1~2스푼 풀어서 사용하세요.

3. 각 용액의 이름을 그릇 앞에 표시합니다.

4. 1의 적양배추 즙을 작은 물약병에 담아주세요.

5. 적양배추 즙을 각 용액들에 조금씩 떨어뜨려 보세요.
   Q 어떤 일이 벌어졌나요? 색 변화를 관찰해 보세요.

1

5

어떻게 될까요?

1 적양배추 지시약은 산성 용액인 '식초'와 '사이다'에서 분홍색으로 변합니다.

2 적양배추 지시약은 염기성 용액인 '주방세제'와 '세탁세제'에서 파란색을 띕니다.

3 용액의 농도가 진할수록 나타나는 색도 진합니다.

실험 속 과학원리

지시약

지시약(指示藥, indicator)이란 어떤 물질이 산성인지 염기성인지를 알려주는(지시하는) 물질입니다. 적양배추 지시약은 천연 지시약으로, 색의 변화를 통해 그 용액이 산성인지 염기성인지 알려줍니다. 적양배추 지시약은 산성 용액에서는 붉은 계열의 색을 나타내고, 염기성 용액에서는 푸른 계열의 색을 나타내어 각 용액이 산성인지 염기성인지를 알려주는 역할을 합니다. 반면 물과 같은 중성에서는 색 변화 없이 지시약의 색깔 그대로 있게 됩니다.

대표적인 지시약은 리트머스로, 용액을 떨어뜨려 푸른색 리트머스 종이가 붉은색으로 변하면 산성, 붉은색 리트머스 종이가 푸른색으로 변하면 염기성임을 알려줍니다.

➕ 이것도 알아두세요

1 적양배추 안에는 '안토시아닌'이라는 물질이 들어 있는데, 안토시아닌은 산과 염기에 따라 색이 변합니다.

2 안토시아닌은 적양배추 외에도 포도껍질, 검은콩, 딸기 등에도 들어 있어, 적양배추 대신 포도껍질 등을 이용해서 실험을 진행할 수도 있습니다.

3 흰색 종이를 적양배추 즙에 담가 색을 흡수시킨 뒤 말리면 지시약 종이가 됩니다. 지시약 종이를 식초, 사이다, 주방세제, 세탁세제에 담가 관찰해 보세요.

개념 확인 Quiz

1 _____ 이란 어떤 물질이 산성인지 염기성인지를 알려주는 물질입니다.

2 어떤 물질에 적양배추 지시약을 넣었을 때 붉은 계열의 색을 띠면 (산성, 염기성), 푸른 계열의 색을 띠면 (산성, 염기성)임을 확인할 수 있습니다.

002 겨울왕국 올라프 만들기

겨울왕국의 엘사처럼 올라프를 만들어 볼까요?
따뜻한 방안에서 얼음으로 만든 올라프와 함께 사진도 찍어 보세요.

교과연계
4학년 2학기
4단원 〈물의 상태 변화〉 심화

핵심용어
물의 상태 변화, 응고

준비물
500ml 생수 2병, 얼음, 접시, 당근 꼬투리, 빨대, 가위, 인형 눈알 2개, 단추, 컵, 과일

❄ 올라프 만들기

1. 500ml 생수 두 병을 냉동실에서 2시간~2시간 15분 정도 얼려주세요.
   - TIP 병을 눕혀서 얼리면 냉기가 더 고르게 전달됩니다.

2. 냉동실에서 페트병 1개를 조심스럽게 꺼내 살펴보세요.
   - Q 무엇이 보이나요?
   - TIP 병을 탁자 등에 톡톡 두드려 아무것도 생기지 않으면 조금 더 냉각하고, 뭔가 생기면 바로 사용해야 합니다.

3. 얼음 3~4개를 접시에 담은 후 그 위로 페트병의 물을 조금씩 부어주세요.
   - Q 어떤 일이 일어나나요?

4. 3의 얼음더미에 인형 눈알, 빨대, 당근 등을 이용해 올라프를 꾸며주세요.

❄ 모든 것이 얼어붙는 겨울왕국

5 냉동실에서 나머지 페트병을 꺼내 물을 매우 조심스럽게 컵에 따릅니다.

6 컵 안에 브로콜리나 딸기, 방울토마토 등을 넣어보세요.
   Q 어떤 일이 일어나나요?

 어떻게 될까요?

1 냉동실 안에서 2시간이 지나도 페트병 안은 완전히 다 얼지 않고 액체인 물의 상태로 있습니다.

2 접시에 담긴 얼음 위에 이 물을 부으면 순식간에 위로 자라는 고드름을 만들 수 있습니다. 이 얼음은 딱딱하지 않고 젖은 눈처럼 부드러워 손으로 모양을 만들 수 있습니다.

3 냉동실에서 꺼낸 얼지 않은 1번의 물을 컵에 따른 후 브로콜리나 딸기, 방울토마토 등을 넣으면 이들 주변에 얼음이 만들어지는 것을 볼 수 있습니다.

🧪 실험 속 과학원리

물의 상태 변화와 과냉각

열과 압력에 의해 물질이 기체, 액체, 고체의 세 가지 상태로 변화하는 것을 '상태 변화'라 합니다. 물이 냉동실에서 냉각되어 얼음이 되는 것처럼 물질이 액체에서 고체가 되는 현상을 '응고'라고 합니다.

그런데 때로 물은 충분히 얼음이 될 만한 영하의 온도에서도 얼지 않고 액체 상태로 있기도 하는데, 이런 상태를 '과냉각'이라고 합니다. 과냉각 상태의 물은 얼음 위에 붓거나 외부 충격이 가해지면 급속히 얼게 됩니다.

➕ 이것도 알아두세요

순수한 물은 0℃ 1기압에서 얼기 시작하지만 온도가 20℃ 이하여도 전체가 다 얼지는 않습니다. 그래서 한겨울에 강물 아래에서 물고기가 살 수 있습니다.

개념 확인 Quiz

1 _____ 란 물질이 고체, 액체, 기체의 세 가지 상태로 변화해가는 것을 말합니다.

2 물질의 상태 변화는 _____ 과 _____ 에 의해 일어납니다.

003 두드려서 뚝딱 만드는 슬러시

얼음이 얼고 있는 순간을 눈으로 본 적이 있나요? 페트병을 쿵 두드리면 얼음이 어는 순간을 볼 수 있답니다.
탄산음료를 냉동실에 넣었다가 꺼내 통통 치는 순간 뚝딱 슬러시가 만들어져요.

교과연계
4학년 2학기 4단원 〈물의 상태 변화〉 심화

핵심용어
물의 상태 변화, 과냉각

준비물
페트병에 든 탄산음료(500ml), 컵, 숟가락, 얼음

이렇게 실험해요

1. 뚜껑을 아직 따지 않은 탄산음료 페트병을 30초 정도 흔든 후 냉동실에 넣어주세요.
   > **TIP** 탄산음료를 흔드는 것은 음료 속 이산화탄소를 조금 빼기 위함입니다.

2. 탄산음료를 냉동실에서 2시간~2시간 15분 정도 얼립니다. 이때 냉동실 문을 자꾸 여닫거나 탄산음료를 건드리지 마세요.

3. 냉동실에서 탄산음료 페트병을 충격을 주지 않도록 조심스럽게 꺼냅니다.

4. 탄산음료가 든 페트병을 세워놓고 관찰해보세요.
   Q 페트병 속은 어떤 상태인가요?

5. 페트병에 쿵 하고 충격을 주거나 앞뒤로 세게 흔든 후 뚜껑을 열어주세요.
   Q 페트병 속은 어떻게 변했나요?

6. 탄산음료를 컵에 조심스럽게 따른 후 음료 표면을 숟가락으로 2~3차례 두드려보세요. 또는 컵에 따른 후 얼음을 한 조각 넣어보세요.
   Q 컵 속의 탄산음료는 어떻게 변했나요?

어떻게 될까요?

1 냉동실에서 탄산음료를 꺼내면 페트병 안은 아직 얼지 않은 상태입니다.

2 이 페트병을 흔들거나 두드린 후 뚜껑을 열면 순간적으로 하얗게 얼기 시작합니다.

3 이 탄산음료를 조심스럽게 컵에 따른 후 숟가락으로 표면을 2~3차례 두드려도 순간적으로 얼음이 만들어집니다.

4 또는 이 탄산음료를 컵에 따른 후 얼음 한 조각을 살짝 넣어도 얼음이 만들어집니다.

실험 속 과학원리

물의 상태 변화와 과냉각

물이 얼음으로 상태 변화가 일어나는 동안은 액체 상태인 물과 고체 상태인 얼음이 같이 있습니다. 물이 영하의 온도에서도 얼지 않고 액체 상태인 것을 '과냉각'이라고 합니다. 과냉각된 물은 작은 충격에도 상태 변화를 일으킵니다. 탄산음료는 물에 당과 탄산을 녹인 용액으로, 물이 전체의 90% 이상을 차지합니다. 따라서 탄산음료를 냉장고에 얼리면 과냉각 과정을 관찰할 수 있습니다.

➕ 이것도 알아두세요

액체 상태인 물이 외부에 열을 빼앗겨 얼음이 되는 과정을 '응고'라고 하며, 얼음이 열을 얻어서 녹아 물이 되는 과정을 '융해'라고 합니다.

개념 확인 Quiz

1 물이 영하의 온도에서도 얼지 않고 액체 상태에 있는 것을 ＿＿＿＿＿＿＿＿＿ 이라고 합니다.

2 물질이 액체에서 고체로 상태가 변화하는 과정을 ＿＿＿＿＿＿＿＿＿ 라고 합니다.

004 알록달록 음료수 무지개탑

여러 가지 음료수들로 탑을 쌓아 차례차례 마셔봐요.
서로 섞이지 않게 음료수 탑을 쌓으려면 어떤 순서로 음료수를 넣어야 할까요?

교과연계
4학년 1학기 5단원 〈혼합물의 분리〉 심화

핵심용어
밀도, 농도

준비물
오렌지주스, 토마토주스, 파란색 이온음료, 투명컵 4개, 가늘고 긴 투명병, 방울토마토, 물약병

이렇게 실험해요

🧪 음료수의 밀도 측정

1 오렌지주스, 토마토주스, 파란색 이온음료를 투명컵에 각각 200ml 정도 동일하게 따릅니다.
   Q 어떤 음료수가 가장 무거울까요?

2 1의 각 음료수 컵에 비슷한 크기의 방울토마토를 넣어보세요.
   Q 방울토마토는 어떤 음료수에서 가라앉고, 어떤 음료수에서 가장 높이 떠올랐나요?

🧪 음료수 무지개탑

3 2에서 방울토마토를 빼고, 음료수들을 방울토마토가 높이 떠오른 순서대로 배열합니다.

4 컵 또는 병에 방울토마토가 높이 떠오른 음료수부터 차례로 따릅니다. 빨리 따르면 음료수가 섞이므로, 물약병을 사용해 벽면을 타고 조금씩 흘러들어가게 합니다.

💡 **TIP** 용기가 가늘수록 음료수들이 섞이지 않아 탑 쌓기가 수월합니다. 병의 경우 비스듬히 기울여 조금씩 흘러보내면 좋습니다.

 **어떻게 될까요?**

1 방울토마토는 오렌지주스 > 토마토주스 > 이온음료의 순서로 높이 떠오릅니다.

2 방울토마토가 떠 있는 위치를 보고 음료수의 밀도를 비교할 수 있습니다. 방울토마토가 '높이 뜬다'는 것은 '음료수의 밀도가 크다'는 뜻입니다.

3 오렌지주스 > 토마토주스 > 이온음료가 섞이지 않고 음료수 탑이 완성되었습니다.

4 토마토주스가 걸쭉해서 밀도가 클 것 같지만 오렌지주스보다 밀도가 작습니다.

실험 속 과학원리

용액의 밀도와 농도

우리가 마시는 음료수의 대부분은 다양한 물질이 물에 녹아 있는 일종의 '액체 혼합물'인데, 그 중 단맛을 느끼게 하는 '당 성분'이 가장 많은 비율을 차지합니다. 따라서 음료수의 밀도는 이 당 성분이 얼마나 많이 들어 있느냐에 따라 결정됩니다.

당 성분이 많이 들어 있는 음료수는 당의 진하기(농도)가 높고, 당이 들어간 만큼 밀도도 커집니다. 밀도가 크면 같은 양일 때 더 무겁기 때문에, 밀도가 큰 음료수를 먼저 컵에 넣어 아래쪽에 두어야 음료수들끼리 섞이지 않습니다.

참고로 '밀도'는 알갱이가 '얼마나 빽빽한가'에 대한 개념이고 '농도'는 용액이 '얼마나 진한가'의 개념으로, 설탕물에 설탕이 많이 녹아 있을수록 설탕물의 밀도는 커지고 농도는 진해집니다.

➕ 이것도 알아두세요

1 같은 오렌지주스라 해도 제품에 따라 당 성분은 차이가 있을 수 있습니다.

2 '100% 오렌지주스'라고 말하는 음료수에 실제로 오렌지 농축액은 9.4% 정도만 들어 있습니다.

3 500ml 페트병 하나에 들어 있는 당분의 양을 각설탕으로 계산하면 탄산음료에는 17.3개, 이온음료에는 6.5개 정도가 들어 있습니다.

개념 확인 Quiz

1 알갱이의 조밀한(빽빽한) 정도를 _____ 라고 합니다.

2 용액의 진한 정도를 _____ 라고 하며, 설탕물 용액에 설탕이 녹아 있는 정도를 나타냅니다.

005 오색 쭈쭈바 만들기

냉장고에 쭈쭈바가 똑 떨어졌어요. 사러 가기 귀찮은데 집에서 만들어 볼까요?
주스를 얼려서 만들 수도 있지만, 오늘은 나만의 개성이 돋보이는 오색 쭈쭈바를 만들어 봐요.

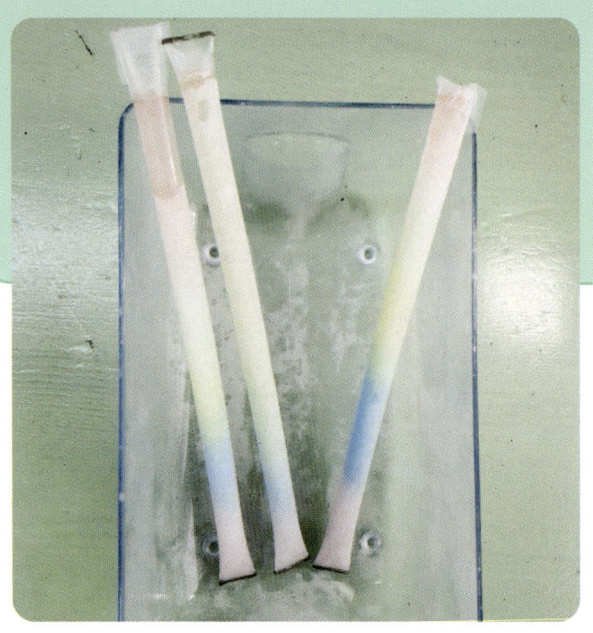

교과연계
5학년 1학기 4단원 〈용해와 용액〉 심화

핵심용어
용액의 농도, 용액, 용매, 용질

준비물
물, 식용색소 5가지, 투명빨대 여러 개, 물약병, 설탕, 숟가락, 컵 5개, 양초, 금속 집게, 셀로판테이프

이렇게 실험해요

1. 투명빨대 한쪽 끝을 쇠로 된 금속 집게로 집은 후 촛불에 살짝 지져 빨대 끝을 막아줍니다. (총 3개)
   💡TIP 열을 가한 후 숟가락 등으로 끝을 살짝 눌러주면 더 잘 붙습니다.

2. 컵 5개에 100ml 정도 미지근한 물을 채우고 각각 다른 색의 식용색소를 풉니다.

3. 컵에 설탕을 0, 2, 4, 6, 9숟가락 넣은 후 젓가락으로 저어 녹입니다.
   💡TIP 설탕 양의 차이를 크게 할수록 용액이 서로 섞이지 않습니다.

4. 설탕이 가장 많이 들어간 것부터 차례대로 1의 빨대에 물약병을 이용해 천천히 넣습니다.
   💡TIP 색이 서로 섞인다면 0, 3, 6, 9, 12숟가락으로 설탕 양의 차이를 늘립니다.

5 빨대 끝을 접은 후 셀로판테이프를 붙여 막고, 냉동실에 넣어 24시간 정도 얼리면 오색 수제 쭈쭈바가 완성됩니다.

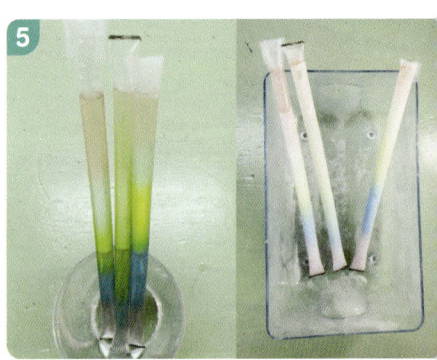

 어떻게 될까요?

1 설탕이 많이 들어간 순서대로 용액을 넣어야 색이 섞이지 않고 오색 쭈쭈바가 만들어집니다.

2 만약 설탕이 적게 들어간 것을 먼저 넣으면 용액이 모두 섞입니다.

3 냉동실에 만 하루 정도 넣어두면 꽁꽁 언 오색 쭈쭈바를 확인할 수 있습니다.

실험 속 과학원리

농도, 용액, 용매, 용질

'용액'은 두 가지 이상의 물질이 고르게 섞인 혼합물로, 보통은 액체 상태의 혼합물을 말합니다. 용액을 만드는 물질 중 양이 많은 것을 '용매'라고 하고, 상대적으로 양이 적은 것을 '용질'이라고 합니다.
설탕을 물에 녹여 설탕물을 만들 때 설탕은 용질, 물은 용매, 설탕물은 용액이 됩니다. 물(용매)에 설탕(용질)을 많이 녹이면 설탕물(용액)의 농도가 진해집니다.

➕ 이것도 알아두세요

1 용액의 농도는 바로 용액의 밀도를 나타내며, 같은 부피일 때 농도가 진한 용액은 농도가 가벼운 용액보다 무거워 아래로 내려갑니다.

2 용액은 대부분 무색으로 투명하지만 색깔이 있는 것도 있습니다. 우리가 잘 아는 용액으로는 설탕물, 소금물, 사이다 등이 있습니다.

3 용액은 모든 부분의 성질이 같고 용질 알갱이가 보이지 않으며 오랫동안 두어도 가라앉는 것이 없어야 합니다. 따라서 우유나 흙탕물, 토마토주스, 오렌지주스는 용액에 속하지 않습니다.

개념 확인 Quiz

① 두 가지 이상의 물질이 고르게 섞여 있는 액체 상태의 혼합물을 _____ 이라고 합니다.

② 설탕물에서 물은 (용매 , 용질), 설탕은 (용매 , 용질), 설탕물은 '용액'이라 합니다.

006 둥둥 음료수 빙산

물을 얼린 게 얼음인데 얼음은 신기하게도 물에 둥둥 떠다닙니다.
물이 아닌 음료수 얼음들도 물에 뜰까요? 아니면 가라앉을까요?

교과연계
4학년 1학기
5단원 〈혼합물의 분리〉 심화

핵심용어
혼합물의 성질, 밀도, 상태 변화

준비물
물, 여러 가지 음료수(오렌지주스, 토마토주스, 콜라, 이온음료), 접시, 투명컵, 얼음 트레이

 이렇게 실험해요

1 여러 가지 음료수와 물을 얼음 트레이에 넣고 얼려주세요.
   💡TIP 물은 꽃잎 등을 넣어 얼리면 나중에 물에 넣었을 때 구분하기 좋아요.

2 냉동실에서 2시간 이상 얼린 얼음들을 꺼내 접시에 담습니다.

3 얼음 중 가장 많이 가라앉을 것과 뜰 것을 예상해보세요.

4 2를 물이 담긴 투명한 컵에 동시에 넣어주세요.
   Q 각 얼음의 높이가 예측한 내용과 일치했나요?

5 음료수 얼음들이 녹는 모습을 관찰해보세요.
   Q 음료수 얼음들은 물을 얼린 얼음과 녹는 모습이 어떻게 다른가요?

 **어떻게 될까요?**

1 음료수 얼음들은 모두 물을 얼린 얼음과 같은 정도로 물에 뜹니다.

2 음료수 얼음은 당과 과즙 성분 때문에 가라앉고 뜨는 정도에 차이가 있을 것 같겠지만, 실제로는 별다른 차이를 보이지 않습니다.

3 콜라는 물에 들어가자마자 거품을 내며 빠른 속도로 녹아 사라지고, 이온음료는 아지랑이처럼 녹고, 토마토주스와 오렌지주스는 갈린 과육 같은 성분이 물에 풀어지며 사라집니다.

실험 속 과학원리

물의 상태 변화와 혼합물의 성질

물이 얼음이 되면 질량은 일정한데 부피가 늘어나면서 밀도가 작아집니다. 그래서 물보다 밀도가 작아진 얼음은 물에 뜨게 됩니다. 토마토주스나 이온음료는 과즙이나 당 성분들을 맛있는 비율로 잘 섞어 놓은 혼합물입니다.

혼합물이란 둘 이상의 물질이 본래의 성질을 잃지 않고 섞여 있는 물질을 말합니다. 혼합물은 섞인 물질의 성질 차이를 이용해서 여러 가지 방법으로 분리할 수 있습니다.

✚ 이것도 알아두세요

1 음료수 얼음이 순수한 물을 얼린 얼음과 거의 비슷한 정도로 물에 뜬다는 것은 이들 음료수 성분의 80~90% 이상이 물로 이루어져 있음을 의미합니다.

2 물과 잘 결합하는 물질 그리고 콜라처럼 기체 성분이 높은 압력과 차가운 온도에 의해 강제로 포획되어 있는 혼합물은 물에 들어간 후 본래의 성질에 의해 빠르게 분리되거나 물과 결합해 녹게 됩니다.

3 음료수를 살 때는 성분 표시를 꼭 확인해보세요. 우리가 막연히 그럴 것이라고 생각하는 음료수 성분과 실제 성분은 많은 차이가 있습니다.

개념 확인 Quiz

1 얼음은 물보다 _____ 가 작아 물에 뜨게 됩니다.

2 두 종류 이상의 물질이 본래의 성질을 잃지 않고 섞여 있는 물질을 _____ 이라고 합니다.

007 비에 젖지 않는 종이 우산

밖에 비가 오는데 우산이 어디 있는지 모르겠어요.
집에 있는 종이나 신문지로 우산을 만들 수는 없을까요? 비에 젖지 않는 종이 우산을 만들어 봐요.

교과연계
3학년 1학기 2단원 〈물질의 성질〉 심화

핵심용어
물질의 성질, 표면장력, 소수성

준비물
도화지, 꼬치막대, 일회용 접시, 유성 사인펜, 가위, 양초, 나무젓가락 또는 집게, 종이 또는 신문지, 글루건, 물약병

이렇게 실험해요

1. 도화지에 지름 10cm 정도의 원을 그린 후 유성펜으로 예쁘게 색칠합니다.
2. 원을 모양대로 오린 후 원의 중심에서 한쪽 끝까지 가위집을 냅니다.
3. 양초를 잘게 부숴 프라이팬에 넣고 약불로 녹입니다. 녹기 시작하면 저어주고, 2/3 이상이 녹으면 불을 끕니다.
   - TIP 프라이팬에 종이호일을 깔고 그 위에 양초를 녹이면 편리해요.
4. 2의 종이 원을 나무젓가락이나 집게로 집어 양초물에 적셨다가 꺼내어 종이나 신문지 위에서 식힙니다.
5. 양초가 굳지 않은 상태에서 젓가락 등으로 원을 겹쳐 눌러 고깔 모양으로 만듭니다.
   - TIP 종이끼리 잘 붙지 않으면 남아 있는 양초물을 이용해 붙여주세요.
6. 꼬치막대 끝에 고깔의 뾰족한 부분을 얹어 우산 모양으로 고정시킵니다.
7. 꼬치막대를 일회용 접시에 찔러 세웁니다.
   - TIP 6번과 7번의 경우 고정이 어려우면 글루건을 사용해주세요.

8 물약병이나 스프레이에 물을 담아 비가 오는 것처럼 우산 위에 물을 뿌려보세요.

Q 우산 위에 떨어진 물방울은 어떻게 되나요?

어떻게 될까요?

1 녹은 양초에 담갔던 종이는 방수가 되어 물이 스며들지 않습니다.

2 물을 떨어뜨리면 물방울이 또르르 굴러 종이 우산 바깥으로 떨어집니다.

실험 속 과학원리

양초로 코팅된 종이

양초는 파라핀 성분으로 구성되어 있습니다. 파라핀은 일종의 기름으로 물과 섞이지 않으며 물체의 표면을 매끈하게 코팅해주는 역할을 합니다. 이렇게 양초로 코팅된 종이 우산은 물을 흡수하지 않아 젖지 않고 표면이 매끄러워 물방울이 쉽게 굴러 떨어집니다.

➕ 이것도 알아두세요

1 물방울은 동그란 구슬 모양인데, 물방울이 동그란 것은 물의 표면장력 때문입니다.

2 종이나 휴지에 떨어진 물방울은 그대로 흡수되어 물의 표면장력이 깨지므로 동그란 형태를 유지하지 못합니다.

3 종이나 면은 물을 잘 흡수하는 성질인 친수성을, 파라핀은 물을 밀어내는 성질인 소수성을 가지고 있습니다.

개념 확인 Quiz

1 양초의 주요 성분인 _____ 은 일종의 기름으로 물과 섞이지 않습니다.

2 물방울이 동그란 모양을 갖는 것은 물의 _____ 때문입니다.

008 저절로 가는 나뭇잎 배

대나무잎을 둥실 띄워 나뭇잎 배를 만들었어요. 그런데 노를 저을 수가 없네요.
나뭇잎 배가 앞으로 빠르게 나아갈 수 있는 방법이 없을까요?

교과연계
3학년 1학기
2단원 〈물질의 성질〉 심화

핵심용어
표면장력

준비물
대나무잎, 나뭇잎(갸름하고 길쭉한 모양), 풀잎(토끼풀 등), 물, 세숫대야, 주방세제, 면봉

 **이렇게 실험해요**

1. 대나무잎 양 끝을 중앙에서 만나도록 마주 접어주세요.

2. 접힌 잎을 세로로 3등분한 후 접힌 잎의 1/2 부분까지 잘라 주세요. 3등분 중 가운데 부분을 뒤로 젖혀 접어주세요.

3. 남은 양옆의 잎을 교차하여 끼워주세요. 반대편도 똑같이 끼워주면 대나무잎 배가 완성됩니다.

   💡TIP 배의 빈틈을 촛농이나 글루건으로 메워도 좋아요.

4. 물이 담긴 세숫대야에 대나무잎 배를 띄워보세요.

5. 주방세제를 묻힌 면봉을 배의 앞 또는 뒤의 물에 살짝 대 보세요.

   Q 배가 어떻게 되나요?

   💡TIP 두어 번 세제를 사용하고 나면 깨끗한 물로 바꿔줘야 합니다.

6. 갸름하고 길쭉한 나뭇잎을 물에 띄우고 나뭇잎 앞 또는 뒤에 세제 묻힌 면봉을 갖다 대보세요.

7 토끼풀처럼 동그란 잎들을 물 위에 떠운 후 세제 묻힌 면봉을 잎들 가운데 물에 대보세요.

Q 길쭉한 잎과 동그란 잎들은 어떻게 움직이나요?

어떻게 될까요?

1 세제 묻힌 면봉을 물에 대면 나뭇잎 배는 빠르게 미끄러지듯 반대 방향으로 나아갑니다.

2 길쭉한 나뭇잎 배는 세제 묻힌 면봉을 댄 곳과 반대 방향으로 나아갑니다.

3 동글동글한 토끼풀이 모여 있는 물 한가운데에 세제 묻힌 면봉을 대면 토끼풀들이 쏜살같이 서로 멀리 퍼져 나갑니다.

실험 속 과학원리

물의 표면장력과 세제

액체를 이루는 알갱이들은 가능한 적은 표면을 만들려고 알갱이들끼리 잡아당기게 되는데 이때 작용하는 힘을 표면장력이라고 합니다. 세제를 물에 녹이면 물의 표면장력을 감소시켜 물 알갱이들끼리 잡아당기는 힘이 약해집니다. 따라서 세제가 닿은 쪽은 표면장력이 급격히 줄어들고 그 반대편은 물 알갱이들 간의 표면장력이 그대로 작용해 나뭇잎 배를 빠르게 전진시킵니다.

⊕ 이것도 알아두세요

1 물은 표면장력이 매우 큰 물질입니다.

2 세제나 비누 등은 계면활성제입니다. 계면활성제는 기름과 친한 친유성과 물과 친한 친수성을 모두 가지고 있습니다. 따라서 물과 기름 모두와 결합해 때를 빼는 역할을 하게 됩니다.

3 계면활성제는 기름때 제거 효과도 있지만 물에 녹아 물의 표면장력을 약화시킵니다.

개념 확인 Quiz

① 액체 알갱이들은 서로 뭉쳐 가능한 적은 표면을 만들려는 성질이 있는데 이를 _____ 이라 합니다.

② 세제는 일종의 _____ 로 물의 표면장력을 약화시킵니다.

009 뒤집어도 쏟아지지 않는 물

물이 든 컵을 뒤집으면 당연히 물이 쏟아지겠죠? 그렇다면 스타킹이나 양파망처럼 촘촘한 구멍이 있는 것을 씌우고 뒤집는다면 물은 어떻게 될까요?

교과연계
3학년 1학기 2단원 〈물질의 성질〉 심화

핵심용어
물의 표면장력

준비물
물, 투명컵, 스타킹 또는 양파망, 고무줄, 이쑤시개, 쟁반

이렇게 실험해요

1. 컵에 1/2 정도 물을 채운 후 스타킹을 두 겹 씌우고 고무줄로 고정합니다.
   - **TIP** 스타킹 대신 양파망을 사용해도 됩니다.

2. 손바닥으로 컵의 윗부분을 막고 컵을 빠르게 뒤집어주세요.
   - **TIP** 컵을 천천히 기울이면 물이 샐 수 있습니다.

3. 컵을 막고 있던 손을 떼어 보세요.
   - **Q** 물이 새나요?

4. 물이 새지 않는다면 이쑤시개를 밑에서 찔러 넣어보세요.
   - **Q** 이쑤시개는 어떻게 되나요?
   - **TIP** 처음엔 조금 물이 샐 수 있으니 쟁반 등을 받쳐놓고 합니다.

5 컵을 바로 세우고 스타킹 위에 물을 부어보세요.

 물이 컵 안으로 들어가나요?

어떻게 될까요?

1 컵을 거꾸로 세워도 물은 흘러 나오지 않습니다.

2 이쑤시개는 스타킹을 뚫고 컵 안으로 들어갑니다.

3 스타킹 위로 물을 부으면 물은 스타킹을 통과해서 컵 안으로 들어갑니다.

실험 속 과학원리

물의 표면장력

양파망이나 스타킹 같은 작은 구멍을 물이 통과하지 못하는 것은 물의 표면장력 때문입니다. 물 속에 있는 물분자는 주변의 물분자에 의해 여러 방향으로 잡아당겨져 균형을 이루지만 표면에 공기와 접하는 물분자는 물의 안쪽에만 물분자가 있어 안쪽에서 잡아당기는 힘만 받게 됩니다. 스타킹이나 양파망처럼 작은 구멍을 통해 공기와 접하는 경우 표면장력에 의해 생긴 물의 막이 유지되면서 물은 아래로 쏟아지지 않게 됩니다.

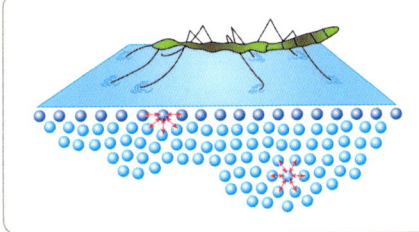

➕ 이것도 알아두세요

1 표면장력은 액체 상태의 물질이 갖는 특성입니다.

2 표면장력은 물질에 따라 달라지는데, 물은 표면장력이 매우 큰 물질입니다.

3 지구상에 존재하는 물질 중 가장 표면장력이 큰 물질은 액체 금속인 수은입니다.

4 물의 표면장력은 온도가 낮을수록 크고 온도가 높아질수록 작아집니다.

개념 확인 Quiz

① 스타킹이나 양파망처럼 작은 구멍을 물이 통과하지 못하는 것은 물의 _____ 때문입니다.

② 공기와 접하는 물의 표면은 물의 (바깥쪽, 안쪽)에서 잡아당기는 힘만 작용해 표면장력이 나타나게 됩니다.

010 계란 물에 띄우기

계란을 물에 넣으면 뜰까요, 가라앉을까요? 계란 노른자만 넣으면 어떨까요?
만약 계란이 물에 가라앉는다면 어떻게 하면 보름달처럼 둥실 물 위로 떠오르게 할 수 있을까요?

교과연계
4학년 1학기
5단원 〈혼합물의 분리〉 심화

핵심용어
밀도, 농도

준비물
투명컵 2개, 소금, 계란 2개, 숟가락

이렇게 실험해요

1 계란을 손에 들고 무게를 가늠해보세요.
   Q 계란은 물에 넣으면 뜰까요, 가라앉을까요?

2 투명컵에 물을 1/2 정도 채우고 계란을 넣어보세요.
   Q 계란은 어떻게 되나요?

3 계란을 꺼낸 후 소금을 2~3 숟가락 넣어 녹인 후 다시 계란을 넣습니다.
   Q 계란은 어떻게 되나요?
   TIP 계란이 잘 떠오르지 않으면 소금을 조금 더 넣고 잘 녹여주세요.

4 계란을 깨서 노른자만 분리합니다. 노른자가 터지지 않도록 주의하세요.

5 투명컵에 물을 1/2 정도 채우고 노른자를 넣습니다.
   Q 계란 노른자는 어떻게 되나요?

6 노른자를 건진 후 3번의 소금물에 넣어보세요.
   Q 계란 노른자는 어떻게 되나요?

맹물

소금물

맹물

소금물

어떻게 될까요?

1 계란을 맹물에 넣으면 가라앉습니다.

2 계란을 소금물에 넣으면 계란은 위로 둥실 떠오릅니다.

3 계란 노른자를 맹물에 넣으면 가라앉습니다.

4 계란 노른자를 소금물에 넣으면 노른자는 위로 떠오릅니다.

5 계란의 신선도에 따라 뜨는 정도가 달라집니다. 맹물에 넣었을 때 위로 떠오르는 계란은 신선하지 않은 계란입니다.

실험 속 과학원리

액체의 밀도와 농도

'밀도'는 일정한 부피에 들어 있는 알갱이들의 조밀한 정도를 의미하며, '농도'는 용액의 진한 정도를 나타냅니다. 용매인 물에 용질인 소금을 넣으면 물 알갱이(물분자)들 사이로 소금이 녹아 들어가 부피는 별로 증가하지 않지만 소금이 들어간 만큼 알갱이의 수(질량)가 늘어나 더욱 조밀해집니다. 일정한 양의 용매에 용질이 많이 녹아 들어가 밀도가 커진 용액은 이보다 밀도가 작은 물질을 뜨게 합니다.

➕ 이것도 알아두세요

1 물에 소금이 많이 들어갈수록 소금물의 농도는 진해지고 소금물의 밀도도 커집니다.

2 소금물의 농도가 진할수록 계란은 높이 떠오릅니다.

3 계란이 물에 뜨는 정도를 보고 계란의 신선도를 판단할 수 있습니다. 계란이 오래될수록 계란의 한쪽 끝에 있는 공기집이 커져 가벼워지므로 물에 잘 뜨게 됩니다.

개념 확인 Quiz

① 용액 속에 녹아 있는 용질의 양이 많아 _____ 가 진할수록 용액의 밀도도 커집니다.

② 계란의 신선도는 물에 뜨는 정도를 보고 알 수 있는데, 상한 계란은 밀도가 (작아서, 커서) 쉽게 물에 뜨게 됩니다.

011 식초로 쓴 비밀 편지

친구에게 내 비밀을 하나 말해주려고 해요. 하지만 그냥 말하자니 쑥스러워요.
글씨가 사라졌다 다시 나타나는 비밀 편지로 적어서 보내면 어떨까요?

교과연계
5학년 2학기 5단원 〈산과 염기〉 심화

핵심용어
지시약, 산과 염기

준비물
식초, 주방세제, 면봉 2개, 도화지(또는 A4용지), 스프레이(또는 붓), 적양배추 지시약(또는 포도껍질 지시약)

이렇게 실험해요

1 면봉에 식초를 충분히 적신 후 도화지에 편지를 써주세요.

2 면봉에 주방세제를 찍어 도화지에 편지를 써주세요.

3 1, 2를 헤어 드라이어로 말려 글씨가 안 보이도록 해주세요.

4 적양배추나 포도껍질을 끓인 물을 식혀 스프레이통에 담아주세요.
   💡TIP 〈001.적양배추 지시약 만들기〉 실험 참조

5 두 장의 편지 위에 스프레이로 적양배추 물을 뿌려보세요.
   ❓ 비밀 편지는 어떻게 되나요? 식초로 쓴 편지와 주방세제로 쓴 편지는 어떤 차이가 있나요?

6 식초나 주방세제에 물을 섞어 묽게 만든 후 위의 과정을 반복해보세요.
   ❓ 색은 어떻게 달라지나요?
   💡TIP 레몬, 사이다, 샴푸 등 여러 가지 물질을 이용해 편지를 써보세요. 다양하고 예쁜 색의 글씨를 쓸 수 있어요.

어떻게 될까요?

1 식초(산성)로 글씨를 쓴 부분에 적양배추 물을 뿌리면 분홍색 글씨가 나타납니다.

글씨가 나타납니다.

(중성)

제로 쓴 글씨는 하늘색을 띱니다. (산염기 강도)

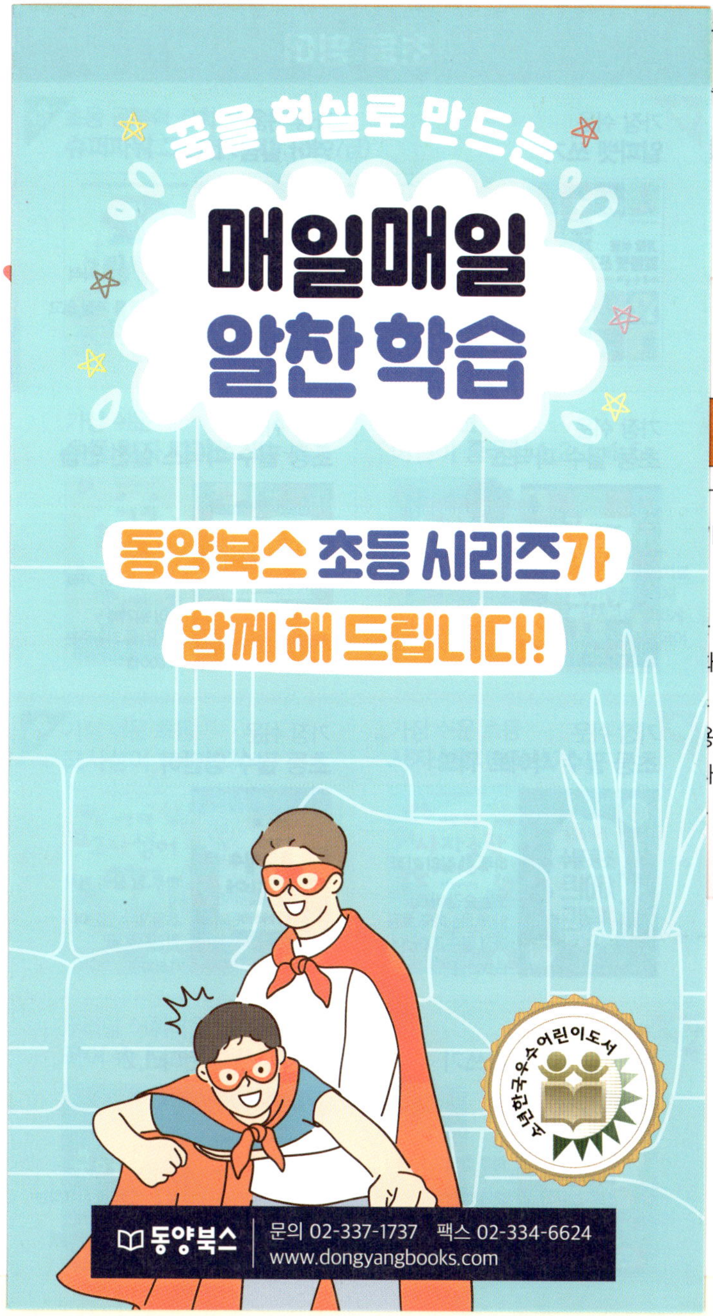

➕ 이것도 알아두세요

1 산성과 염기성의 강도는 pH(수소이온 농도)로 표시하며 순수한 물은 pH 7(중성)입니다.

2 산성 물질은 신맛이 나고 금속을 녹이며, pH값은 7보다 작습니다. 예) 레몬, 식초, 김치

3 염기성 물질은 쓴맛이 나고 단백질을 녹이며, pH값은 7보다 큽니다. 예) 소다, 주방세제, 샴푸

4 적양배추 지시약에 분홍색을 띤 식초는 pH값이 4, 자주빛을 띤 묽은 식초는 pH값이 6정도에 해당합니다.(산염기표 참조)

1 산성과 염기성의 강도는 _____ 로 표시합니다.

2 신맛이 나고 금속을 녹이며 pH값이 5인 용액은 (산성, 염기성, 중성) 물질입니다.

012 솔방울 스노우볼

솔방울 트리가 담긴 작은 유리병에 크리스마스 눈이 내리는 풍경을 만들어볼까요? 흔들어줄 때마다 눈이 내리게 할 수 있답니다.

교과연계
3학년 1학기
2단원 〈물질의 성질〉 심화

핵심용어
물질의 성질, 점성

준비물
물, 식물성 글리세린 또는 베이비 오일, 솔방울 2개, 빈병 2개, 매니큐어(또는 아크릴물감, 금색 또는 초록), 꾸미기 재료(스팽글, 반짝이, 가벼운 구슬이나 단추), 글루건 또는 접착제

이렇게 실험해요

1. 솔방울 2개를 깨끗이 씻어 말려주세요.

2. 솔방울을 초록 또는 금색 매니큐어로 꼼꼼하게 칠해주세요.
   💡 TIP 아크릴 물감이나 반짝이 매니큐어 또는 투명 매니큐어에 반짝이 가루를 추가해도 좋아요.

3. 매니큐어가 완전히 마를 때까지 1시간 정도 기다려주세요.
   💡 TIP 제품이나 주변 온도에 따라 마르는 시간이 다릅니다. 완전히 말랐는지 확인해주세요.

4. 솔방울에 투명 매니큐어를 덧바르고 말려주세요.

5. 솔방울을 글루건으로 병뚜껑 안쪽에 붙입니다.

6. 병 하나에는 글리세린(또는 베이비 오일)을, 다른 하나에는 물을 각각 3/4 정도 채웁니다. 솔방울이 들어갈 공간이 필요하니 너무 꽉 채우지 마세요.
   💡 TIP 물은 정수기 물이나 한 번 끓여서 식힌 정제된 물을 쓰는 것이 좋습니다.

 **어떻게 될까요?**

1 식초(산성)로 글씨를 쓴 부분에 적양배추 물을 뿌리면 분홍색 글씨가 나타납니다.

2 주방세제(염기성)로 글씨를 쓴 부분에 적양배추 물을 뿌리면 푸른색 글씨가 나타납니다.

3 식초나 주방세제가 묻지 않은 부분은 보라색 적양배추색을 띱니다. (중성)

4 묽은 식초로 쓴 글씨는 적양배추 물을 뿌리면 자주색을, 묽은 주방세제로 쓴 글씨는 하늘색을 띱니다. (산염기 강도)

실험 속 과학원리

산성과 염기성, 지시약

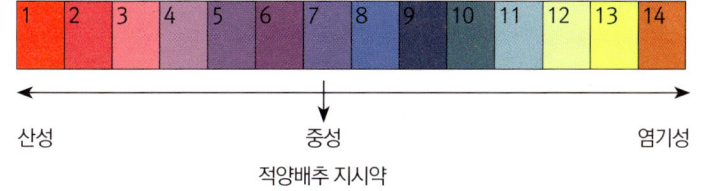

용액은 산성, 염기성, 중성의 세 가지로 구분할 수 있는데, 이것을 나누는 기준은 용액이 가진 산의 세기(수소이온 농도)입니다. 지시약은 산의 세기에 따라 색이 변화하므로 산성과 염기성을 구분하는 데 편리하게 사용됩니다. 지시약에는 리트머스 종이, 페놀프탈레인용액, BTB용액, 적양배추 물 등이 있습니다. 지시약에 따른 용액의 색변화를 이용해 비밀편지를 쓸 수 있을 뿐 아니라, 색변화를 보고 편지에 사용한 용액이 산성인지 염기성인지, 산과 염기의 강도가 얼마나 센지를 알아낼 수 있습니다.

➕ 이것도 알아두세요

1 산성과 염기성의 강도는 pH(수소이온 농도)로 표시하며 순수한 물은 pH 7(중성)입니다.

2 산성 물질은 신맛이 나고 금속을 녹이며, pH값은 7보다 작습니다. 예) 레몬, 식초, 김치

3 염기성 물질은 쓴맛이 나고 단백질을 녹이며, pH값은 7보다 큽니다. 예) 소다, 주방세제, 샴푸

4 적양배추 지시약에 분홍색을 띤 식초는 pH값이 4, 자주빛을 띤 묽은 식초는 pH값이 6정도에 해당합니다. (산염기표 참조)

개념 확인 Quiz

① 산성과 염기성의 강도는 _____ 로 표시합니다.

② 신맛이 나고 금속을 녹이며 pH값이 5인 용액은 (산성, 염기성, 중성) 물질입니다.

012 솔방울 스노우볼

솔방울 트리가 담긴 작은 유리병에 크리스마스 눈이 내리는 풍경을 만들어볼까요?
흔들어줄 때마다 눈이 내리게 할 수 있답니다.

교과연계
3학년 1학기
2단원 〈물질의 성질〉 심화

핵심용어
물질의 성질, 점성

준비물
물, 식물성 글리세린 또는 베이비 오일, 솔방울 2개, 빈병 2개, 매니큐어(또는 아크릴물감, 금색 또는 초록), 꾸미기 재료(스팽글, 반짝이, 가벼운 구슬이나 단추), 글루건 또는 접착제

이렇게 실험해요

1. 솔방울 2개를 깨끗이 씻어 말려주세요.

2. 솔방울을 초록 또는 금색 매니큐어로 꼼꼼하게 칠해주세요.
   💡TIP 아크릴 물감이나 반짝이 매니큐어 또는 투명 매니큐어에 반짝이 가루를 추가해도 좋아요.

3. 매니큐어가 완전히 마를 때까지 1시간 정도 기다려주세요.
   💡TIP 제품이나 주변 온도에 따라 마르는 시간이 다릅니다. 완전히 말랐는지 확인해주세요.

4. 솔방울에 투명 매니큐어를 덧바르고 말려주세요.

5. 솔방울을 글루건으로 병뚜껑 안쪽에 붙입니다.

6. 병 하나에는 글리세린(또는 베이비 오일)을, 다른 하나에는 물을 각각 3/4 정도 채웁니다. 솔방울이 들어갈 공간이 필요하니 너무 꽉 채우지 마세요.
   💡TIP 물은 정수기 물이나 한 번 끓여서 식힌 정제된 물을 쓰는 것이 좋습니다.

7 병 안에 구슬, 단추, 스팽글 등 꾸미기 재료를 넣은 후, 5의 솔방울이 붙어 있는 병뚜껑을 잘 닫아주세요.

8 뚜껑쪽이 아래로 가게 병을 세워주세요.

Q 병 속에서 어떤 일이 일어나요?

어떻게 될까요?

1 글리세린(또는 베이비 오일)이 들어 있는 병 속의 물체들은 오르락내리락 하며 천천히 병 속을 떠다니다 내려옵니다.

2 물이 들어 있는 병 속의 구슬과 스팽글은 아주 작고 가벼운 조각들 외에는 떠 있지 못하고 곧장 바닥으로 내려옵니다.

3 글리세린과 물을 섞을 경우 글리세린의 비율이 높아지면 플라스틱 구슬처럼 조금 무거운 것도 오래 떠다니게 됩니다.

실험 속 과학원리

물질의 성질과 점성

점성은 액체의 끈끈한 성질을 말합니다. 끈끈한 성질은 유체의 흐름에 대한 저항을 가져와 액체나 기체가 흐르는 것을 방해합니다. 흔들었을 때 잘 흔들리지 않는 액체일수록 점성이 큰 것입니다. 물엿이나 식용유, 글리세린은 물보다 점성이 커서 물보다 흐름이 느립니다. 따라서 글리세린에 구슬을 넣으면 구슬이 물 속보다 천천히 떨어집니다.

➕ 이것도 알아두세요

1 점성은 흐름에 대한 저항을 의미합니다.

2 액체와 기체의 점성은 온도에 따라 달라집니다. 온도가 올라갈수록 액체는 점성이 약해지고, 기체는 점성이 증가합니다.

3 보통 분자가 길거나 분자 간 결합이 강한 물질들이 분자가 짧고 결합이 약한 물질보다 점성이 큽니다.

개념 확인 Quiz

1 물엿은 물보다 _____ 이 커서 잘 흐르지 못합니다.

2 액체의 (끈끈한, 번지는) 성질은 유체의 흐름에 저항을 가져와 흐름을 방해합니다.

013 계란으로 만든 사과 분자요리

요리에 과학을 입힌 분자요리의 세계로 초대합니다.
반으로 자르면 노른자가 들어 있는 신기한 사과를 만들어 봐요.

교과연계
3학년 2학기
4단원 〈물질의 상태〉 심화

핵심용어
물질의 성질, 상태 변화

준비물
계란 3~5개, 소금, 식초, 얼음, 대접, 키친타월, 식용색소, 샐러드용 어린 잎(또는 나뭇잎)

이렇게 실험해요

1. 계란을 냉장고에서 꺼내 실온에 30분 정도 두어 냉기를 없애주세요.

2. 냄비에 계란이 잠길 정도의 물을 붓고 소금과 식초를 각각 1/2 티스푼 넣습니다.
   💡TIP 식초는 계란의 단백질을 굳게 하고 소금은 계란이 깨지는 것을 막아줍니다.

3. 물이 끓으면 숟가락 등을 이용해 깨지지 않게 계란을 물 속에 집어넣어 주세요.

4. 9분 정도 삶은 후 계란을 찬물에 담가 식혀줍니다. 삶은 즉시 찬물에 담가야 계란 껍질이 잘 까집니다.
   💡TIP 삶은 시간이 10분 이내이면 노른자 부분이 무르게 변하지 않습니다.

5. 계란을 톡톡 쳐 여러 곳에 금이 가게 한 후 껍질을 조심스럽게 까주세요.

6. 깐 계란의 위아래를 뾰족한 부분이 들어가도록 1분 정도 손가락으로 지그시 눌러주세요.

7. 6의 계란을 얼음물(또는 찬물)에 넣고 5분 정도 지그시 눌러 모양을 고정해주세요.
   ❓ 계란은 부서지지 않고 모양의 변화가 일어났나요?

8 계란을 꺼내 키친타월로 물기를 제거해주세요.

9 식용색소에 5~10분 정도 담가 색깔을 입혀도 좋아요.

10 샐러드용 어린 잎 등으로 사과 꼭지를 만들어 사과 모양으로 마무리합니다.

어떻게 될까요?

1 계란은 열을 가하면 액체 상태였던 흰자와 노른자가 고체 상태로 변합니다. 참고로 대부분의 물질은 열을 가하면 고체에서 액체로 상태가 변하지만, 단백질 성분은 열을 가하면 액체에서 고체로 상태가 변화합니다.

2 계란의 흰자는 완전 고체가 된 반면 노른자는 약간의 수분이 남아 있습니다.

3 계란은 끓는 물에서 9분이 지나면 고체 상태로 변하지만 부드럽고 탄력이 있어 힘에 의해 부서지지 않고 모양 변화가 일어나게 됩니다.

실험 속 과학원리

과학으로 만든 음식, 분자요리

분자요리란 음식의 질감 및 요리 과정 등을 과학적으로 분석해 일반적인 음식과 다른 맛이나 질감을 만든 요리를 말해요. 음식을 분자 단위까지 철저하게 연구하고 분석한다고 해서 '분자요리'라는 이름이 붙었다고 합니다. 분자요리는 물질의 상태 변화를 기초로 하므로 과학적 지식을 필요로 합니다.

거품이나 젤리처럼 어떤 물질은 고체나 액체, 기체 중 몇 가지가 혼합된 상태로 존재합니다. 이러한 물질을 연성물질이라고 하는데, 이러한 연성물질은 분자요리의 주된 재료가 됩니다.

이것도 알아두세요

1 계란의 노른자와 흰자는 단백질이 주성분이지만 흰자가 더 낮은 온도에서 고체로 응고합니다.

2 계란의 노른자에는 철성분이 풍부해 계란을 오래 삶으면 흰자의 황성분과 결합해 황화철이 만들어져 노른자의 가장자리가 검푸르게 변합니다.

3 계란을 삶기 시작해서 9분이 지나면 노른자가 많이 응고되어 흐르지 않고 모양을 갖추고, 11분이 넘어가면 노른자가 거의 응고되어 완숙 상태가 됩니다.

개념 확인 Quiz

1 _____ 란 음식의 질감 및 요리 과정 등을 과학적으로 분석해 일반적인 음식과 다른 맛이나 질감을 만든 요리를 말합니다.

2 대부분의 물질은 열을 가하면 고체에서 액체가 되지만 _____ 은 액체에서 고체가 됩니다.

014 연기에 불 붙이기

생일 케이크 위에 꽂힌 초를 후~ 하고 불면 하얀 연기가 나오죠? 오늘 실험은 이 연기가 주인공입니다.
불을 다루는 실험은 부모님과 함께 진행하세요.

교과연계
6학년 2학기 3단원 〈연소와 소화〉 심화

핵심용어
연소

준비물
알루미늄 호일, 볼펜, 핀셋, 양초, 캔들 라이터(또는 나무젓가락)

이렇게 실험해요

1. 알루미늄 호일을 10×6cm 크기로 잘라 5장 준비합니다.

2. 1의 호일을 볼펜에 감아 6cm 높이의 원기둥 5개를 만듭니다.
   💡TIP 여러 번 실험할 수 있도록 여분을 만들어 준비한 것입니다.

3. 양초에 불을 붙인 후 핀셋으로 호일 기둥을 가만히 잡고 촛불의 불꽃 위에 가까이 댑니다.
   💡TIP 이때 되도록 호일이 촛불에 직접 닿지 않도록 해주세요.

4. 호일 기둥 끝에서 하얀 연기가 나오는 것이 보이면 캔들 라이터로 불을 붙여주세요.
   💡TIP 캔들 라이터 대신 나무젓가락에 불을 붙여 사용해도 됩니다.
   Q 호일 기둥 끝에 불이 붙었나요? 호일 기둥에서 나온 하얀 연기는 무엇이었을까요?

5. 호일 기둥을 촛불에서 멀리 떨어뜨려 주세요.
   Q 불꽃은 어떻게 되나요?

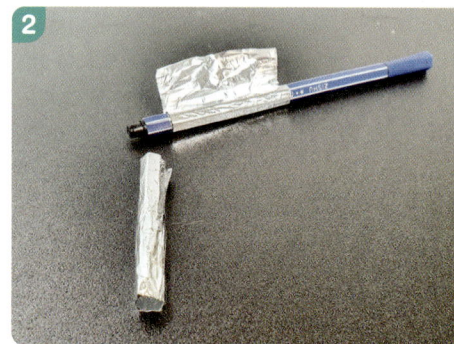

어떻게 될까요?

1 호일 기둥 끝으로 하얀 연기가 나옵니다.

2 호일 기둥 끝 하얀 연기에 불을 붙이면 불이 붙습니다.

3 호일 기둥 끝 불꽃은 초에서 멀어지면 곧 꺼집니다.

실험 속 과학원리

양초의 연소

물질이 빛이나 열을 내면서 타는 현상을 '연소'라고 합니다. 물질이 연소하기 위해서는 타는 물질, 발화점 이상의 온도, 산소가 필요합니다. 양초의 연소에서는 양초가 재료가 되고 라이터로 붙여준 불이 열을 제공해 불이 붙는 온도인 발화점에 도달하게 합니다. 양초 심지에 불을 붙여주면 고체인 양초는 촛물인 액체 상태가 되고 이것이 심지를 타고 올라가서 기체가 됩니다. 양초의 하얀 연기는 기체 상태의 양초로, 촛불은 이 기체 상태의 양초가 타는 것입니다.

➕ 이것도 알아두세요

1 물질을 가열할 때 물질이 스스로 타기 시작하는 최저 온도를 '발화점'이라고 합니다.

2 연소가 지속되기 위해서는 온도가 발화점 이상으로 유지되어야 합니다.

3 연소의 3가지 조건 즉, 타는 물질, 발화점 이상의 온도, 산소 중 하나만 없어도 연소는 일어나지 않습니다.

개념 확인 Quiz

1 물질이 빛이나 열을 내면서 타는 현상을 _____ 라고 합니다.

2 연소의 3가지 조건은 타는 물질, 발화점 이상의 온도, _____ 입니다.

015 오렌지 향초 만들기

새콤달콤 오렌지 속살은 맛있게 먹고 오렌지 껍질과 심지로 향기나는 양초를 만들어 봐요.
오렌지 껍질에 식용유만 부어주면 양초가 완성됩니다.

교과연계
6학년 2학기 3단원 〈연소와 소화〉 심화
핵심용어
연소
준비물
오렌지 1~2개, 과도, 숟가락, 접시, 라이터, 식용유

이렇게 실험해요

1. 오렌지를 옆으로 눕혀 반으로 자릅니다.
2. 숟가락으로 과육을 제거하고 심지만 남깁니다.
3. 과육을 제거한 오렌지 껍질에 식용유를 부어주세요.
   💡TIP 심지 0.5cm 아래까지 심지를 적시면서 부어줍니다.
4. 심지에 불을 붙입니다. 처음엔 불이 잘 붙지 않습니다. 심지 끝을 먼저 까맣게 태워주세요.
5. 까맣게 그을린 심지에 10초 정도 계속 불을 대주세요.
   Q 오렌지 향초에 불이 붙었나요?
6. 오렌지 향초를 계속 켜 두고 관찰합니다.
   Q 심지와 기름 중 무엇이 줄어드나요?

어떻게 될까요?

1 오렌지 향초에 불을 붙이면 환하게 불이 켜지고 타면서 오렌지 향기가 납니다.

2 오렌지 향초를 켜두면 심지는 그대로인데 식용유가 계속해서 줄어듭니다.

실험 속 과학원리

연소

오렌지 향초는 식용유를 타는 물질로 사용합니다. 따라서 오렌지 향초를 계속 켜두면 식용유가 줄어드는 것을 확인할 수 있습니다. 발화점에 도달한 식용유는 산소와 더해져서 빛과 열을 내는 오렌지 촛불이 되고, 이때 수증기와 이산화탄소도 발생합니다.

이것도 알아두세요

1 '물질 + 산소 → 빛과 열 + 물(수증기) + 이산화탄소'를 연소의 과정이라고 합니다.

2 소화는 연소의 반대로, 불을 끄는 과정입니다.

3 연소는 연소의 3가지 조건(산소, 타는 물질, 발화점)을 모두 갖춰야 일어나지만, 소화는 연소의 조건 중 하나만 없애도 일어납니다.

개념 확인 Quiz

① 연소가 일어나면 빛과 열 그리고 물과 (산소, 이산화탄소)가 발생합니다.

② 연소의 조건인 산소나 발화점, 타는 물질 중 하나만 제거해도 연소의 반대작용인 _____ 가 일어납니다.

016 알록달록 물보석 만들기

영롱하게 빛나는 색색의 보석 방울을 당신에게 선물합니다. 단 이 보석들은 흔들거나 충격을 주면 안됩니다. 몇 초 안에 시커먼 물 속 괴물로 변하게 되니까요.

교과연계
4학년 1학기 5단원 〈혼합물의 분리〉 심화

핵심용어
액체의 밀도

준비물
식용유, 물, 투명컵, 소주컵 4~5개, 물약병 4~5개, 물감

이렇게 실험해요

1 투명한 컵에 절반 가량 식용유를 채웁니다.

2 식용유 위에 물을 한 방울 떨어뜨려보세요.
   Q 물방울이 어떻게 되나요?

3 작은 컵 4~5개에 각각 물을 담고 원하는 색깔의 물감을 풀어 준비합니다.

4 물약병에 물감물을 각각 담고 식용유가 담긴 컵에 방울방울 떨어뜨립니다.
   TIP 물약병 대신 스포이트나 빨대를 사용해서 물감물을 넣어도 됩니다.

5 식용유에 떨어진 색깔 물방울들의 모양이나 색을 관찰해보세요.
   Q 물방울의 색깔과 모양은 어떤가요?

6 시간이 지남에 따라 색깔 물방울들이 어떻게 변하는지 살펴봅니다.

7 살짝 컵을 흔든 후 물방울들을 살펴봅니다.
   Q 색깔 물방울들은 점차 어떻게 변했나요?

어떻게 될까요?

1 식용유에 떨어뜨린 물방울은 바닥에 가라앉습니다.

2 색깔 물방울들은 기름을 통과해 방울 모양 그대로 원래의 색깔을 유지한 채 바닥에 동글동글 모여 있고 투명한 보석처럼 보입니다.

3 시간이 지나면서 색깔 물방울들은 서로 섞여 어둡고 탁하게 변합니다. 흔들거나 충격을 주면 빠른 속도로 물방울들이 합쳐져 검은 물덩어리를 이루게 됩니다.

실험 속 과학원리

액체의 밀도

밀도란 그 물질을 이루는 알갱이들의 조밀한 정도(빽빽함)를 의미합니다. 우리는 물질을 이루는 알갱이를 볼 수 없기 때문에 밀도는 같은 크기(1㎤)를 가진 물체의 질량을 비교해서 알아낼 수 있습니다. 따라서 어떤 물체의 질량(g)을 부피(㎤)로 나누면 그 물체의 밀도를 구할 수 있습니다.

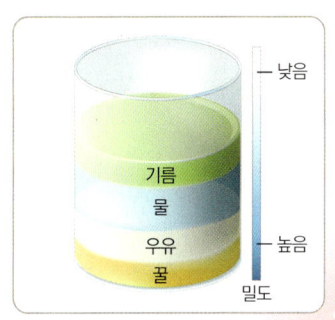

이것도 알아두세요

1 밀도는 물질이 가지는 고유한 성질(특성)로 물질을 구분하는 데 사용됩니다.

2 물의 밀도는 1g/㎤, 식용유의 밀도는 0.93g/㎤로 물은 식용유보다 밀도가 큽니다.

3 밀도가 다른 물질들은 서로 잘 섞이지 않지만 밀도가 같으면 서로 쉽게 섞이게 됩니다.

개념 확인 Quiz

1 물은 식용유보다 밀도가 (작습니다, 큽니다).

2 어떤 물체의 질량을 _____ 로 나누면 그 물체의 밀도를 구할 수 있습니다.

017 색색깔로 내리는 보석비

하늘에서 내리는 비는 투명합니다. 그런데 만약 하늘에서 색깔비가 내린다면 어떻게 될까요?
방울방울 작은 물보석들을 하늘에 뿌려 알록달록한 색깔비가 되어 내리는 마술을 알려드릴게요.

교과연계
5학년 1학기 4단원 〈용해와 용액〉 심화

핵심용어
확산

준비물
식용유, 물, 투명컵, 소주컵 3~4개, 물약병, 물감, 투명한 병, 막대 또는 숟가락

이렇게 실험해요

1. 종이컵1/2 분량의 식용유에 물감을 탄 물을 떨어뜨려 물보석을 만듭니다. (016. 알록달록 물보석 만들기 실험 참조)

2. 1의 물보석을 막대 등으로 살살 저어 물보석 알갱이가 식용유와 섞이게 합니다.
   TIP 강하게 휘저으면 탁한 액체만 남게 됩니다. 작은 물보석 알갱이가 남도록 살살 저어주세요.

3. 투명한 병에 물을 2/3 정도 채운 후 2의 혼합액을 부어주세요.

4. 병을 10~30초 정도 가만히 관찰합니다.
   Q 병 안에서 어떤 일이 벌어지나요?

5. 계속해서 관찰해보세요.
   Q 병 속 물과 기름은 점차 어떻게 변화하나요?

6. 병에 물감물을 3~4방울 더 떨어뜨려 보세요.
   Q 어떤 현상이 관찰되나요?

 **어떻게 될까요?**

1 물보석 식용유 혼합액을 물에 쏟아 넣으면 밑으로 들어갔다가 출렁이며 다시 위로 떠올라 물보석 식용유로 된 층을 만듭니다.

2 물보석 식용유 층에서 색을 띤 올챙이 모양의 띠가 툭 떨어져 나오며 색이 퍼져 나갑니다.

3 차츰 여러 색의 둥글게 휘어진 선 모양의 색깔비가 이리저리 많이 내려오게 됩니다.

4 시간이 지나 색깔비가 잠잠해지면 병 속 물은 점차 탁해집니다.

5 색깔 물방울을 추가로 떨어뜨리면 둥근 도넛 형태의 색깔 고리가 물속에 만들어졌다가 퍼지며 밑으로 내려옵니다.

실험 속 과학원리

확산

물이 담긴 컵에 잉크나 물감을 한 방울 떨어뜨리면 시간이 지남에 따라 퍼져 나가면서 물 전체가 균일한 색을 띠게 됩니다. 이렇게 물질을 이루고 있는 알갱이들이 액체나 기체 속으로 퍼져 나가는 현상을 '확산'이라고 합니다.

➕ 이것도 알아두세요

1 구석에서 향수를 뿌리면 얼마 후 방 전체에 향수 냄새가 나게 되는 것은 향수의 확산 때문입니다.

2 물에서보다 공기 중에서, 공기보다 진공에서 확산 속도가 빠릅니다.

3 확산 속도는 알갱이(분자)의 무게가 가벼울수록, 온도가 높을수록 빠릅니다.

개념 확인 Quiz

① 물질을 이루고 있는 알갱이들이 액체나 기체 속으로 퍼져 나가는 현상을 _____ 이라고 합니다.

② 확산은 물에서보다 공기 중에서, 공기보다 진공에서 속도가 (빠릅니다, 느립니다).

018 열 받으면 변신하는 요구르트병

지구는 이제 플라스틱 행성이라는 새로운 이름을 갖게 되었어요. 가볍고 튼튼해 많은 사랑을 받았지만 어느새 지구의 골칫거리가 되어버린 플라스틱. 플라스틱을 변신시킬 수는 없는 걸까요?

교과연계
3학년 1학기
2단원 〈물질의 성질〉 심화

핵심용어
열가소성

준비물
요구르트병 3~4개, 유성펜, 집게, 냄비, 수건

이렇게 실험해요

1. 빈 요구르트병을 깨끗이 씻어 말립니다. 표면에 포장지가 있다면 제거합니다.

2. 요구르트병에 유성펜으로 좋아하는 그림을 그립니다.

3. 냄비에 물을 끓인 후 요구르트병을 하나씩 넣습니다.
   💡TIP 병을 끓는 물에 넣거나 꺼낼 때는 꼭 어른의 도움을 받으세요.

4. 요구르트병 하나를 집게로 눌러보세요.
   Q 요구르트병은 어떤 상태인가요?

5. 나머지 요구르트병은 병 입구를 한두 번 살짝 굴려주며 변화를 관찰합니다.
   💡TIP 한두 번 굴려주면 끓는 물에 의해 병이 오르내리며 절로 구르게 됩니다.

6. 5~10분 후 요구르트병에 더 이상 변화가 없을 때 병을 수건 위에 건져냅니다.

7. 끓는 물에서 꺼낸 요구르트병을 관찰해보세요.
   Q 뜨거운 물에 넣기 전과 후 요구르트병은 어떤 점이 달라졌나요?

어떻게 될까요?

1 끓는 물 속에서 요구르트병은 집게로 살짝 건드려도 찌그러질 정도로 물렁해진 상태입니다.

2 끓는 물에서 꺼낸 요구르트병은 크기가 작아졌습니다.

3 끓는 물에서 꺼낸 요구르트병은 표면에 인쇄된 글씨와 그림의 크기가 작아지고 진해졌습니다.

실험 속 과학원리

열가소성

열을 가하면 부드럽게 되어 모양을 달라지게 할 수 있는 성질을 '열가소성'이라고 합니다. 열가소성 물질은 열을 식히면 모양대로 굳어집니다. 열가소성 물질은 열에 의해 모양을 마음대로 바꿀 수 있어 가공이 쉽습니다. 요구르트병은 열가소성 플라스틱인 PS(폴리스티렌 polystyrene)로 만들어졌습니다.

⊕ 이것도 알아두세요

1 플라스틱에는 열가소성과 열경화성이 있으며 열경화성은 열을 가해도 모양이 변하지 않습니다.

2 플라스틱 제품의 표시를 보면 열가소성 여부를 확인할 수 있습니다. PE(폴리에틸렌), PP(폴리프로필렌), PS(폴리스티렌)는 열가소성 플라스틱입니다.

3 열가소성 플라스틱은 사슬형 분자 구조를 하고 있어 열을 가하면 일부가 쉽게 끊어져 모양 변화가 잘 일어납니다.

개념 확인 Quiz

1 열을 가하면 모양이 쉽게 변하는 성질을 (열가소성, 열경화성)이라고 합니다.

2 요구르트병은 (열가소성, 열경화성) 플라스틱으로 만들어졌습니다.

019 쉐킷쉐킷 김치통 흔들기

동글동글한 공들이 숨바꼭질 놀이를 시작했대요.
쌀 속에 꼭꼭 숨어 있는 공들을 흔들어 찾아봐요.

교과연계
4학년 1학기
5단원 〈혼합물의 분리〉 심화

핵심용어
밀도

준비물
쌀, 검은콩, 김치통, 여러 가지 공(탁구공, 볼풀공, 스티로폼공, 골프공, 쇠공, 유리구슬 등)

이렇게 실험해요

1. 빈 김치통에 쌀을 2/3 정도 채웁니다.
2. 가위바위보를 해서 진 사람이 준비된 공, 유리구슬, 검은콩, 소형 장난감 등을 쌀 밑에 꼭꼭 숨깁니다.
   - **TIP** 안에 숨긴 것이 무엇이고, 몇 개인지 종이에 기록해 두면 편리해요.
3. 김치통 뚜껑을 덮고 이긴 사람 먼저 통을 위아래로 2번 흔든 후 위로 올라온 것을 가져갑니다.
4. 상대방도 2번 흔든 후 위로 올라온 것을 가져갑니다.
5. 똑같은 횟수를 진행해 더 많이 가져간 사람이 이기는 게임입니다.
   - **Q** 잘 올라오는 물체와 잘 올라오지 않는 물체는 각각 무엇인가요?

어떻게 될까요?

1 탁구공, 볼풀공, 스티로폼공과 검은콩은 쌀 위로 올라옵니다.

2 골프공은 위로 올라오지 않습니다.

3 쇠공이나 유리구슬은 여러 번 통을 흔들어도 위로 올라오지 않습니다.

실험 속 과학원리

고체 물질의 밀도

물질마다 밀도가 달라 오래전부터 인류는 혼합물을 분리하는 데 밀도를 사용했습니다. 예를 들어 우리 조상들은 키라는 도구를 위아래와 앞뒤로 흔들어 볍씨(껍질을 벗기지 않은 상태의 쌀)와 돌멩이를 분리했습니다. 이때 밀도가 작은 빈 쭉정이는 날아가고 밀도가 큰 돌멩이는 키의 안쪽에 모여 알찬 볍씨를 분리해 낼 수 있었습니다.

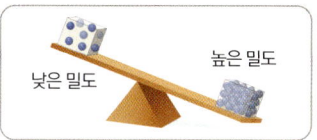

➕ 이것도 알아두세요

1 모래에 섞인 사금을 채취할 때도 밀도차를 이용합니다. 사금은 모래보다 밀도가 큽니다.

2 네모난 상자에 쌀과 구슬을 섞은 후 앞뒤로 흔들어보세요. 쌀과 구슬이 나뉘어지는 것을 볼 수 있습니다.

개념 확인 Quiz

1 모래에 섞인 사금, 쌀에 섞인 돌은 (밀도차, 온도차)를 이용해 분리합니다.

020 얼음으로 만드는 아이스 랜턴

핀란드와 같이 추운 나라에서는 눈 위에 얼음 랜턴을 여러 개 만들어 겨울밤을 환하고 아름답게 밝히는 전통이 있습니다. 우리도 얼음 랜턴을 만들어 까만 밤을 밝혀볼까요?

교과연계
4학년 2학기
4단원 〈물의 상태 변화〉 심화

핵심용어
물의 특성

준비물
물, 풍선 2개, 오목한 그릇 (냉동실에 풍선을 올려 얼리는 용도) 2개, 송곳, 소금, 양초 (티라이트 초), 라이터, 쟁반

이렇게 실험해요

1 풍선에 물을 채운 후 끝을 묶어주세요.
   💡TIP 지름 13~15cm 정도가 다루기 편리합니다.

2 둥근 사발 등에 물풍선을 받쳐 냉동실에 넣고 7~8시간 얼립니다.

3 얼린 풍선을 꺼내 풍선 꼭지 부분을 자르고 풍선을 제거합니다.
   💡TIP 이때 풍선이 저절로 갈라지거나 얼음의 일부분에서 물이 솟구쳐 나올 수 있습니다.

4 얼음이 덜 얼었거나 투명하지 않은 부분을 찾아 송곳 등으로 툭툭 쳐 구멍을 냅니다. 일부분이 깨진 경우는 깨진 모양 그대로 사용합니다.
   ❓ 얼음의 일부분에 구멍을 내면 그 안은 어떤 상태인가요?

5 전체적으로 단단히 언 경우 잠시 실온에 두었다가 사용하거나 구멍을 내고 싶은 부분에 소금을 뿌려 살짝 녹여줍니다. 소금이 닿은 곳은 어는점이 내려가 얼음이 녹게 됩니다.

6 작은 초에 불을 붙여 얼음의 구멍이나 깨진 부분에 집어넣고 빛이 번져 나가는 것을 관찰합니다.
   💡TIP 얼음이 서서히 녹게 되니 쟁반에 받혀 놓아주세요.

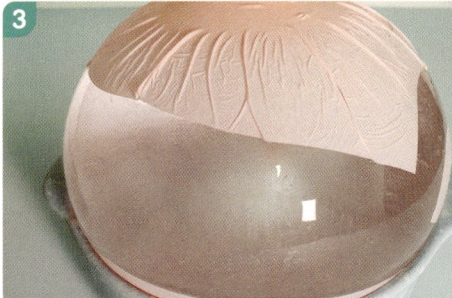

 **어떻게 될까요?**

1 얼음의 일부분에 구멍을 내면 안에서 물이 솟구쳐 나옵니다.

2 얼음은 겉만 얼고 속은 아직 얼지 않아 물이 빠져나오면서 속이 빈 동굴 모양이 됩니다.

실험 속 과학원리

물의 특성

물은 물의 위쪽인 표면부터 얼기 시작합니다. 대부분의 물질은 온도가 낮아지면 부피가 줄어들어 밀도가 커지게 됩니다. 그러나 물은 특이해서 4℃일 때 가장 밀도가 크고 온도가 떨어질수록 오히려 부피가 증가하여 밀도가 작아집니다. 따라서 밀도가 큰 4℃의 물은 아래로 가라앉고 영하의 온도에 노출된 물 표면만 얼게 됩니다.

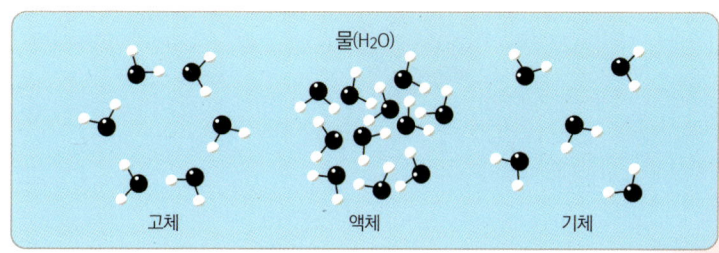

이것도 알아두세요

1 얼음은 위에서부터 얼고 표면의 얼음은 단열기능까지 하기 때문에 영하의 날씨에도 얼음 아래에는 물이 흘러 물고기들이 살 수 있습니다.

2 얼음이 물 위에 뜨는 것은 얼음이 되면 부피가 증가하여 물보다 밀도가 작아지기 때문입니다.

3 물이 얼면서 부피가 커지는 것은 물의 특이한 분자 구조 때문입니다.

개념 확인 Quiz

1 물이 표면부터 얼고 속은 얼지 않는 것은 온도에 따른 물의 (밀도, 표면장력) 특성 때문입니다.

2 물은 _____℃일 때 밀도가 가장 크고, 얼음이 되면서 점점 밀도가 작아집니다.

021 키친타월 레인보우 브리지

선녀들이 사는 곳에 걸쳐져 있다는 전설의 무지개 다리.
빨노파 연못의 색깔물이 이 다리를 타고 저절로 움직여 무지개 연못을 만든다고 하네요.

교과연계
5학년 1학기
4단원 〈용해와 용액〉 심화

핵심용어
모세관 현상

준비물
투명컵 5개, 키친타월 4장, 물감, 물

 이렇게 실험해요

1. 투명한 컵 3개에 1/2 높이의 물을 넣고 빨강, 노랑, 파랑 물감을 풉니다.
2. 3개의 컵 사이에 각각 빈 컵을 놓습니다.
3. 키친타월을 두 번씩 접어 1/4 크기로 만듭니다. (총 4장)
   💡TIP 키친타월이 없다면 휴지를 밧줄처럼 꼬아서 사용해도 됩니다.
4. 접은 키친타월을 컵들 사이에 걸칩니다. 이때 키친타월이 물감물에 잠기게 해 주세요.
   💡TIP 물의 양이 키친타월이 충분히 잠길 정도인지 확인합니다.
5. 키친타월과 빈 컵을 관찰해보세요.
   Q 어떤 변화가 나타났나요?

2

3
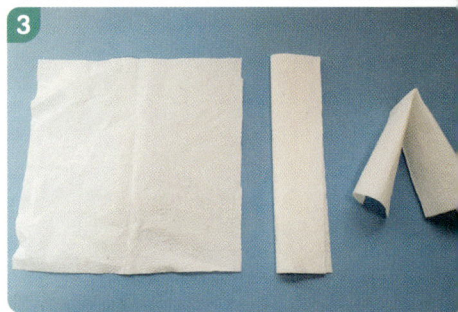

5

어떻게 될까요?

1 물감물이 키친타월을 타고 올라오며 다음 컵으로 이동합니다.

2 빈 컵에는 물감물이 채워지기 시작합니다.

3 빈 컵의 물감물은 좌우에 있는 컵의 물감물들이 합쳐진 색이 됩니다. 즉, 빨강과 노랑 사이의 빈 컵에는 주황색 물이, 노랑과 파랑 사이의 빈 컵에는 초록색 물이 찹니다.

실험 속 과학원리

모세관 현상

가는 유리관을 물속에 넣으면 유리관의 안쪽을 따라 물이 올라오는데, 이렇게 가는 관을 따라 액체가 올라오는 현상을 '모세관 현상'이라고 합니다. 이때 '모세관'이란 '가느다란 기둥'이란 뜻입니다.

키친타월 안의 아주 작은 관들은 물을 달라붙게 하고 달라붙은 물분자들은 표면장력에 의해 위로 이동하게 됩니다.

➕ 이것도 알아두세요

1 식물의 뿌리에 준 물이 잎까지 전달될 수 있는 것은 모세관 현상 때문입니다.

2 알코올램프의 심지를 통해 알코올이 빨려 올라가는 현상도 모세관 현상의 예입니다.

3 세수를 하고 수건으로 얼굴을 닦으면 얼굴의 물이 수건으로 흡수되는 것도 모세관 현상이 원인입니다.

개념 확인 Quiz

① 액체가 가느다란 관을 따라 올라가거나 내려가는 현상을 _____ 현상이라고 합니다.

② 수건이나 티슈가 물을 흡수하는 것도 _____ 현상의 하나입니다.

022 키친타월 크로마토그래피

검정색 수성 사인펜 안에는 아름다운 색들이 많이 담겨 있다고 해요.
어떤 색들이 숨어 있는지 함께 찾아봐요.

교과연계
4학년 1학기
5단원 〈혼합물의 분리〉 심화

핵심용어
물질의 특성, 혼합물의 분리

준비물
투명컵 2개, 키친타월, 수성 사인펜, 물

이렇게 실험해요

 길쭉한 크로마토그래피

1. 키친타월을 두 번 접은 후 끝에서 2cm 지점에 수성 사인펜 4개로 점을 겹치지 않게 찍어요.
   - **TIP** 검은색, 갈색, 하늘색에는 여러 물질이 혼합되어 있는 경우가 많습니다.
2. 1.5cm 높이로 물을 담은 컵과 빈 컵을 나란히 놓습니다.
3. 점이 찍힌 쪽의 키친타월 끝이 물에 닿게 컵에 넣고 나머지는 빈 컵에 걸칩니다. 이때 점은 물에 잠기지 않도록 주의하세요.
   - Q 시간이 지남에 따라 사인펜 점은 어떻게 되나요?
4. 색소가 더 이상 번지지 않으면 키친타월을 건져 말린 후 몇 가지 색으로 분리되었는지 확인합니다.

둥근 크로마토그래피

5. 키친타월을 가로, 세로, 대각선으로 8등분으로 접었다 폅니다.

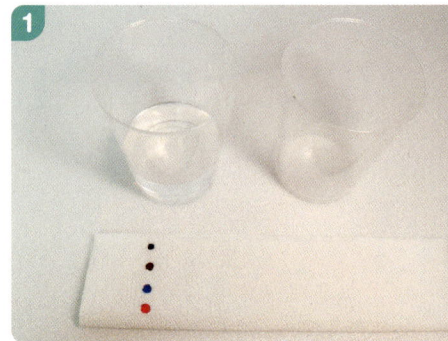

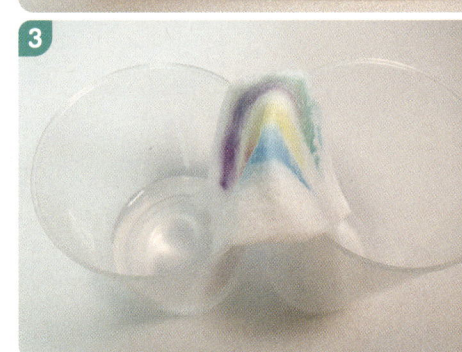

6 8가지 색의 수성 사인펜으로 1/8씩 그려 반지름 3cm의 원을 그려 주세요.
 각 칸에 사용한 색이 무엇인지 따로 메모해 놓습니다.

7 키친타월을 안과 밖으로 번갈아 접어 끝이 뾰족한 고깔 모양으로 만듭니다.

8 사인펜 부분이 물에 닿지 않게 주의하며 키친타월 끝을 물에 담가주세요.

9 물이 키친타월의 2/3 정도 올라왔을 때, 또는 더 이상 색이 번지지 않으면 꺼내 펼칩니다.

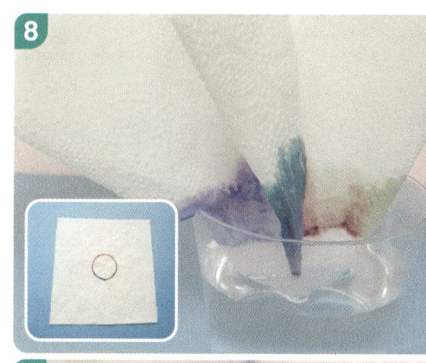

어떻게 될까요?

1 사인펜의 색소에 따라 여러 색으로 분리되는 것도 있고, 분리되지 않는 것도 있습니다.

2 검정색에서는 보라와 파랑, 노랑 등 여러 색소가 분리되어 나옵니다.

3 한 가지 색이 여러 색소로 분리된다는 것은 그 색이 여러 색소를 혼합해서 만들었음을 보여줍니다.

실험 속 과학원리

크로마토그래피

크로마토그래피는 잉크나 식물즙 같은 성분을 물이나 알콜 같은 용매에 녹인 후 이것을 잘 빨아들이는 종이 등에 흡수시켜 각 성분을 분리하는 방법입니다. 각 성분마다 용매에 녹아서 이동하는 속도가 다르기 때문에 색소의 높이가 다르게 나타나 이 높이로 성분을 확인할 수 있습니다.

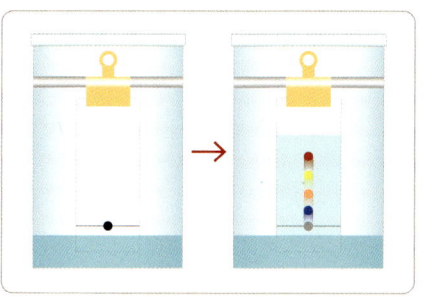

이것도 알아두세요

1 크로마토그래피는 적은 양으로 단 한 번에 신속하고 간단하게 혼합물을 분리할 수 있는 장점이 있습니다.

2 종이 크로마토그래피, 기체 크로마토그래피, 관 크로마토그래피 등 다양한 방법이 있습니다.

3 크로마토그래피는 범인의 혈액형을 알아내기 위한 혈액 분석, 소변을 이용해 운동선수의 약물 사용 여부를 판단하는 도핑 테스트에도 이용됩니다.

개념 확인 Quiz

1 색소가 용매에 녹아 종이나 관을 타고 이동할 때 색소를 이루는 성분의 이동 속도가 서로 달라 각 성분을 분리할 수 있게 되는데, 이러한 방법을 _____ 라고 합니다.

2 색소 분리로 물질의 성분을 확인할 때 수성 사인펜의 성분은 물에 녹기 때문에 _____ 을 용매로 사용합니다.

023 초콜릿 무지개 폭포

초콜릿에서 뿜어져 나오는 색의 폭포를 감상해 보실까요?
삽시간에 색들이 뿜어져 나오고 다시 소용돌이치듯 휘감기기도 합니다.

교과연계
5학년 1학기
4단원 〈용해와 용액〉 심화

핵심용어
확산

준비물
엠앤엠즈(M&Ms) 초콜릿,
접시, 물

이렇게 실험해요

1. 엠앤엠즈(M&Ms) 초콜릿을 원하는 색의 패턴대로 접시 위에 둥글게 촘촘하게 늘어놓아요.
   💡TIP 접시는 가운데가 살짝 깊은 것이 좋아요.

2. 접시 가운데에 물을 붓습니다. 물이 초콜릿에 닿을 때까지 부어주세요.

3. 초콜릿에 물이 닿고 나서 일어나는 변화를 관찰합니다.
   ❓ 초콜릿에 물에 닿으면 어떤 일이 벌어지나요?

4. 초콜릿에서 빠져나온 색소들을 관찰합니다.
   ❓ 색소들은 시간이 지남에 따라 어떻게 변하나요?

5. 초콜릿의 배열을 여러 가지로 다양하게 시도해보세요.
   💡TIP 색의 수 및 간격을 바꿔보고, 같은 색끼리 모아서 배열해보고, 하트나 네모 모양으로도 배열하면서 실험해 보세요.

 **어떻게 될까요?**

1 엠엔엠즈(M&Ms) 초콜릿에 물이 닿으면 가운데로 점점 길게 뻗어 나오는 색소의 흐름이 만들어집니다.

2 초콜릿의 간격이 좁으면 무지개처럼 여러 색이 가늘게 뻗어 나오고, 초콜릿의 간격이 넓으면 굵은 붓으로 칠한 것처럼 색이 뻗어 나옵니다.

3 색들은 서로 섞이지 않고 색의 경계를 지키면서 물을 따라 가운데로 뻗어 나옵니다.

4 시간이 지나면 물이 닿은 초콜릿의 아래쪽은 색이 빠져 초콜릿색이 되고 색소물들은 점점 휘어감기며 서로 섞이게 됩니다.

 실험 속 과학원리

확산

물질을 이루는 알갱이(분자)들이 공기나 물속과 같은 곳에서 조금씩 번져 나가는 현상을 '확산'이라고 합니다. 확산은 물질의 밀도(또는 농도) 차이 때문에 발생하며, 밀도(또는 농도)가 높은 쪽에서 낮은 쪽으로 퍼져 나갑니다. 초콜릿 색소물에는 설탕 등이 포함되어 있어 물보다 농도가 높습니다. 초콜릿 색소물이 옆이 아닌 앞으로 쭉 뻗어 나가는 것은 옆의 색소물과의 농도 차이보다 물과의 농도 차이가 크기 때문입니다. 같은 밀도(또는 농도)가 될 때까지 확산은 계속 일어납니다.

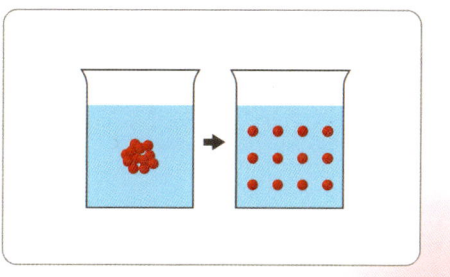

개념 확인 Quiz

1 확산은 물질의 _____ 차이 때문에 발생합니다.

2 확산은 밀도(또는 농도)가 (낮은, 높은) 쪽에서 (낮은, 높은) 쪽으로 일어납니다.

024 냉장고 없이 슬러시 만들기

시원한 슬러시 한 잔 마시고 싶은데 사러 나가기는 너무 귀찮다고요? 집에 있는 음료수를 이용해서 그 자리에서 뚝딱 슬러시를 만들어 가족들과 사이좋게 나누어 먹어봐요.

교과연계
4학년 2학기
4단원 〈물의 상태 변화〉 심화

핵심용어
물의 어는점과 어는점 내림

준비물
소형 비닐백, 대형 지퍼백, 얼음, 소금, 음료수(요구르트, 우유, 환타 등), 숟가락, 컵 또는 그릇

이렇게 실험해요

1. 요구르트, 환타, 이온음료 등 원하는 음료수를 각각 작은 비닐백에 담고 끝을 묶어 내용물이 흘러나오지 않게 합니다.

2. 큰 지퍼백에 얼음을 반 정도 채우고, 소금 3~5숟가락을 넣은 후 소금과 얼음을 흔들어주세요.
   💡TIP 얼음과 소금의 비율은 3:1 정도가 적당합니다.

3. 작은 비닐백에 담긴 1의 음료수를 2의 큰 지퍼백에 넣은 후 잘 흔들어주세요.

4. 5분, 10분, 15분이 지날 때마다 비닐백을 살펴보세요. 음료수의 양과 소금과 얼음의 비율에 따라 어는 데 걸리는 시간이 달라질 수 있습니다.
   Q 비닐백 속 음료수는 어떻게 변했나요?

5. 소금을 뿌린 얼음은 시간이 지나면서 어떻게 변하는지 관찰해보세요.
   Q 손에 닿았을 때 차가운 정도는 어떤가요?

6. 작은 비닐백 속 음료수를 만져보아 딱딱해지는 것 같으면 너무 굳지 않도록 숟가락으로 저어 주세요.

7. 슬러시가 만들어졌으면 컵이나 그릇에 담아 맛있게 먹어요.

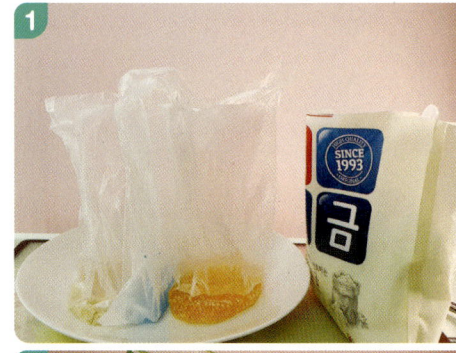

 **어떻게 될까요?**

1 소금과 얼음을 섞은 지퍼백에 넣어 흔들어준 음료수는 살얼음이 언 상태가 됩니다.

2 소금을 뿌린 얼음은 녹아 물이 되기 시작하고 손이 닿으면 아플 정도로 차갑습니다.

3 서로 얼음이 달라붙지 않도록 저어주면 슬러시가 됩니다.

실험 속 과학원리

어는점과 어는점 내림

액체를 냉각시켜 고체로 상태 변화가 일어나기 시작할 때의 온도를 '어는점'이라고 합니다. 순수한 물질은 그 물질만의 고유한 어는점을 가지고 있습니다. 그런데 순수한 용매에 용질을 첨가하여 용액을 만들면 용액의 어는점이 용매의 어는점보다 낮아지는데, 이 현상을 '어는점 내림'이라고 합니다.

물은 0℃에 얼기 시작하지만 소금을 섞으면 영하 18℃ 정도에서 얼기도 합니다. 얼음에 소금을 뿌리면 온도가 내려가면서 녹게 되는데, 소금 알갱이가 물분자를 잡아당기며 어는 것을 방해하기 때문입니다. 바다가 잘 얼지 않는 것, 겨울철 도로에 쌓인 눈에 염화칼슘(제설제)을 뿌리는 것은 모두 어는점 내림 현상과 관계 있습니다.

개념 확인 Quiz

1 순수한 물에 소금을 첨가하면 소금물은 물보다 더 낮은 온도에서 얼게 되는데 이런 현상을 _____ 이라고 합니다.

2 눈에 염화칼슘을 뿌리면 _____ 이 내려가 눈이 녹고 녹은 눈은 잘 얼지 않습니다.

025 흐르는 고체 우블렉 인형

우블렉을 아시나요? 우블렉은 액체같기도 하고 고체같기도 한 이상한 물질인데요, 세게 쥐면 딱딱해지고 부드럽게 쥐면 주르르 흘러내린대요.

교과연계
3학년 1학기
2단원 〈물질의 성질〉 심화

핵심용어
점탄성

준비물
녹말가루(감자나 옥수수 전분) 1봉지, 큰 그릇, 물, 풍선 2개, 깔때기(또는 페트병 윗부분 자른 것), 숟가락, 유성펜, 계란, 종이컵, 비닐장갑, 털실, 인형 눈알

이렇게 실험해요

우블렉 놀이

1. 넓은 그릇에 녹말가루 4컵에 물 2컵을 넣고 비닐장갑을 끼고 천천히 섞어주세요.
   TIP 녹말가루를 먼저 넣고 물의 양을 조절해가며 넣으세요.

2. 녹말용액을 손으로 꽉 움켜쥐어보고, 가만히 부드럽게 잡아보세요.
   Q 물질은 어떻게 되나요?

3. 녹말용액을 주먹으로 내리쳐보기도 하고, 손가락을 가만히 대기도 하세요.
   Q 물질은 어떻게 되나요?

4. 녹말용액 위에 날계란(또는 공이나 구슬)을 떨어뜨려 보세요.
   Q 계란은 어떻게 되나요?

우블렉 인형 만들기

5. 풍선에 깔때기를 끼우고 풍선의 크기에 맞게 녹말가루와 물을 넣어 주세요. (녹말가루와 물의 비율은 2:1 정도)
   TIP 녹말가루가 잘 들어가지 않으면 젓가락을 이용해 주세요.

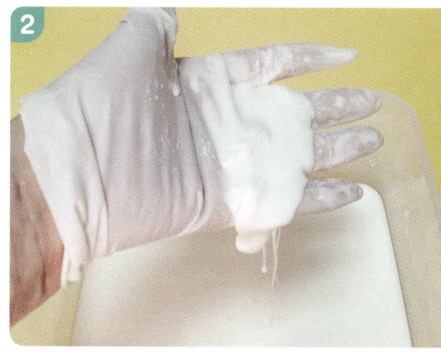

6 풍선을 주물러 반죽이 잘 섞이게 한 후 풍선 입구를 바짝 묶어주세요.

7 유성펜으로 얼굴을 그리고 털실로 머리카락을 붙여 풍선을 꾸밉니다.

8 완성된 인형을 손으로 꼭 쥐거나 살며시 쥐었다 놓아 보세요.
   Q 풍선은 각각 어떤 느낌이 드나요?

 어떻게 될까요?

1 녹말용액을 꽉 움켜쥐면 딱딱해지고, 녹말용액을 부드럽게 잡으면 스르르 흘러내립니다.

2 녹말용액을 세게 치면 딱딱해지고, 손가락을 가만히 가져다대면 손가락이 녹말용액 속으로 쑥 들어갑니다.

3 날계란을 높은 곳에서 떨어뜨리면 딱딱한 바닥에 부딪히는 것처럼 통 튕기며 떨어지고 가만히 놓으면 부드러운 쿠션 위에 떨어진 것처럼 스스르 용액 속으로 들어갑니다.

4 우블렉 인형을 꽉 움켜쥐면 딱딱해지고 가만히 손을 대기만 하면 부드럽게 녹아내리는 느낌이 듭니다.

실험 속 과학원리

점탄성

점탄성이란 고체의 특성인 탄성(힘을 가했을 때 모양이 변했다가 원래 모양으로 돌아오는 것)과 액체의 특성인 점성(흐르는 성질)이라는 두 가지 특성을 동시에 갖는 것을 말합니다. 따라서 점탄성 물질은 물체에 힘을 가했을 때 고체와 액체의 성질을 동시에 나타냅니다.

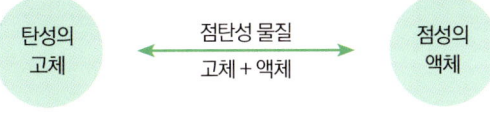

➕ 이것도 알아두세요

1 일반적으로 액체는 담기는 그릇에 따라 모양이 결정되며 탄성은 없습니다.

2 녹말은 나선형의 분자 모양을 이루고 있어 충격이 주어지면 나선형 공간으로 물이 빨려들어가 녹말의 농도가 진해지며 고체가 됩니다.

3 충격이 줄어들면 나선형 공간에 잡혀 있던 물이 빠져 나와 녹말용액의 농도가 묽어지며 액체가 됩니다.

개념 확인 Quiz

1 _____ 물질은 힘을 가했을 때 고체의 성질과 액체의 성질을 동시에 나타냅니다.

2 점탄성이란 고체의 성질인 _____ 과 액체의 성질인 _____ 이라는 성질을 동시에 갖는 것을 말합니다.

▶▶ 정답은 권말에

026 매니큐어 마블링 아트

병에 나만의 멋진 무늬를 넣고 싶어요. 하지만 직접 그려넣을 자신이 없다고요?
그렇다면 물에 쏙 담갔다 빼면 저절로 작품이 만들어지는 마블링을 시도해 봐요.

교과연계
4학년 1학기
5단원 〈혼합물의 분리〉 심화

핵심용어
밀도차와 마블링

준비물
매니큐어, 병 또는 컵, 일회용 플라스틱 용기, 물, 이쑤시개, 아세톤

이렇게 실험해요

1 넓적한 일회용 플라스틱 그릇에 미지근한 물을 2/3만큼 채웁니다.

2 원하는 색의 매니큐어를 1에 조금씩 따라주세요. 길게 늘어뜨려도 보고, 방울방울 떨어뜨려도 보세요.
   Q 물에 떨어진 매니큐어는 어떻게 되나요?

3 다른 색 매니큐어를 추가로 떨어뜨려 원하는 모양이나 패턴을 만듭니다.
   TIP 오래된 매니큐어는 아세톤을 한두 방울 떨어뜨린 후 사용하세요.

4 이쑤시개로 매니큐어를 살살 휘저어 무늬를 만들어보세요.

5 병을 넣고 살살 돌려가며 매니큐어가 병에 달라붙게 해주세요.

6 병을 꺼내 30분 정도 말려주세요. 마르고 나면 무늬가 손에 닿거나 물에 닿아도 지워지지 않아요.

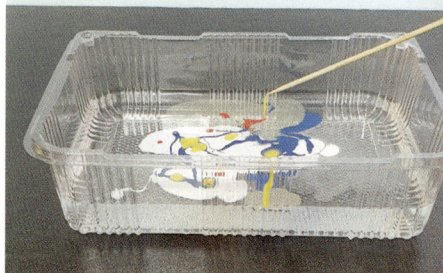

어떻게 될까요?

1 매니큐어는 물 위에 막을 만들며 넓게 퍼지기도 하고 동글동글 떠 있기도 합니다. 간혹 가라앉는 것도 있습니다.

2 물에 떠 있던 색과 모양이 거의 인쇄되는 것처럼 그대로 병 표면에 옮겨집니다.

3 유리병이나 플라스틱 그릇에 생긴 무늬는 손으로 만지거나 물을 부어도 잘 지워지지 않습니다.

실험 속 과학원리

마블링

마블링(marbling)은 물과 기름의 밀도차를 이용해 작품을 만드는 미술 기법입니다. 기름(유성페인트나 유화물감)을 물에 뜨게 하여 종이로 찍어내는 방법으로, 우연의 효과와 즉흥적 요소를 경험할 수 있습니다. 색이 선명하고 매번 찍을 때마다 다른 모양과 구성이 표현되며 단 한 번 물체를 담갔다 빼는 것으로 물체에 무늬를 입힐 수 있습니다.

➕ 이것도 알아두세요

1 매니큐어의 성분은 종류에 따라 다르지만 합성수지, 용제(합성수지를 녹이는 물질), 색소 등 페인트의 성분과 유사합니다.

2 매니큐어는 아세톤에 녹으므로 아세톤으로 지울 수 있습니다.

3 매니큐어는 스티로폼을 녹이므로 스티로폼에는 사용하지 않습니다.

개념 확인 Quiz

1 마블링은 물과 기름의 _____ 차를 이용해 작품을 만드는 미술 기법입니다.

Part2

힘과 물체의 운동

027 세모기둥 네모기둥 원기둥의 대결

우리 주변의 높은 빌딩이나 다리를 받치는 기둥들은 대부분 어떤 모양일까요?
어떤 모양의 기둥이 가장 튼튼한지 알아봐요.

교과연계
4학년 1학기 4단원 〈물체의 무게〉 심화

핵심용어
힘의 분산, 무게의 분산

준비물
A4용지 6장, 자, 풀 또는 셀로판테이프, 연필, 기둥에 올릴 책 5~8권

이렇게 실험해요

1 A4용지로 △, □, ○ 모양의 기둥을 각각 2개씩 만들어 주세요. A4용지의 짧은 쪽이 기둥의 높이가 됩니다.

△ **기둥 만들기:** A4용지의 긴 쪽에 자로 9cm 간격으로 표시하고 그 선에 맞춰 접어요.
□ **기둥 만들기:** A4용지의 긴 쪽에 자로 7cm 간격으로 표시하고 그 선에 맞춰 접어요.
○ **기둥 만들기:** A4용지의 긴 쪽에 자로 28cm 부분에 표시하고 둥글게 말아요.

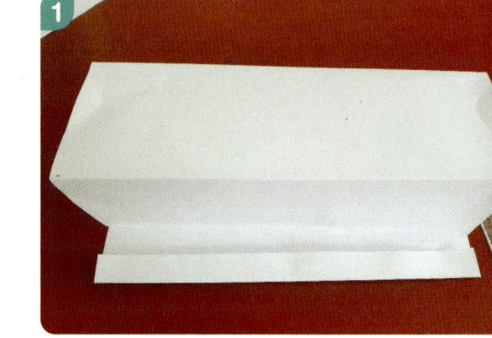

2 여분의 면을 풀로 붙여 기둥을 완성합니다. 셀로판테이프 사용시에는 테이프를 붙이는 위치나 양을 비슷하게 해주세요.

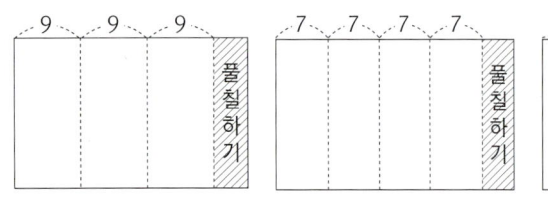

3 기둥을 세울 곳 2군데를 표시해 주세요. △, □, ○ 기둥을 놓는 위치가 서로 같아야 공평한 비교가 됩니다.

4 △, □, ○ 기둥 위에 책을 한 권씩 더해가며 무너질 때까지 쌓아봅니다.
   Q 어느 모양의 기둥이 가장 많은 무게를 지탱했나요?

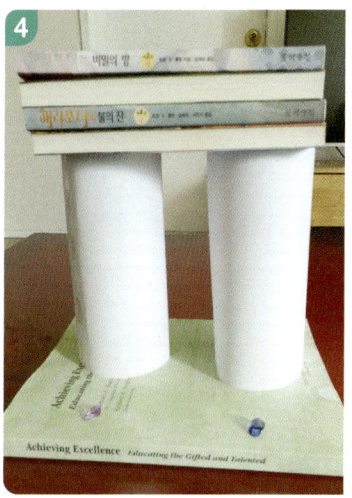

어떻게 될까요?

1 ○기둥 > □기둥 > △기둥 모양 순으로 많은 무게를 지탱할 수 있습니다.

실험 속 과학원리

무게(힘)의 분산

'힘의 분산'이란 큰 힘을 여러 개의 작은 힘으로 나누는 것을 의미합니다. 외부의 힘이 한곳에 모이지 않고 여러 부분에 나뉘어 작용하게 되면 매우 큰 힘도 지탱할 수 있게 됩니다. 지구상에 있는 물체는 중력이 있어 무게를 가지게 되므로 무게는 곧 힘과 같습니다. △기둥은 각 모서리가 1/3씩의 무게를, □기둥은 각 모서리가 1/4씩의 무게를 나누어 감당하게 됩니다. 원(○)기둥이 가장 많은 무게를 지탱할 수 있기 때문에 다리나 건축물에 원기둥이 많이 사용됩니다.

⊕ 이것도 알아두세요

1 기둥의 개수: 기둥의 모양이 같아도 기둥의 개수가 달라지면 힘의 분산이 달라집니다. 기둥의 개수가 많아지면 더 많은 무게를 받칩니다. 가령 2개의 원기둥에 100g짜리 책을 올리면 각각 50g씩 무게를 나누어 감당하지만, 4개가 되면 원기둥 하나가 25g의 무게를 감당하게 되니 더 많은 책을 올려도 튼튼하게 버틸 수 있습니다.

2 기둥의 위치: 기둥의 위치에 따라서도 힘의 분산이 달라집니다. 같은 크기의 원기둥 4개를 중심부에만 모았을 때보다 네 귀퉁이에 배치했을 때 무게 분산이 더 유리합니다.

3 기둥의 높이: 기둥의 높이에 따라서도 힘의 분산이 달라집니다. 같은 둘레의 종이 기둥의 높이가 하나는 5cm, 다른 하나는 10cm라면 높이 5cm 기둥이 무게중심이 낮아 더 많은 무게를 지탱할 수 있습니다.

개념 확인 Quiz

1 _____이란 큰 힘을 여러 개의 작은 힘으로 나누는 것으로, 외부에서 오는 힘이 한곳에 모이지 않고 여러 부분에 나누어지도록 해 외부의 힘을 지탱할 수 있게 합니다.

2 무게는 _____에 의해 생기며 기둥에 가해지는 물체의 무게는 곧 외부에서 작용하는 힘이 됩니다.

028 계란 껍질 행성 팽이

깨진 계란 껍질도 다시 봅시다. 접시 위에서 뱅글뱅글 돌며 자전과 공전을 하는 계란 껍질 행성 팽이. 무한회전하는 계란 껍질로 계란 태양계를 만들어 볼까요?

교과연계
5학년 2학기
4단원 〈물체의 운동〉 심화

핵심용어
원운동, 회전 관성

준비물
계란 껍질, 접시, 납작하고 무거운 단추

 이렇게 실험해요

1. 계란을 그릇 모서리에 톡톡 쳐서 반으로 쪼개주세요.
   - **TIP** 계란 요리를 할 때 껍질을 미리 모아두면 좋아요.

2. 반쪽 계란 껍질을 접시 위에 놓고 접시를 둥글게 둥글게 돌립니다.
   - **TIP** 계란이 회전하다가 밖으로 튕겨 나가지 않도록 바닥이 오목하거나 테두리가 있는 접시를 사용하세요.

3. 접시를 돌리며 계란 껍질을 관찰합니다.
   - **Q** 계란 껍질이 어떻게 움직이나요?

4. 접시를 갑자기 멈춰보세요.
   - **Q** 계란 껍질이 어떻게 움직이나요?

5. 접시에 2개, 3개, 4개로 계란 껍질을 늘려 동시에 돌려보세요.

6. 접시 중앙에 납작한 단추를 놓고 계란 껍질과 함께 돌려보세요.
   - **Q** 중앙에 있는 단추와 가장자리에서 도는 계란 껍질의 움직임은 어떻게 다른가요?
   - **TIP** 접시 중앙에 놓인 납작 단추를 태양으로, 계란 껍질을 행성으로 생각해보세요.

 **어떻게 될까요?**

1 옆으로 쓰러져 있던 계란 껍질은 접시를 둥글게 계속 돌려주면(계속해서 힘을 작용하면) 접시를 따라 크게 도는 한편, 계란의 뾰족한 부분을 축으로 해서 팽이처럼 스스로도 회전합니다.

2 계란 껍질은 마치 지구가 자전하면서 태양 주위를 도는 것처럼, 스스로 돌면서 접시 중앙의 납작 단추를 중심으로 접시면을 따라 크게 원을 그리며 돕니다.

3 접시를 갑자기 멈추어도 계란 껍질은 얼마 동안 똑바로 서서 스스로 회전합니다.

4 계란 껍질이 스스로 회전하기를 멈추면 껍질은 옆으로 쓰러지게 됩니다.

실험 속 과학원리

회전하는 물체의 운동

회전하는 물체는 원을 그리며 돌게 됩니다. 원을 그리며 도는 물체의 운동을 '원운동'이라고 합니다. 외부에 중심을 두고 큰 원을 그리며 돌기도 하고, 팽이처럼 자신의 축을 중심으로 스스로 돌기도 합니다. 운동을 하는 물체는 외부에서 힘이 가해지지 않은 한 운동 상태를 계속 유지하려고 하는데 회전하는 물체에도 똑같이 적용됩니다. 이처럼 회전하는 물체가 갖는 관성을 '회전 관성'이라고 합니다.

➕ 이것도 알아두세요

1 접시면을 따라 원운동을 하던 계란 껍질은 계란 껍질을 일으켜 세우려는 방향의 힘을 받게 되고 이때 바닥과의 마찰이 가장 적은 뾰족한 부분이 회전축이 되어 팽이처럼 스스로 돌게 됩니다.

2 한번 회전이 시작된 물체는 회전 관성으로 인해 주변에서 에너지나 힘이 더 이상 주어지지 않아도 얼마간 계속 회전합니다.

3 계란 껍질의 뾰족한 곳 안쪽에 고무찰흙이나 구슬을 붙여 무겁게 만들면 무게중심이 잡혀 보다 안정적으로 오랫동안 회전 운동을 합니다.

개념 확인 Quiz

① 회전하는 물체의 운동을 _____ 이라고 합니다.

② _____ 이란 회전 운동을 하는 물체가 외부에서 힘이 가해지지 않는 한 계속해서 회전하려는 성질을 말합니다.

029 풍선 극장의 동전 발레리나

풍선 속에 동전, 유리 구슬을 넣어 돌려 볼까요? 속이 보이는 투명한 풍선 속에서 빙글빙글 도는 동전 발레리나의 공연을 감상해보세요.

교과연계
5학년 2학기 4단원 〈물체의 운동〉 심화

핵심용어
원운동, 회전 관성

준비물
풍선 2개, 십 원짜리 동전, 백 원짜리 동전, 풍선 펌프

 이렇게 실험해요

1. 풍선에 십 원짜리 동전을 넣은 후 풍선을 불어 묶습니다.
   - 💡TIP 풍선을 너무 작게 불면 풍선 속 동전이 보이지 않아요.

2. 풍선 양 끝을 두 손으로 잡고 풍선을 둥글게 원을 그리며 돌립니다.
   - Q 풍선 안의 동전은 어떻게 움직이나요?

3. 풍선을 돌리다 멈춰 보세요.
   - Q 동전은 계속 돌까요, 아니면 딱 멈출까요?

4. 다른 풍선에 백 원짜리 동전을 넣고 불어 묶은 후, 위와 같이 돌리다가 멈춰보세요.
   - 💡TIP 풍선의 크기는 십 원짜리 동전을 넣은 풍선과 비슷하게 해주세요.
   - Q 같은 힘으로 돌렸을 때 십 원짜리와 백 원짜리 중 어느 동전이 더 빨리 도나요?
   - Q 돌리기를 멈췄을 때 십 원짜리와 백 원짜리 중 어느 동전이 더 오래 도나요?

 **어떻게 될까요?**

1 풍선을 돌리자 넓은 면을 바닥에 대고 쓰러져 있던 동전은 발레리나가 발끝으로 서서 회전하는 것처럼 얇은 모서리로 일어서 풍선 벽을 따라 회전합니다.

2 풍선 돌리기를 멈춰도 풍선 안의 동전은 한동안 계속해서 회전합니다.

3 백 원짜리 동전이 십 원짜리 동전보다 더 빨리, 더 오랫동안 돕니다.

실험 속 과학원리

회전하는 물체의 운동

한 방향으로 움직이는 직선 운동과 달리 원운동은 계속 방향이 달라지는 운동입니다. 따라서 외부에서 계속 힘이 주어지는 운동입니다. 하지만 빠른 속도로 원을 그리며 회전을 시작하면 물체는 계속해서 회전하던 상태를 유지하려 합니다. 그러나 물체를 회전시키던 힘이 사라지고 점차 공기나 물체의 표면과 마찰이 계속되면 마찰력과 중력에 의해 물체는 쓰러지고 마침내 회전을 멈추게 됩니다.

이것도 알아두세요

1 풍선을 돌리면 풍선이 움직이는 방향으로 동전이 따라 움직이며 원운동을 하게 됩니다.

2 동전처럼 납작한 물체에 계속해서 회전하는 힘이 가해지면 어느덧 물체가 풍선의 중심을 중심으로 일정한 속도로 회전 운동을 시작하게 됩니다. 이때 동전을 쓰러뜨리려 하는 힘(마찰력과 중력)보다 동전을 일으켜 세우려는 힘이 더 커지면 동전은 일어서게 됩니다.

3 동전을 계속 회전시키려는 힘과 동전을 쓰러뜨리려는 힘들(마찰력과 중력) 사이에 균형이 이루어지면 동전은 발레리나처럼 하나의 축을 중심으로 회전하게 됩니다.

4 회전할 때 동전의 무게중심은 동전의 가장 아래쪽 한 점에 모이게 되고 이때 무게중심은 동전을 받치는 받침점과 거의 일치해 어느 쪽으로도 쓰러지지 않고 균형을 잡게 됩니다.

개념 확인 Quiz

1 직선 운동과 달리 원운동은 계속해서 _____이 바뀌는 운동입니다.

030 물 뿌리는 삼각팽이

전기나 모터를 쓰지 않고 아래의 물을 끌어올려 스프링클러처럼 사방에 물을 뿌리는 간단한 장치를 만들어볼까요? 이런 장치는 어디서 쓰면 좋을까요?

교과연계
5학년 2학기
4단원 〈물체의 운동〉 심화

핵심용어
원운동, 원심력

준비물
빨대(지름 0.5cm 또는 1cm), 꼬치막대, 컵, 가위, 자

✈ 빨대 삼각팽이 만들기

1. 빨대에 자를 대고 3cm, 3cm, 3cm, 1.5cm를 표시한 후, 각 표시된 부분에 1/2 정도 가위집을 냅니다.
2. 1.5cm 부분을 반대편에 끼워 넣어 삼각형을 완성합니다.
3. 꼬치막대가 빨대의 밑변 중앙과 위쪽 꼭지점을 뚫어 통과한 후 1~2cm 정도 더 나오게 해주세요.

✈ 삼각팽이로 물 뿌리기

4. 물이 담긴 컵에 삼각팽이를 넣은 후 꼬치 끝을 잡고 돌려봅니다.
   - **Q** 빨대 양쪽 끝에서 물이 뿜어져 나오는 것이 관찰되나요?
   - **TIP** 삼각팽이의 꼭지점은 언제나 물에 잠겨 있어야 합니다.
5. 삼각팽이에서 나온 물이 컵의 벽면에 어떤 모양을 만드는지 관찰해보세요.
   - **TIP** 그릇을 사용할 경우 그릇 아래쪽에 종이를 넓게 펼쳐 깔고 삼각팽이를 돌리면 물이 뿜어져 나오는 모양과 거리를 한눈에 볼 수 있습니다.

6 삼각팽이를 빨리 또는 천천히 돌려 보세요.

Q 어느 경우에 물이 빠른 속도로 멀리까지 뿜어지나요?

TIP 스마트폰으로 느린 동영상 찍기를 하고 다시 보면 삼각팽이가 하는 일을 더 잘 관찰할 수 있습니다.

어떻게 될까요?

1 삼각팽이를 회전시키면 그릇 아래쪽에 있던 물이 빨대의 윗부분에 있는 구멍을 통해 사방으로 뿌려집니다.

2 물이 뿌려지는 정도와 거리는 삼각팽이의 회전 속도에 따라 달라집니다.

3 물이 뿌려지는 모양을 자세히 보면 물이 휘어져 원을 그리듯 밖으로 뿌려지는 것을 볼 수 있습니다.

실험 속 과학원리

원심력

원운동을 하는 물체는 원의 중심을 향하는 '구심력'과 원의 밖을 향하는 '원심력'을 받게 됩니다. 구심력과 원심력은 힘의 크기가 같고 방향은 반대이며 두 힘이 균형을 이루어야 원운동이 유지됩니다. 줄에 매단 공을 돌릴 때 줄이 끊어지는 순간 원운동을 하던 공은 밖으로 날아가는데 이것을 통해 원심력을 확인할 수 있습니다.

물 뿌리는 삼각팽이는 회전 운동에 의해 생긴 원심력이 아래의 좁은 구멍을 통해 물을 끌어올리고 다시 이 원심력에 의해 윗부분의 구멍으로 물이 흩뿌려지도록 만든 장치입니다.

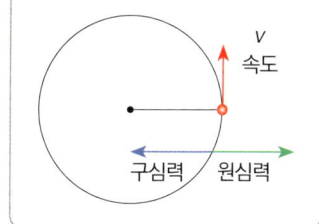

➕ 이것도 알아두세요

1 삼각팽이를 통해 뿌려지는 물은 원심력에 의해 팽이의 바깥 방향을 향합니다.

2 물 뿌리는 삼각팽이에서 물들이 뿜어져 나와 컵 벽면에 남긴 물자국은 둥근 원을 그리고 있습니다.

3 물체에 가해지는 힘은 물체의 운동 방향과 속도를 변화시킵니다. 원운동은 직선 운동과 달리 매순간 방향이 달라지는 운동으로 원운동을 유지하기 위해서는 계속해서 힘이 주어져야 합니다.

개념 확인 Quiz

1 _____을 하는 물체는 원의 중심을 향하는 '구심력'과 원의 밖을 향하는 '원심력'을 받게 됩니다.

2 _____은 구심력과 힘의 크기는 같지만 힘의 작용 방향은 서로 반대 방향입니다.

031 풍덩 다이빙 놀이

신사숙녀 여러분, 지금부터 멋진 다이빙 쇼가 펼쳐집니다. 컵과 인형 사이를 가로막고 있는 도화지를 재빠르게 잡아당겨 인형들이 멋지게 컵 속으로 다이빙할 수 있게 도와주세요.

교과연계
5학년 2학기
4단원 〈물체의 운동〉 심화

핵심용어
물체의 운동, 관성

준비물
큰 컵 2개, 작은 컵 2개, 두꺼운 도화지, 인형, 실 60cm, 셀로판테이프

 이렇게 실험해요

1 큰 컵 두 개에 각각 1/2 정도 물을 넣습니다.

2 작은 컵 두 개에 인형(또는 계란)을 담아 준비합니다.
   💡TIP 약간 무게감이 있는 물건을 넣으면 좋아요.

3 두꺼운 도화지의 짧은 쪽 중앙에 구멍을 뚫어 실을 묶습니다. 실을 묶으면 종이를 빨리 잡아챌 수 있습니다.
   💡TIP 실은 반 접어 두 겹 상태로 묶어주세요.

4 1의 큰 컵들 위에 실을 묶은 도화지를 얹고, 그 위에 2의 작은 컵들을 올립니다.
   💡TIP 아래 컵의 위치와 위의 컵의 위치를 잘 맞춰주세요.

5 실을 천천히 잡아당겨 도화지를 뺍니다.
   Q 인형은 어떻게 되었나요?

6 이번에는 실을 재빠르게 잡아당겨 도화지를 뺍니다.
   Q 인형은 어떻게 되었나요?

 **어떻게 될까요?**

1 실을 서서히 당기면 도화지 위의 컵과 인형도 그 위에 얹혀진 채로 딸려 옵니다.

2 실을 재빠르게 당기면 도화지 위의 컵과 인형은 그대로 큰 컵 속에 다이빙하며 들어갑니다.

실험 속 과학원리

물체의 운동과 관성

물체는 외부에서 힘을 받지 않으면 원래의 상태를 그대로 유지하려고 합니다. 즉, 운동하던 물체는 계속해서 운동하려 하고, 정지해 있던 물체는 계속해서 정지해 있으려 합니다. 이러한 물체의 성질을 '관성'이라고 합니다. 큰 컵 위의 도화지를 빠르게 빼면 도화지의 움직임이 위쪽 컵에 전달되지 않습니다. 따라서 정지한 상태의 위쪽 컵은 계속해서 정지해 있으려 하므로 그대로 아래로 떨어지게 됩니다.

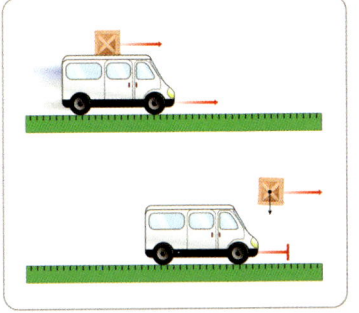

⊕ 이것도 알아두세요

1 도화지 위에 무거운 물체를 올릴수록 물체의 관성은 더 잘 나타납니다.

2 달리던 자동차가 갑자기 정지할 때 내 몸이 앞으로 쏠리는 것도 관성 때문입니다. 자동차의 운동 속도로 이동하고 있던 내 몸이 자동차가 정지했어도 계속해서 움직이려고 하기 때문입니다.

3 차가 급정거를 하면 자동차처럼 무거운 물체는 쉽게 정차하지 못합니다. 그래서 자동차는 안전거리를 유지하며 운행하는 것이 중요합니다.

개념 확인 Quiz

① 물체가 외부에서 힘을 받지 않으면 원래의 상태를 유지하려고 하는 성질을 _____이라고 합니다.

② 달리던 자동차가 급정거를 할 때 우리 몸이 앞으로 쏠리게 되는 것은 물체의 _____ 때문입니다.

▶▶ 정답은 권말에

032 빙글빙글 옷핀 프로펠러

옷핀 두 개를 겹쳐 프로펠러를 만들었어요. 옷핀 프로펠러를 공중에서 놓으니 땅으로 툭 떨어져 버려요. 어떻게 하면 옷핀 프로펠러가 공중에서 빙글빙글 돌며 천천히 내려오게 할 수 있을까요

교과연계
5학년 2학기 4단원 〈물체의 운동〉 심화

핵심용어
낙하 운동, 중력

준비물
내맘대로 철사(30~50cm), AA건전지, 빨대(여러 색), 아이클레이(또는 와셔나 구슬), 옷핀(큰 것) 2개, 글루건

이렇게 실험해요

1. 여러 색의 빨대를 0.7cm 길이로 잘라 30조각 정도 준비해주세요.
   💡TIP 자른 빨대는 계란판에 색깔별로 담아두면 편리해요.

2. 옷핀 2개를 동그란 끝부분을 마주 겹치게 한 후 글루건으로 붙여주세요.
   💡TIP 옷핀의 동그란 끝부분 가장자리에 글루건을 살짝 발라 붙여 구멍을 막지 않도록 해주세요.

3. 마음대로 모양을 만들 수 있는 내맘대로 철사를 AA건전지의 몸체에 감아주세요.

4. 철사를 뺀 후 양 끝을 잡아당겨 길고 완만한 나선을 만들어주세요.

5. 아이클레이로 철사의 한쪽 끝을 막아주세요.

6. 철사에 자른 빨대 15조각을 끼우고 2의 옷핀의 동그란 부분을 끼우고 다시 나머지 15조각을 끼워주세요.

7. 빨대가 빠져나가지 않도록 아이클레이로 철사의 다른 끝도 막아주세요.

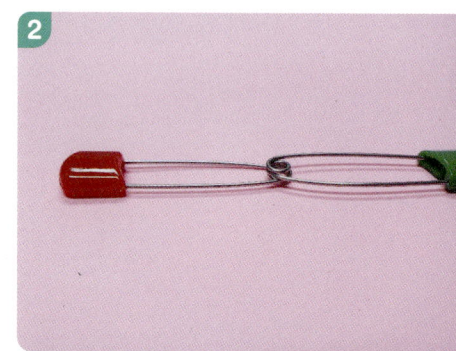

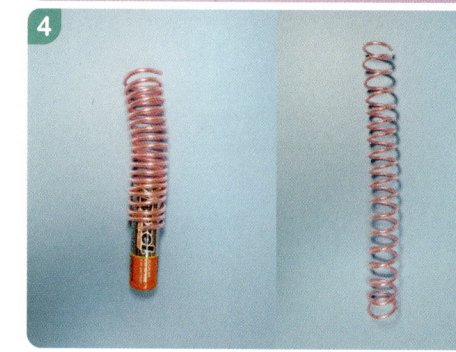

8 나선 철사를 위아래로 뒤집어가며 빨대와 옷핀이 어떻게 움직이는지 관찰해 보세요.

- Q 나선 철사를 거꾸로 세우면 빨대와 옷핀은 어떻게 움직이나요?
- Q 빨대와 옷핀은 나선 철사의 어느 부분에서 가장 빠르게 움직이나요?
- Q 나선 철사를 옆으로 눕히면 빨대와 옷핀은 어떻게 움직이나요?
- TIP 잘 내려가지 않으면 나선 철사를 좀 더 늘려 곡선을 매끄럽게 만듭니다.

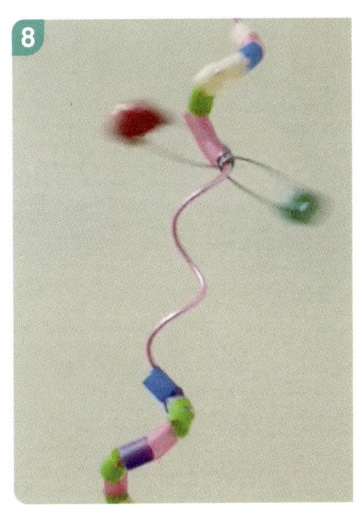

어떻게 될까요?

1 철사를 거꾸로 세우면 빨대는 철사의 곡선을 따라 구불구불 물결치며 아래로 내려오고, 옷핀 프로펠러는 양팔을 벌려 크게 회전하며 내려옵니다.

2 빨대와 옷핀 프로펠러는 위에서보다 아래에서 더 빠르게 낙하합니다.

3 철사를 옆으로 눕히면 빨대와 옷핀은 움직이지 않습니다.

실험 속 과학원리

중력과 낙하 운동

지구상에 있는 모든 물체는 지구의 중심에서 잡아당기는 힘인 중력의 영향을 받습니다. 낙하 운동은 물체가 중력을 받아 아래로 떨어지는 운동입니다. 낙하하는 동안 일정한 크기의 중력이 아래로 작용해 물체는 아래로 갈수록 더 빠른 속도로 떨어지게 됩니다.

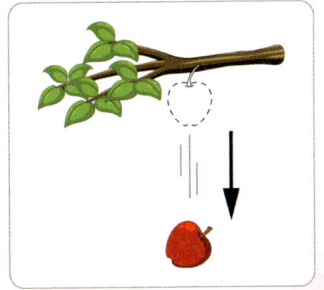

이것도 알아두세요

1 20~30cm의 높이에서 직선으로 떨어지는 물체의 운동은 관찰하기 어렵지만, 같은 높이여도 구불구불 곡선으로 여러 번 구부려놓은 경우에는 물체의 이동 경로가 길어지면서 낙하 운동을 보다 잘 관찰할 수 있습니다.

2 중력을 받아 떨어지는 물체는 점점 속력이 빨라지는데, 이러한 속력의 변화를 '중력 가속도'라고 합니다.

개념 확인 Quiz

1 지구가 물체를 잡아당기는 힘을 _____이라고 합니다.

2 _____은 물체가 중력을 받아 아래로 떨어지는 운동입니다.

033 재주 넘는 쿠킹호일 누에고치

팔도 다리도 없는 쿠킹호일 누에고치가 온몸으로 재주를 넘는다고 하네요.
은빛 누에고치의 신기한 재주를 감상해보세요.

교과연계
4학년 1학기
4단원 〈물체의 무게〉 심화

핵심용어
중력, 무게중심

준비물
쿠킹호일(10×6cm), 유리구슬, 보드마카, 가위, 페트병 500ml, 쟁반, 두꺼운 도화지, 셀로판테이프

이렇게 실험해요

1. 쿠킹호일을 10×6cm 크기로 잘라 준비해주세요.

2. 쿠킹호일을 6cm 중 1cm를 남기고 5cm를 보드마카에 대고 둥글게 만 후 나머지 1cm를 접어 끝을 막아주세요.

   💡TIP 누에고치 몸통을 만드는 과정이에요. 10cm 부분은 누에고치 몸통이 풀어지지 않게 말아주는 부분입니다. 몸통이 풀릴 땐 셀로판테이프로 살짝 붙여주세요.

3. 보드마카를 빼고 구슬을 넣은 후 다른 한쪽도 접어 막아주세요.

   💡TIP 구슬을 열린 쪽으로 보내면 기둥 형태로 접기 쉬워요.

4. 3을 페트병에 넣고 뚜껑을 덮은 후 페트병 양 끝에서 딱딱 구슬이 부딪히는 소리가 나도록 페트병을 위아래로 4~5번 흔들어주세요.

5. 완성된 쿠킹호일 누에고치를 쟁반 위에 놓고 쟁반을 기울이며 이리저리 굴려봅니다.

   Q 누에고치는 어떻게 움직이나요?

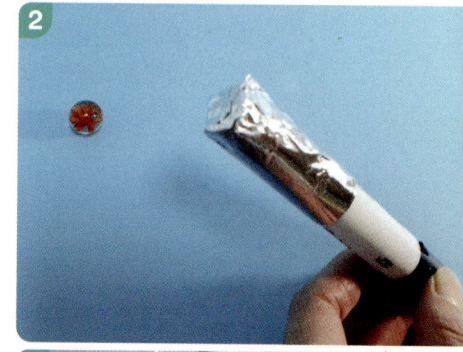

6 두꺼운 도화지를 경사지게 세운 후 누에고치를 높은 쪽에서 놓아보세요.

Q 누에고치는 어떻게 움직이나요?

TIP 누에고치는 옆으로 눕히지 말고 세워서 경사진 도화지 위에 놓아주세요. 도화지 양옆을 ㄴ 모양이 되게 접으면 도화지 밖으로 굴러떨어지지 않아요.

어떻게 될까요?

1 쟁반을 이리저리 기울이면 쿠킹호일 누에고치는 쟁반 위에서 앞구르기 재주를 넘는 것처럼 앞으로 굴렀다 벌떡 일어서고 다시 앞으로 구르고 벌떡 일어서기를 반복합니다.

2 경사진 도화지 위에 놓인 쿠킹호일 누에고치는 비스듬히 기울어진 면을 따라 앞으로 구른 후 벌떡 일어섰다 다시 앞구르기를 하며 아래로 내려옵니다.

3 쿠킹호일 누에고치는 양 끝이 둥글어서 지면과 접촉하는 부분이 적어 일어섰다가도 균형을 잃고 다시 넘어지게 됩니다. 쿠킹호일 누에고치가 넘어질 때 구슬은 누에고치 안에서 경사면을 타고 구르다가 누에고치의 끝부분에 도달하면 누에고치의 무게중심이 이동함에 따라 다시 벌떡 일어섭니다.

실험 속 과학원리

무게중심의 이동

무게중심은 물체가 균형을 이루는 중심점입니다. 무게중심을 받치면 우리는 물체 전체를 떠받칠 수 있습니다. 쿠킹호일 누에고치는 구슬이 구르면서 고치 안에서 무게중심이 이동합니다. 쿠킹호일 누에고치는 무게중심의 이동에 따라 벌떡 일어서게 됩니다.

➕ 이것도 알아두세요

1 무게와 질량은 일상에서 구분해서 쓰지 않지만 사실 다른 의미를 갖습니다. 무게는 물체에 작용하는 중력의 크기를 나타내고, 질량은 물체가 갖는 고유의 양을 의미합니다.

2 무게는 중력에 따라 달라지지만 질량은 어디서나 변함없이 고유의 양을 갖습니다. 달의 중력은 지구 중력의 1/6이므로 몸무게도 1/6로 줄어듭니다.

개념 확인 Quiz

1 물체가 균형을 이루는 중심점을 _____ 이라 합니다.

034 기차 바퀴의 비밀

바퀴는 이동의 편리를 위해 모양을 둥글게 만든 발명품입니다. 바퀴들은 모두 둥글둥글 비슷비슷해 보이지만, 사실 바퀴마다 나름의 역사와 비밀을 가지고 있답니다. 기차 바퀴는 어떤 비밀을 가지고 있을까요?

교과연계
5학년 2학기 4단원 〈물체의 운동〉 심화

핵심용어
물체의 운동, 마찰력, 평형

준비물
종이컵, 높이가 같은 긴 막대(50~100cm) 2개, 셀로판테이프, 두꺼운 도화지, 책 여러 권

 이렇게 실험해요

1. 종이컵 한 개를 바닥에 굴려 봅니다.
   - Q 어떻게 굴러가나요?

2. 종이컵 두 개를 입구끼리 맞대어 테이프로 붙인 후 두꺼운 도화지를 비스듬히 기울여 바닥에 댄 후 그 위에 가만히 놓아 굴려봅니다.
   - Q 직선으로 똑바로 굴러가나요?

3. 종이컵 두 개를 바닥끼리 맞대어 테이프로 붙인 후 두꺼운 도화지를 비스듬히 기울여 바닥에 댄 후 그 위에 가만히 놓아 굴려봅니다.
   - Q 직선으로 똑바로 굴러가나요?

4. 막대 두 개를 기차 레일처럼 나란히 놓고, 책을 2~3권 고여 15~30도의 비스듬한 경사를 만듭니다.
   - TIP 긴 막대가 없다면 택배상자를 길게 잘라 만들어 사용해도 좋아요.

5. 두 막대의 간격은 종이컵 바퀴를 놓았을 때 양 끝이 1cm 정도씩 바깥으로 나올 정도입니다.

6. 두 개의 종이컵 바퀴를 차례로 굴려보세요.
   - Q 가운데가 볼록한 것과 오목한 것 중 어느 바퀴가 레일 위에서 끝까지 똑바로 굴러 가나요?

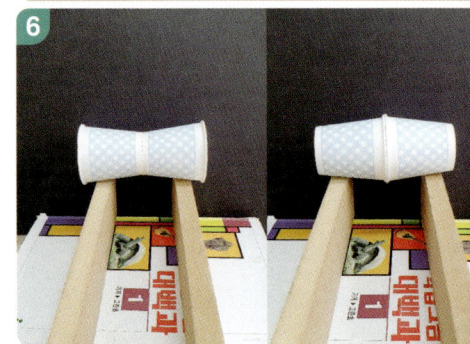

어떻게 될까요?

1 종이컵 한 개를 굴리면 컵의 지름이 작은 컵바닥을 축으로 해서 빙그르르 원을 그리며 돕니다.

2 종이컵 두 개를 입구끼리 맞대어 붙인 (가운데가 볼록한) 바퀴는 굴러가다가 한쪽으로 기울어져 똑바로 가지 못합니다.

3 종이컵 두 개를 바닥끼리 맞대어 붙인 (가운데가 오목한) 바퀴는 직선으로 똑바로 잘 굴러갑니다.

4 가운데가 볼록한 바퀴는 레일 위에서 중심을 잃지 않고 안정적으로 굴러가고, 가운데가 오목한 바퀴는 내려오다가 레일을 벗어나 굴러 떨어집니다.

실험 속 과학원리

물체의 운동과 마찰력

기차는 바퀴가 달린 다른 교통수단 중 특별히 긴 몸체를 가지고 있습니다. 몸이 길어 한번에 많은 사람과 물건을 운반할 수 있지만, 곡선 구간을 달릴 때 몸체가 한쪽으로 쏠리며 철로에서 벗어날 위험도 있습니다. 기차가 철로에서 벗어나거나 뒤집어지는 위험을 방지하기 위해 기차는 바퀴의 안쪽 지름을 바깥쪽보다 크게 만들어 평형을 유지합니다.

이것도 알아두세요

1 바퀴는 모양을 둥글게 만들어 바닥과의 접촉을 최소화시켜 물체 이동시 마찰을 줄이도록 만든 발명품입니다.

2 마찰력은 두 물체가 서로 접촉할 때 생기는 힘으로, 물체의 운동을 방해하는 방향으로 작용합니다.

3 기차 바퀴는 자동차 바퀴와 달리 안쪽 지름이 바깥쪽보다 커서 살짝 경사진 모양인데, 이는 기차가 곡선 주행을 할 때 바깥쪽으로 몸체가 기울어도 바퀴가 레일에 맞닿아 있어 바퀴가 레일에서 벗어나지 않도록 해줍니다.

개념 확인 Quiz

① 바퀴는 물체의 모양을 둥글게 만들어 바닥과의 접촉을 최소화해 _____을 줄인 발명품입니다.

② 기차 바퀴는 바퀴의 (안쪽, 바깥쪽) 지름을 (안쪽, 바깥쪽) 지름보다 크게 만들어 곡선 구간에서 평형을 유지하도록 합니다.

035 비탈길을 저절로 오르는 원뿔 바퀴

저절로 언덕을 아래가 아닌 위로 굴러가는 바퀴가 있다고 해요.
이 바퀴는 어쩌다 거꾸로 올라가게 된 걸까요?

교과연계
4학년 1학기 4단원 〈물체의 무게〉 심화

핵심용어
무게중심의 이동

준비물
두꺼운 도화지(8절지) 2~3장, 셀로판테이프, 막대기 또는 플라스틱 자, 책 여러 권, 가위, CD, 중접시(지름 20cm 정도)

이렇게 실험해요

1. 두꺼운 도화지에 CD와 중접시를 대고 각각 원을 2개씩 그린 후 오립니다.
2. 연필로 원의 4등분 선을 그린 후 1/4를 잘라내고 테이프로 붙여 원뿔을 만듭니다.
3. 두 원뿔을 맞대어 테이프로 붙여 원뿔 바퀴를 완성합니다.
4. 긴 막대(또는 자) 두 개를 한쪽은 폭 5cm, 다른 한쪽은 폭 20cm로 놓습니다.
   💡TIP 두꺼운 도화지를 잘라 30~50cm 길이로 만들어 사용해도 됩니다.
5. 폭이 좁은 쪽은 원뿔 바퀴가 바닥에 닿지 않을 만큼, 폭이 넓은 쪽은 좁은 쪽보다 2cm 정도 더 높게 각각 책을 고입니다.
6. 폭이 좁고 낮은 쪽이 출발점, 폭이 넓고 높은 곳이 도착점입니다.
7. 출발점에 원뿔 바퀴를 올려보세요. 원뿔 바퀴가 움직이지 않으면 손가락으로 살짝 굴려주세요.
   ❓ 원뿔 바퀴는 어떻게 움직이나요?

8 큰 원뿔 바퀴와 작은 원뿔 바퀴를 번갈아 굴려보세요.

 어느 것이 경사면을 더 잘 올라가나요?

어떻게 될까요?

1 원뿔 바퀴는 간격이 좁고 낮은 쪽에서 간격이 넓고 높은 쪽으로 경사면을 거슬러 올라갑니다.

2 큰 원뿔 바퀴가 경사면을 더 멀리, 더 높이 올라갑니다.

실험 속 과학원리

무게중심의 이동

물체의 무게가 한 점에 모여 있는 것과 같은 가상의 지점을 '무게중심'이라고 합니다. 무게중심이 아래쪽에 있을수록 물체는 안정적입니다. 무게중심이 위쪽에 있으면 불안정하기 때문에, 물체는 움직여서 무게중심을 아래쪽으로 보내고자 합니다.

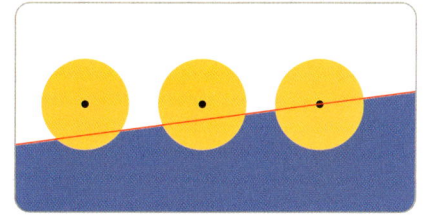

원뿔 바퀴의 무게중심은 원뿔 두 개가 마주 붙은 면 가운데에 있습니다. 원뿔 바퀴는 낮은 곳에서 높은 곳으로 이동하는 것으로 보이지만, 겉보기와 달리 사실상 원뿔 바퀴는 무게중심이 높은 곳에서 낮은 곳으로 구르고 있습니다.

➕ 이것도 알아두세요

1 출발점에서 원뿔 바퀴의 무게중심은 도착점보다 비교적 높은 곳에 위치합니다. 이때 막대기의 가운데가 벌어져 있어 바퀴는 벌어져 있는 가운데 부분을 따라 무게중심이 낮아지는 쪽으로 이동합니다. 겉에서 보기에 위로 올라가는 것처럼 보일 뿐입니다.

2 큰 원뿔의 무게중심이 높고 지름이 크므로 이동하는 거리가 길어 더 멀리 경사면을 오를 수 있습니다.

개념 확인 Quiz

1 무게중심이 (낮을수록, 높을수록) 물체는 균형을 잘 유지할 수 있습니다.

2 무게중심이 높으면 물체는 불안정하므로 무게중심이 (낮은, 높은) 쪽으로 구르게 됩니다.

036 CD 중력 바퀴 레이스

수레나 자동차는 바퀴 위에 몸체를 올려 이동이나 운송을 편리하게 한 장치입니다.
같은 크기, 같은 무게를 가진 CD바퀴를 가지고 시합을 한다면 어떤 조건의 바퀴가 더 빠를까요?

교과연계
5학년 2학기 4단원 〈물체의 운동〉 심화

핵심용어
각운동량 보존

준비물
CD 2장, 자석(또는 백 원짜리 동전) 8~16개, 나무막대 또는 플라스틱 자(30~50cm) 3개, 종이컵 소주잔 4개, 셀로판 테이프, 책 3~4권

이렇게 실험해요

1 종이컵 소주잔을 CD 구멍을 중심으로 양면에 글루건을 사용하여 붙입니다. (총 2개)

2 1에 90도 간격으로 총 4군데에 자석을 앞뒤로 붙여 무게를 더합니다. 이때 한 CD에는 자석을 가장자리에 붙이고, 다른 CD에는 중심에 가깝게 붙입니다.
   💡TIP 자석 대신 동전이나 바둑알 등 약간 무게감 있는 물건을 붙여도 됩니다.

3 막대 3개를 나란히 놓고 한쪽에 책을 받쳐 경사면을 만듭니다.
   💡TIP 막대 대신 자를 쓰거나 우드락 또는 두꺼운 도화지를 잘라 막대를 만들어도 됩니다.

4 CD 바퀴가 레일에 잘 걸쳐지는지 확인한 후 CD 바퀴를 경사면이 높은 쪽에 두고 두 개를 동시에 굴립니다.
   ❓ 어느 바퀴가 더 빠른가요?

5 자석의 위치를 불규칙하게 놓거나 한쪽으로 기울어지게 한 후 굴려보세요.
   ❓ CD 바퀴는 어떻게 움직이나요?

어떻게 될까요?

1 자석을 중심에 가까이에 붙인 CD 바퀴가 가장자리에 붙인 것보다 빠르게 굴러 내려옵니다.

2 처음에 두 CD 바퀴는 동시에 출발하지만 갈수록 속도차가 뚜렷해집니다.

3 자석을 한쪽으로 몰거나 불규칙하게 붙인 CD 바퀴는 방향과 속도가 일정하지 않고 불안정하게 움직입니다.

실험 속 과학원리

각운동량 보존

회전하는 물체는 외부에서 힘이 작용하지 않는 한 물체의 각운동량(회전한 각도만큼의 운동량)이 항상 일정하게 보존됩니다. 따라서 중심축에서 거리가 멀수록 물체의 속도는 느려지고 중심축에서 거리가 가까울수록 물체의 속도는 빨라져 회전하는 물체의 전체 운동량은 일정하게 유지됩니다.

회전 속도 느림   회전 속도 빠름

➕ 이것도 알아두세요

1 피겨 스케이트 선수가 회전을 할 때 팔을 펴면 중심축에서 무게가 멀어지며 회전 속도가 느려집니다.

2 피겨 스케이트 선수가 회전을 할 때 팔을 몸에 바짝 붙이면 중심축에서 무게까지의 거리가 짧아지며 회전 속도가 빨라집니다.

3 바퀴의 중심축에 무게가 집중되면 바퀴는 빠른 속도로 구르게 되고 중심축에서 먼 곳에 무게가 집중되면 느리게 구르게 됩니다.

개념 확인 Quiz

① 회전하는 물체는 외부에서 힘이 작용하지 않는 한 물체의 _____이 항상 일정하게 보존됩니다.

② 각운동량이 보존되므로 피겨 스케이트 선수가 회전할 때 팔을 펴면 속도가 (느려집니다, 빨라집니다).

037 피에로 철봉 묘기

빨대를 이용해 철봉에서 재주 넘는 피에로를 만들어봐요.
빨대를 옆으로 돌려주면 피에로가 360도 회전하며 묘기를 펼쳐요.

교과연계
5학년 2학기 4단원 〈물체의 운동〉 심화

핵심용어
물체의 운동, 힘과 운동 방향의 변화

준비물
주름 빨대(0.7cm) 2개, 얇은 빨대(0.6cm) 2개, 꼬치막대 2개, 일회용 플라스틱 용기, 송곳, 글루건, 자, 종이, 색연필, 셀로판테이프

이렇게 실험해요

1. **철봉 만들기** 주름 빨대의 짧은 쪽이 철봉의 윗부분이 됩니다. 0.7cm 빨대 2개의 주름을 구부린 후 입구 부분을 살짝 접어 다른 빨대에 끼워넣고 테이프로 고정해주세요.

2. **피에로 그리기** 6×10cm 크기로 피에로를 그린 후 철봉에 붙입니다. 이때 팔이나 다리 사이의 간격이 4cm 정도 되도록 그려주세요.

3. 일회용 플라스틱 용기에 송곳으로 구멍내 꼬치막대를 꽂고 흔들리지 않게 글루건으로 고정해주세요.

4. 1의 빨대에 0.6cm 빨대를 포개 끼운 후 3의 꼬치막대에 꽂아 세워주세요.

5. 철봉 기둥을 양손으로 잡고 동시에 안쪽으로 돌려보세요.
   Q 피에로는 어떻게 움직이나요?

6. 이번에는 동시에 바깥쪽으로 돌려보세요.
   Q 피에로는 어떻게 움직이나요?

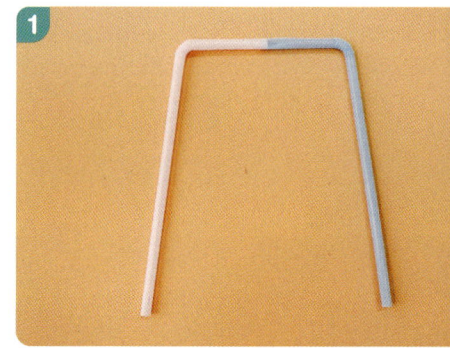

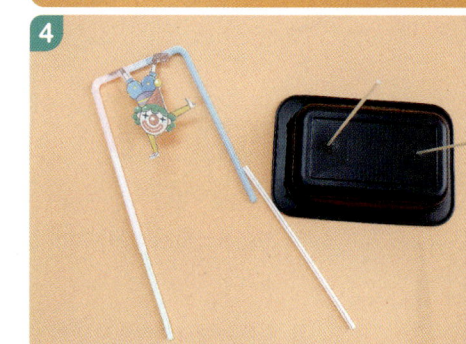

어떻게 될까요?

1. 철봉 기둥을 바깥쪽으로 돌리면 피에로는 앞에서 뒤로 재주를 넘습니다.
2. 철봉 기둥을 안쪽으로 돌리면 피에로는 뒤에서 앞으로 재주를 넘습니다.

실험 속 과학원리

힘과 운동 방향의 변화

물체에 힘이 주어지면 물체는 속력이나 방향이 변화합니다. 등속 원운동은 속력이 일정하지만 방향이 계속 변하는 운동이고, 낙하 운동은 방향은 일정하지만 속력이 점점 빨라지는 운동입니다.

실험에서 빨대는 옆으로 도는데 피에로는 위아래로 원운동을 하는 것은 우리 손이 제공하는 수평 방향의 동력을 빨대의 주름이 수직 방향의 원운동으로 바꿔주기 때문입니다. 자전거의 체인은 페달을 밟는 다리의 상하운동을 바퀴의 원운동으로 바꿔 이동하게 만든 장치입니다. 자동차는 피스톤의 상하 운동을 크랭크라는 축이 타이어의 원운동으로 바꿉니다.

이것도 알아두세요

1. 망치, 핀셋, 가위 등은 도구이고, 자동차, 비행기, 세탁기는 기계입니다.
2. 기계는 동력을 전달해 물체가 필요한 일을 할 수 있도록 운동 방향과 속력, 운동의 종류를 바꾸는 인위적 장치입니다.
3. 회전목마는 속력이 일정하지만 방향이 계속 변하는 등속 원운동을 합니다.

개념 확인 Quiz

1. _____은 물체의 운동 상태 즉 물체의 운동 방향과 속력을 변화시키는 원인입니다.

2. _____는 동력을 전달해 필요한 일을 쉽게 할 수 있도록 운동 속도나 방향, 운동의 종류를 바꾸는 장치입니다.

038 기우뚱 당근의 하루

먹다 남은 당근으로 흔들흔들 중심 잡는 서커스단을 만들어봐요.
기우뚱 기우뚱 이리저리 흔들리지만 마지막엔 중심을 잡는 당근이 참 멋지답니다.

교과연계
4학년 1학기 4단원 〈물체의 무게〉 심화

핵심용어
무게중심과 받침점

준비물
당근(또는 무), 젤리(또는 귤) 2개, 꼬치막대 2개, 페트병

이렇게 실험해요

1. 당근의 뾰족한 아랫부분을 5~7cm 정도 잘라 준비해주세요.

2. 뾰족한 부분이 아래로 가도록 해서 당근을 페트병 위에 세워보세요.
   - Q 당근이 세워졌나요?
   - TIP 빈 페트병은 넘어지기 쉬우니 페트병에 물을 반 정도 채워주세요.

3. 2의 당근 양옆에 꼬치막대를 대칭으로 꽂은 후 페트병 위에 세워보세요.
   - Q 당근은 어떻게 되었나요?

4. 3의 꼬치막대 끝에 젤리 또는 귤을 꽂은 후 페트병 위에 세워보세요.
   - Q 당근은 어떻게 되었나요?

5. 당근이나 귤(또는 젤리)이 달린 부분을 부드럽게 밀어보세요.

6. 당근의 윗부분을 사용할 경우 이쑤시개나 막대를 당근 가운데 꽂아 무게를 받칠 수 있도록 해주세요.
   - TIP 페트병 위에서 이쑤시개가 미끄러지면 송곳이나 연필로 페트병 뚜껑에 살짝 홈을 내고 올려보세요.

7. 당근을 선반이나 책꽂이, 의자, 볼펜 뚜껑 등 다양한 곳에 세워보세요.
   - Q 당근은 균형을 잡고 있나요?

🔬 어떻게 될까요?

1 아무것도 꽂지 않은 당근은 페트병 위에서 뾰족한 부분으로 서거나 균형을 잡지 못합니다.

2 당근에 꼬치막대를 꽂고 젤리 또는 귤을 꼬치막대 끝에 꽂아주면 당근은 페트병이나 책꽂이 등에서 떨어지지 않고 균형을 잡습니다.

3 당근이나 꼬치막대를 밀거나 건드려도 당근은 떨어지거나 쓰러지지 않고 중심을 잡으면서 병과 닿은 부분을 축으로 빙글빙글 돕니다.

실험 속 과학원리

무게중심

물체의 어떤 곳을 매달거나 받쳤을 때 수평으로 균형을 이루는 한 점이 있는데, 그 점을 '무게중심'이라고 합니다. 무게중심을 받쳤을 때 균형을 잡을 수 있는 것은 무게중심이 물체 전체의 무게가 모인 하나의 중심이기 때문입니다. 무게중심을 알고 그 지점을 받칠 수만 있다면 우리는 물체 전체를 떠받칠 수 있습니다. 물체를 손이나 막대기 등으로 떠받치는 지점은 '받침점'이라고 합니다.

➕ 이것도 알아두세요

1 무게는 중력 때문에 생기므로 무게중심이 물체의 아래 부분에 있어야 물체는 안정적인 상태가 되어 잘 쓰러지지 않습니다.

2 무게중심은 양쪽의 무게가 같아지는 지점이라기보다는 양쪽이 균형을 이루는 지점이라는 표현이 더 정확합니다.

3 무게중심과 받침점의 위치에 따라 물체의 균형이 결정됩니다.

개념 확인 Quiz

1 _____ 이란 물체의 어떤 곳을 매달거나 받쳤을 때 수평으로 균형을 이루게 하는 한 점을 말합니다.

2 물체를 손이나 막대기 등으로 떠받치는 지점은 _____ 이라고 합니다.

039 연필심으로 서는 몽당연필

점점 짧아져 쓸모 없어진 몽당연필로 재미있는 과학놀이를 해봐요.
뾰족하고 짧은 연필심이 병이나 책꽂이 위에 똑바로 서서 균형을 잡을 수 있어요.

교과연계
4학년 1학기 4단원 〈물체의 무게〉 심화

핵심용어
무게중심과 받침점

준비물
몽당연필(5~7cm), 내맘대로 철사(20cm), 가위, 셀로판테이프, 빨래집게 4개, 고무찰흙, 페트병

이렇게 실험해요

1 몽당연필 윗부분에 철사의 중간 부분을 2~3번 감은 후 테이프로 고정해주세요.

2 감고 남은 철사의 길이는 양쪽이 같아야 하며, 연필보다는 길어야 합니다.

3 철사 양 끝에 빨래집게를 2개씩 물려 무게를 주세요.
   💡TIP 이때 빨래집게의 위치는 연필심보다 아래에 가도록 해주세요.

4 빨래집게 두 개의 중앙에 연필심이 오도록 철사를 조절해주세요.

5 페트병 위에 4의 몽당연필을 올려보세요. 이때 페트병은 물을 채워 사용해야 쓰러지지 않아요.
   Q 몽당 연필은 어떻게 되었나요?
   💡TIP 페트병 뚜껑에 송곳으로 살짝 자국을 낸 후 연필을 올리면 연필심이 미끄러지지 않아 편리합니다.

6 빨래집게 대신 고무찰흙이나 장난감 블록 등을 이용해 균형잡기를 해보세요.
   Q 몽당연필은 균형을 잘 잡고 있나요?
   💡TIP 만약 몽당연필이 넘어진다면 철사에 끼운 양쪽 물체의 무게와 위치가 대칭이 되게 조절해주세요.

7 몽당연필을 책꽂이나 컵의 모서리, 창틀 가장자리 등에 올려보세요. 살짝 손으로 밀어보세요.
   Q 몽당연필은 어떻게 움직이나요?

어떻게 될까요?

1 철사에 달린 빨래집게의 가운데에 연필심이 오도록 중심을 조절하면 연필은 쓰러지지 않고 균형을 잡습니다.

2 양쪽에 달린 빨래집게의 무게가 같거나 비슷하다면 빨래집게를 잇는 직선의 가운데 부분에 무게중심이 있습니다.

3 연필심의 높이보다 빨래집게의 높이가 낮아야 물체는 균형을 잘 잡게 됩니다.

4 몽당연필을 살짝 밀어도 모서리나 가장자리에서 떨어지지 않고 흔들흔들하며 균형을 잡습니다.

실험 속 과학원리

무게중심과 받침점

무게중심이 물체를 떠받치는 지점인 받침점과 일치하거나 받침점의 수직 아래쪽에 위치하면 물체는 쓰러질 듯하면서도 쓰러지지 않고 균형을 이룹니다. 이 실험에서 연필심은 받침점이 되고 빨래집게나 고무찰흙, 블록 등 철사 양끝에 달아준 물체들은 무게중심을 잡는 역할을 합니다.

➕ 이것도 알아두세요

1 무게중심의 위치가 받침점의 위치보다 높으면 물체는 균형을 잡지 못하고 쓰러지게 됩니다.

2 연필을 똑바로 세우기 위해서는 연필심이 두 물체의 무게중심 수직 위에 위치해야 합니다.

3 오뚝이를 밀어도 다시 벌떡 일어나는 것은 밑면을 둥글고 무겁게 만들어 무게중심을 금방 회복할 수 있기 때문입니다.

개념 확인 Quiz

1 물체는 _____이 받침점보다 위에 위치하면 균형을 잡지 못하고 쓰러지게 됩니다.

2 두 물체의 무게중심 수직 (위, 아래)에 받침점이 위치하면 물체는 균형을 이루며 똑바로 서 있게 됩니다.

040 아슬아슬 균형 잡는 새

이번에는 몽당연필로 아슬아슬 균형을 잡는 새를 만들어봐요.
이 새는 어떤 모서리든 좁은 공간에서도 사뿐히 균형을 잡고 앉을 수 있는 새랍니다.

교과연계
4학년 1학기 4단원 〈물체의 무게〉 심화

핵심용어
무게중심과 받침점

준비물
몽당연필(5~7cm), 내맘대로 철사(20cm), 색종이 2장, 가위, 셀로판테이프, 백 원짜리 동전 2개, 컵 또는 병

 이렇게 실험해요

1 몽당연필 윗부분에 철사의 중간 부분을 2~3번 감은 후 테이프로 고정합니다.

2 감고 남은 철사의 길이는 양쪽이 같아야 하며, 연필보다는 길어야 합니다.

3 철사 양 끝을 동그랗게 한 번 말고 백 원짜리 동전을 각각 붙입니다.
   💡TIP 이때 동전이 연필심보다 앞쪽에 위치하게 해 주세요.

4 3의 몽당연필을 색종이 위에 놓고 새의 윤곽을 그립니다.
   💡TIP '연필심-새의 부리', '철사-새의 날개', '연필 머리-새의 꼬리'가 됩니다.

5 4의 색종이 뒤에 빈 색종이 한 장을 겹친 후 윤곽선대로 함께 오리면 새의 위판과 아래판이 됩니다.

6 5의 아래판 색종이에 3의 몽당연필을 테이프로 붙인 후, 그 위에 색종이 위판을 붙여 새 모양을 완성합니다.

7 동전을 붙인 날개를 구부려 날개가 부리보다 약간 앞쪽 아래에 위치하게 조절합니다.

8 새의 부리를 컵 가장자리나 병뚜껑 위에 비스듬히 올립니다.
   Q 새는 어떻게 되나요?

9 새의 부리를 손가락 끝에 올려보세요. 또 새의 날개를 살짝 건드려보세요.
   Q 새는 어떻게 되나요?

어떻게 될까요?

1 새는 부리만으로 몸을 지탱하며 컵의 가장자리, 병뚜껑이나 손가락 끝에서도 떨어지지 않고 균형을 잘 잡습니다.

2 새의 날개를 살짝 건드리면 좌우로 흔들려 아슬아슬하지만 그래도 균형을 잘 잡습니다.

3 동전이 붙은 새의 날개 부분이 부리의 아래에 대칭으로 위치해야 부리로 균형을 잡을 수 있습니다.

실험 속 과학원리

무게중심과 받침점

물체의 균형은 무게중심과 받침점의 위치에 의해 결정됩니다. 새가 부리로 균형을 잡으며 손끝이나 병뚜껑에서 떨어지지 않는 것은 무게중심을 잘 이용했기 때문입니다. 무게중심은 좌우 무게의 대칭이 되는 곳과 앞뒤 무게의 대칭이 되는 곳이 만나는 지점으로, 모든 무게가 그 지점에 모여 있는 곳과 같은 점입니다. 아슬아슬 균형 잡는 새의 무게중심은 바로 부리의 아랫부분에 위치합니다. 날개 끝에 동전을 붙여 무게중심이 앞쪽 부리에 쏠리도록 만들어 부리로 균형을 잡을 수 있도록 했습니다.

➕ 이것도 알아두세요

1 30cm 자와 같이 균일한 물질로 이루어진 물체의 무게중심은 가운데인 15cm 지점입니다.

2 아슬아슬 균형 잡는 새의 무게중심은 새의 가운데에 있지 않고 부리 바로 아래에 위치합니다.

3 무게중심은 물체가 앞뒤좌우로 모두 균형을 이룰 수 있게 하는 한 점을 의미합니다.

개념 확인 Quiz

1 무게중심은 물체의 가운데나 중간보다는 물체가 _____을 이루게 하는 한 점을 의미합니다.

041 아주 삐딱한 깡통

음료수캔을 기울여 마치 피사의 사탑처럼 비스듬히 세워봐요.
마술사처럼 콧기름을 세 번 바른 후 보여주세요.

교과연계
4학년 1학기 4단원 〈물체의 무게〉 심화

핵심용어
무게중심

준비물
음료수캔, 물, 캔에 꽂고 싶은 가벼운 식물이나 꽃, 쟁반

이렇게 실험해요

1. 따지 않은 음료수캔을 아래쪽 모서리만 바닥에 닿게 비스듬히 기울여 세워보세요.
   - Q 캔을 비스듬히 세울 수 있나요?
   - TIP 캔의 아래쪽 테두리 부분이 바닥에 닿게 기울여주세요.

2. 내용물이 1/3 정도 남은 음료수캔을 아래쪽 모서리만 바닥에 닿게 비스듬히 기울여 세워보세요.
   - Q 캔을 비스듬히 세울 수 있나요?
   - TIP 음료수가 들어 있는 캔을 기울여 세울 때는 음료수가 쏟아지지 않도록 천천히 조심스럽게 해주세요. 바닥에 쟁반을 깔고 실험해도 좋아요.

3. 음료수를 다 마신 빈 음료수캔을 비스듬히 기울여 세워보세요.
   - Q 캔을 비스듬히 세울 수 있나요?

4. 빈 음료수캔에 물을 1/3 정도 채운 후 캔의 아래쪽 모서리만 바닥에 닿게 비스듬히 기울여 세워보세요.
   - Q 캔은 어떻게 되었나요?

5. 4의 캔을 살짝 손으로 밀어보세요.
   - Q 캔은 어떻게 되었나요?

어떻게 될까요?

1 음료수가 가득 찬 캔이나 텅 빈 캔은 비스듬히 서지 못하고 넘어집니다.

2 음료수나 물이 1/3 정도 들어 있는 캔은 비스듬히 기울어진 채로 넘어지지 않고 균형을 잡습니다.

3 비스듬히 기운 채로 균형을 잡고 있는 캔을 살짝 건드려도 캔은 쓰러지지 않고 캔의 아래쪽 둥근 모서리를 따라 빙그르르 돌며 왔다갔다 합니다.

실험 속 과학원리

무게중심과 받침점

받침점은 물체가 바닥에 닿아 물체를 떠받치고 있는 지점이고, 무게중심은 물체의 무게가 모여 있는 가상의 한 지점입니다. 무게중심을 지나는 수직축이 받침점과 일치하거나 받침점보다 안쪽에 있으면 기울어진 물체도 넘어지지 않고 균형을 잡을 수 있습니다. 물이 1/3~1/2 정도 담긴 캔을 기울이면 캔의 바닥 모서리가 받침점이 되고 무게중심은 받침점과 일치하는 수직선상에 있거나 안쪽에 있게 되어 캔은 바닥으로부터 30~45° 정도 기울어진 채로 균형을 잡게 됩니다.

이것도 알아두세요

1 음료수가 든 캔을 기울인 채로 균형을 잡게 하려면 받침점 밖으로 무게중심이 쏠리지 않도록 해야 합니다.

2 음료수가 가득 들어 있는 캔을 기울여 세우려고 하면 무게중심이 받침점을 넘어 밖으로 쏠리며 넘어지게 됩니다.

3 캔을 밀면 음료수가 이동하면서 무게중심도 바닥의 받침점을 따라 이동하며 균형을 유지합니다.

개념 확인 Quiz

1 _____ 이란 물체가 바닥에 닿아 물체를 떠받치고 있는 지점을 말합니다.

2 기울어진 물체가 균형을 잡기 위해서는 _____ 을 지나는 수직축이 받침점과 일치하거나 받침점보다 안쪽에 있어야 합니다.

042 줄 타는 어릿광대

줄 하나에 의지해 공중에서 곡예를 부리는 어릿광대를 만들어 봐요.
줄에서 떨어지지 않고 균형을 잡으려면 어떤 과학이 필요할까요?

교과연계
4학년 1학기
4단원 〈물체의 무게〉 심화

핵심용어
수평잡기

준비물
두꺼운 도화지 1장, 가위, 동전 4개, 셀로판테이프, 꾸미기 재료(색종이, 사인펜, 스티커 등), 페트병 2개, 실

이렇게 실험해요

1 두꺼운 도화지를 반으로 접은 후, 펼치면 X자가 되도록 X의 반을 그려 오립니다.
   💡 TIP 높이 15cm, 두께 2cm 정도의 X자가 되게 그립니다.

2 어릿광대의 머리를 만들어 V 부분에 붙이고, 사인펜 등으로 꾸밉니다.

3 X자의 아랫부분에 백 원짜리 동전이나 고무찰흙 등의 무거운 물건을 붙입니다.
   💡 TIP 양쪽에 같은 무게의 물체를 사용합니다.

4 물이 든 페트병 두 개를 뚜껑 아랫부분에 실을 묶어 연결한 후 실이 팽팽해지도록 위치를 조절합니다.

5 어릿광대를 실 위에 올려 놓아보세요.
   Q 어릿광대는 떨어지지 않고 균형을 잘 잡고 있나요?

6 실을 조심스럽게 당기거나 페트병을 약간 들어올리거나 어릿광대를 조금씩 밀어 앞으로 이동시켜 봅니다.

 **어떻게 될까요?**

1 어릿광대는 실 위에서 떨어지지 않고 균형을 잡을 수 있습니다.

2 어릿광대를 밀거나 페트병을 살짝 올리거나 실을 조심스레 당기면 어릿광대는 흔들리면서도 균형을 잡고 조금씩 이동합니다.

3 어릿광대의 받침점은 실에 걸쳐진 부분이고 무게중심은 그 아랫부분에 있어 균형을 잡을 수 있습니다.

실험 속 과학원리

수평잡기

막대의 양 끝에 놓인 물체가 어느 쪽으로도 기울어지지 않고 균형을 이루는 상태를 '수평'이라고 합니다. 막대의 양쪽에 놓인 물체의 무게가 같고 두 물체가 받침점으로부터 같은 거리에 있다면 두 물체는 수평을 이루게 됩니다. 줄 타는 어릿광대의 경우, 받침점은 실이 어릿광대를 받치고 있는 지점에 있고 양쪽 물체의 무게가 같고 받침점에서 양쪽 물체까지의 거리가 같으므로 균형을 이룰 수 있습니다. 양팔저울이나 윗접시 저울, 시소는 수평잡기를 이용해서 만든 도구입니다.

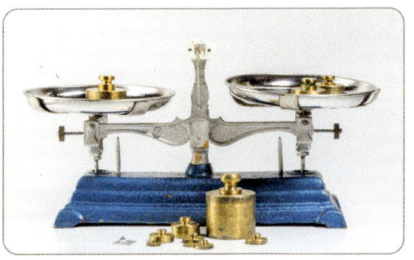

이것도 알아두세요

1 양쪽에 놓인 두 물체의 무게가 서로 다른 경우 수평이 잡히지 않고 기울게 됩니다.

2 수평잡기(두 물체의 균형을 이루게 하는 것)에는 지레의 원리가 적용됩니다.

3 물체의 무게와 물체에서 받침점까지의 거리를 이용해 물체들이 균형을 이루게 하거나, 적은 힘으로 무거운 물체를 들어 올리게 하는 것을 지레의 원리라고 합니다.

개념 확인 Quiz

1 막대에 놓인 두 물체가 어느 쪽으로도 기울어지지 않고 균형을 이루는 상태를 _____이라고 합니다.

2 수평잡기에는 _____의 원리가 적용됩니다.

043 휴지심 저울 만들기

저울을 발명하기 전 사람들은 막대기 하나로 물체의 무게를 알아내는 방법을 사용했답니다. 우리도 간단 수평저울을 만들어 볼까요?

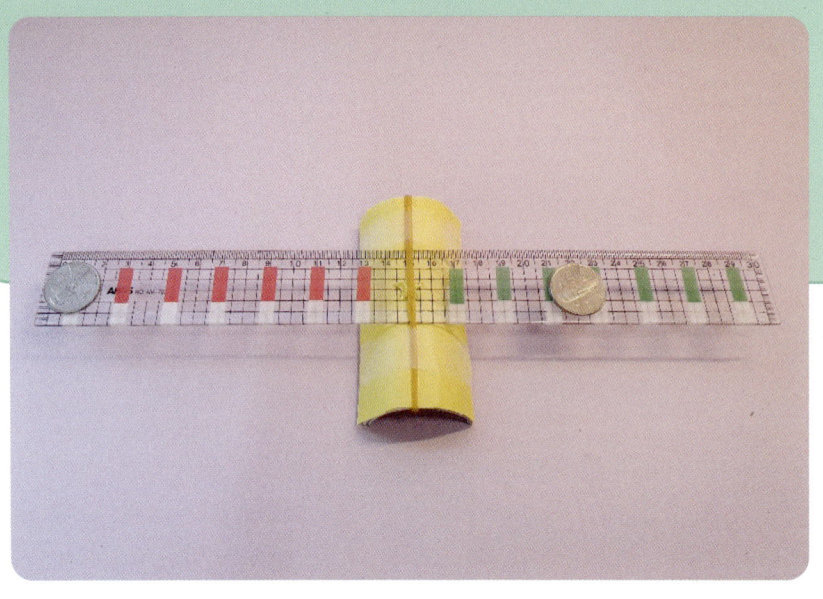

교과연계
4학년 1학기
4단원 〈물체의 무게〉 심화

핵심용어
지레의 원리

준비물
30cm 자, 휴지심, 백 원짜리 동전 10개, 고무줄 1~2개, 셀로판테이프, 가위, 색종이, 스티커

이렇게 실험해요

1. 30cm 자의 중앙인 15cm 지점부터 양쪽 2cm 간격으로 스티커 등으로 눈금을 표시합니다.

2. 휴지심을 길게 반으로 자른 후 서로 겹칩니다.
   💡TIP 휴지심에 고무줄을 끼워 중앙에 오게 한 후 연필로 표시한 다음 고무줄을 빼고 선대로 오리면 편리합니다.

3. 휴지심 중앙에 긴 쪽으로 고무줄을 끼워 팽팽하게 고정합니다.

4. 자의 중심이 고무줄의 가운데 오도록 끼우고, 고무줄 양 끝을 테이프로 휴지심에 고정합니다.
   💡TIP 고무줄이 너무 조이거나 너무 느슨하지 않아야 합니다.

5. 자가 수평을 이루는지 확인합니다. 자의 한쪽을 살짝 건드렸을 때 자의 양쪽이 위아래로 움직이는 폭이 비슷하면 수평이 맞는 것입니다.

6. 저울 한쪽 끝에 백 원짜리 동전 1개를 올려 놓고, 반대편 끝에는 백 원짜리 동전 2개를 놓습니다.

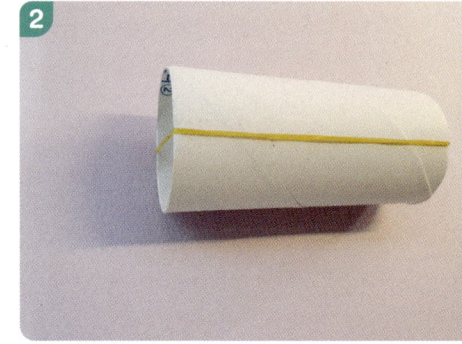

7 백 원짜리 2개를 받침점 쪽으로 천천히 이동시키며 저울이 수평을 이루는 곳을 찾아보세요.

 어느 지점에서 저울은 수평을 이루게 되나요?

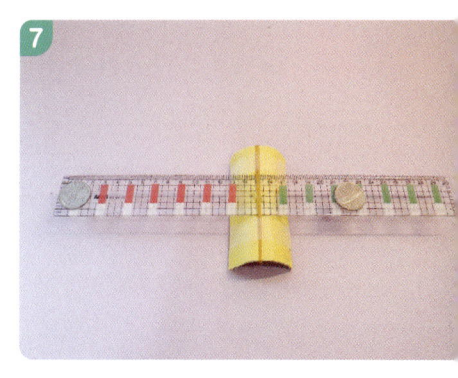

어떻게 될까요?

1 30cm 자의 중앙을 받치면 자는 수평을 이루게 됩니다.

2 저울에 백 원짜리 동전 1개를 올리면 동전을 올린 쪽으로 저울이 기울고, 반대편의 같은 거리에 동전 2개를 올리면 동전이 2개인 쪽으로 저울이 기웁니다.

3 동전 2개를 받침점 쪽으로 이동시키면 동전 1개까지의 거리 절반 지점에서 동전 1개와 수평을 이룹니다.

실험 속 과학원리

지레의 원리

수평저울은 시소와 같습니다. 시소의 양쪽에 몸무게가 같은 사람이 타면 시소는 어느 쪽으로도 기울어지지 않고 수평을 이루게 됩니다. 즉 저울 한쪽에 무게를 모르는 물체 A를 올렸을 때 무게를 아는 B와 수평을 이룬다면 A의 무게는 B와 같습니다. 그러나 만약 양쪽에 앉은 사람의 몸무게가 다르다면 시소는 무거운

사람 쪽으로 기울어집니다. 이때 수평을 잡으려면 무거운 사람이 시소의 앞쪽으로 이동해야 합니다. 또는 가벼운 사람이 받침점에서 아주 멀리 앉으면 매우 무거운 사람과도 수평을 잡을 수 있습니다. 이렇게 작은 힘(무게)으로 큰 무게를 가진 물체를 들어올릴 수 있게 하는 것을 '지레의 원리'라고 합니다.

이것도 알아두세요

1 무거운 사람은 받침점에 가깝게, 가벼운 사람은 받침점에서 멀리 앉아야 시소가 균형을 이룰 수 있습니다.

2 지레의 원리는 'A의 무게 × A까지의 거리 = B의 무게 × B까지의 거리'로 표현됩니다.

개념 확인 Quiz

1 물체 A와 물체 B가 받침점에서 같은 거리에 놓여 있을 때 두 물체가 수평을 이루고 있다면 두 물체의 무게는 (같습니다, 다릅니다).

2 시소의 양쪽에 앉은 사람의 무게가 다르다면 무거운 사람이 시소의 받침점에 (가까이, 멀리) 앉아야 수평을 이룰 수 있습니다.

044 계절 모빌 만들기

자연이 주는 재료로 아름다운 균형을 이루며 바람에 흔들리는 계절 모빌을 만들어봐요.

교과연계
4학년 1학기 4단원 〈물체의 무게〉 심화

핵심용어
수평잡기

준비물
나뭇가지나 막대(30~50cm), 계절에 구하기 쉬운 재료(짧은 나뭇가지, 낙엽, 열매, 솔방울, 들꽃 등), 두꺼운 실(40cm 정도)

이렇게 실험해요

1. 30~50cm 길이의 나뭇가지와 꽃, 잎사귀, 솔방울, 잔가지 등 모빌에 달 수 있는 계절 재료를 준비합니다.

2. 긴 나뭇가지를 손가락 위에 올리고 이리저리 옮겨가며 수평을 이루는 지점을 찾은 후, 그곳에 튼튼한 실을 묶습니다.
   💡TIP 실을 묶은 부분을 글루건으로 고정해도 좋아요.

3. 2의 실을 들어 나뭇가지가 균형을 이루는 것을 확인한 후 못이나 문고리에 걸어 나뭇가지를 공중에 떠 있게 합니다.
   💡TIP 공중에 매달려 있어야 균형을 확인하면서 모빌을 만들 수 있어요.

4. 1의 재료들을 실로 묶은 후 무거운 것부터 나뭇가지에 달아주세요.

5. 한쪽 편에 재료를 단 후 비슷한 무게의 것을 반대편 같은 거리에 매달아 서로 균형을 이루는지 확인합니다.

6. 모빌이 한쪽으로 기울면 물체들의 위치를 이동해 균형을 잡습니다. 미세한 균형은 작고 가벼운 물체로 조절해 주세요.

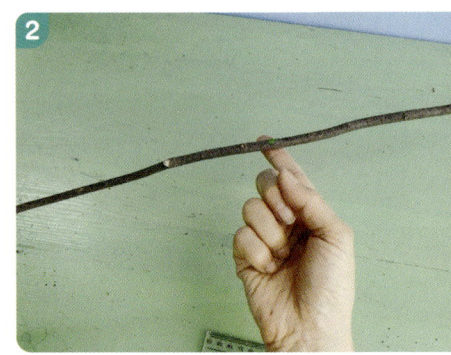

7 완성된 모빌을 공중 높이 매달아 바람이나 공기의 흐름에 의해 자연스럽게 움직이도록 합니다.

어떻게 될까요?

1 막대의 무게중심을 떠받치거나 매달면 막대는 수평을 이룹니다.

2 수평을 이룬 막대의 한쪽 끝에 나뭇잎이나 작은 나뭇가지를 달면 막대는 그쪽으로 기웁니다.

3 비슷한 무게의 나뭇가지나 꽃 등을 반대편에 매달면 막대는 다시 균형을 이룹니다.

4 무거운 것은 받침점에 가깝게, 가벼운 것은 받침점에서 먼 쪽에 매달면 균형을 잡기 수월합니다.

실험 속 과학원리

수평잡기

모빌은 가느다란 철사나 실에 여러 가지 물체들을 매달아 균형을 유지하며 움직이게 만든 예술 작품으로, '움직이는 조각'이라고 일컬어지며 우리말로는 '흔들개비'라고 합니다. 모빌이 받침점을 중심으로 수평을 잘 이루어야 공중에서 균형을 이룬 아름다운 모빌이 됩니다. 모빌이 수평을 이루도록 하기 위해서는 무거운 물체는 받침점과 가깝게, 가벼운 물체는 받침점에서 먼 곳에 매달아야 합니다. 모빌은 실에 매달려 공중에 떠 있지만 모빌의 수평잡기에도 지레의 원리가 적용됩니다.

✚ 이것도 알아두세요

1 모빌은 지레(지렛대)에 여러 물체를 매달아 그 물체들 사이에 균형을 이루게 하는 장치입니다.

2 지레는 적은 힘으로 무거운 물체를 들어 올릴 때 사용하는 막대입니다.

개념 확인 Quiz

1 가느다란 철사나 실에 여러 가지 물체를 매달아 균형을 이루게 한 예술 작품을 _____ 이라고 합니다.

2 모빌이 균형을 잡기 위해서는 수평잡기가 이루어져야 하며 수평잡기에는 _____ 의 원리가 적용됩니다.

045 물과 공기에서 반대로 움직이는 공

물속 공과 물 밖 공을 동시에 같은 방향으로 밀었는데 서로 반대 방향으로 움직이네요.
어찌된 일일까요?

교과연계
5학년 2학기 4단원 〈물체의 운동〉 심화

핵심용어
관성과 질량

준비물
입구가 넓은 투명한 병 2개, 스티로폼 공 2개, 실, 바늘, 셀로판테이프 또는 글루건, 물

이렇게 실험해요

1. 실 꿴 바늘로 스티로폼 공 중앙을 관통한 후 매듭을 짓거나 테이프를 붙여 실과 공을 연결합니다. (총 2개)
2. 1의 길이를 병의 2/3 길이로 자릅니다.
3. 1의 실 부분을 병뚜껑 안쪽 중앙에 테이프나 글루건으로 고정시킵니다.
4. 두 병 중 하나에만 물을 가득 채우고 두 병 모두 뚜껑을 닫아 잠급니다.
5. 물이 든 병을 거꾸로 세워 위쪽에 놓고 두 병을 테이프로 단단히 연결합니다.
6. 5의 병을 앞과 뒤로 밀어 물속 공과 공기 속 공의 움직임을 비교해보세요.
   - TIP 움직이거나 멈추는 처음 순간을 관찰하고 비교합니다.
   - Q 어떤 차이가 있나요?

어떻게 될까요?

1 멈춰 있던 병을 앞쪽으로 움직이면 물속 공은 병이 움직이는 앞쪽 방향으로 움직이고 공기 속 공은 병의 방향과 반대인 뒤로 움직입니다.

2 병을 뒤쪽으로 움직이면 물속 공은 병과 같이 뒤쪽으로 움직이고 공기 속 공은 앞쪽으로 움직입니다.

3 질량이 큰 물체일수록 원래의 상태를 유지하려 하므로 공기-공-물의 순서로 물체가 움직이게 됩니다.

실험 속 과학원리

관성과 질량

원래의 운동 상태를 유지하려는 성질인 관성은 그 물체가 가지고 있는 질량에 따라 달라집니다. 질량이 큰 물체일수록 그 물체를 움직이거나 세게 만들려면 큰 힘이 필요합니다. 즉 무거운 물체일수록 관성이 더 크게 작용합니다.

➕ 이것도 알아두세요

대형트럭은 소형트럭보다 관성이 더 크게 작용해 빨리 서지를 못해 주행시 소형트럭보다 더 많은 안전거리를 확보해야 합니다.

개념 확인 Quiz

1 관성은 물체의 _____ 에 비례하여 작용합니다.

046 저절로 움직이는 풍선 호버크래프트

강과 바다, 육지를 미끄러지듯 나는 수륙양용 비행체인 호버크래프트를 CD와 풍선을 이용해 만들어봐요.
바닥면을 미끄러지듯 날아가는 모습이 정말 신기하답니다.

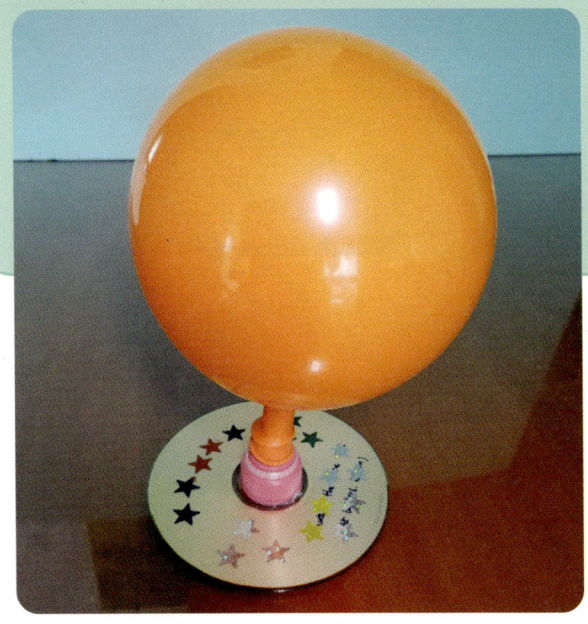

교과연계
5학년 2학기 4단원 〈물체의 운동〉 심화

핵심용어
작용 반작용

준비물
풍선, CD, 어린이 음료수 뚜껑(팝업 뚜껑), 글루건, 꾸미기 재료

 **이렇게 실험해요**

1 CD 윗면을 스티커나 유성펜 등으로 멋지게 꾸밉니다.

2 CD 구멍에 어린이 음료수 뚜껑을 글루건으로 붙입니다.

3 풍선을 적당한 크기로 분 후 병뚜껑을 눌러 구멍을 닫은 상태에서 병뚜껑에 씌웁니다. 풍선의 아랫부분을 위로 잡아당겨 풍선이 똑바로 서도록 해줍니다.
   💡TIP 풍선이 비뚤게 있으면 공기가 나오는 구멍이 막힐 수 있습니다.

4 3을 바닥이 평평하고 매끈한 곳에 놓고 병뚜껑을 위로 당겨 풍선의 공기가 빠져나가도록 해 주세요.
   ❓ 풍선 호버크래프트는 어떻게 움직이나요? 풍선 속 공기는 어떤 역할을 하나요?

5 풍선에서 바람이 다 빠져나가면 CD 아래쪽 구멍을 통해 공기를 불어넣고 병뚜껑을 닫았다가 다시 실험합니다.

6 풍선 크기를 다양하게 바꿔 실험하거나, 움직이는 풍선을 건드려 방향을 바꿔 보세요.

 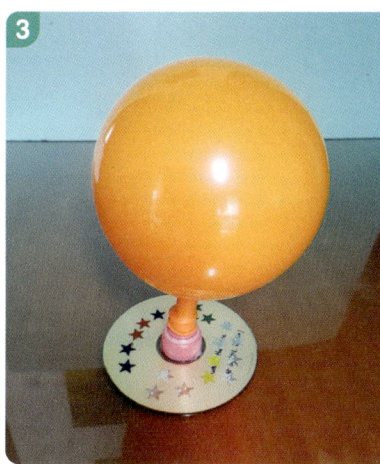 

🔬 어떻게 될까요?

1 풍선 호버크래프트는 바닥에서 살짝 떠서 미끄러지듯 움직입니다.

2 풍선 속 공기는 CD 구멍을 통해 나와 호버크래프트를 바닥에서 띄우는 공기쿠션 역할을 합니다.

🧪 실험 속 과학원리

작용과 반작용

호버크래프트는 공기의 힘을 이용해 이동하는 비행체입니다. 호버크래프트 밑으로 공기가 나오도록 해 비행체 밑에 공기  쿠션(압축된 공기)을 만들어 바닥에서 살짝 떠 있도록 합니다. 호버크래프트는 공중에 살짝 떠 있기 때문에 바닥과의 마찰이 거의 작용하지 않아 미끄러지듯 움직입니다.

➕ 이것도 알아두세요

1 호버크래프트에서 나오는 공기가 바닥을 밀면(작용) 이와 동시에 바닥에서 호버크래프트를 밀어내는 힘(반작용)이 생기면서 비행체를 띄우게 됩니다.

2 물체 A가 다른 물체 B에 힘을 가하면 물체 B는 물체 A에 크기는 같고 방향은 반대인 힘을 동시에 가하게 되는데, 이를 '작용 반작용의 법칙'이라고 합니다.

3 호버크래프트처럼 지면(바닥)에 가깝게 비행하는 물체는 날개와 지면 사이에 공기가 갇히게 되고 갇힌 공기의 압력이 높아지게 되면서 비행체를 띄우는 효과도 커지게 됩니다.

개념 확인 Quiz

① 호버크래프트는 _____의 힘을 이용해 이동하는 비행체입니다.

② 물체 A가 물체 B에 힘을 가하면 물체 B 역시 물체 A에 똑같은 크기의 힘을 가하게 되는데 이를 _____의 법칙이라고 합니다.

Part3
빛과 소리, 에너지의 전달

047 일회용컵으로 만드는 플룻과 팬파이프

일회용컵으로 맑은 소리를 내는 플룻과 독특한 울림을 갖는
팬파이프를 만들어 볼까요? 빨대와 물만 있으면 악기가 완성됩니다.

교과연계
3학년 2학기 5단원 〈소리의 성질〉 심화

핵심용어
소리의 성질, 소리의 높낮이, 진동수

준비물
일회용 투명컵(뚜껑에 작고 네모난 구멍이 있는 것) 2개, 일반 빨대 3개, 주름빨대 1개, 물

이렇게 실험해요

 **일회용컵 플룻 만들기**

1. 주름 빨대의 긴 쪽 끝부분을 두어 번 눌러 약간 납작하게 만듭니다.
2. 주름 빨대의 짧은 쪽은 구부려 세워 불 수 있게 만들어주세요.
3. 일회용컵 뚜껑 구멍의 1/3 지점에 빨대 긴 쪽 끝부분을 가져다 댑니다.
4. 빨대를 잡고 조금 세고 길게 불어주세요.
   Q 어떤 소리가 들리나요?
   TIP 소리가 잘 안 나면 빨대 끝부분을 손으로 살짝 눌러주세요.
5. 이번에는 컵에 물을 넣고 실험해보세요. 물의 높이를 1/4, 1/3, 1/2로 바꿔가며 불어보세요.
   Q 소리의 높낮이가 달라지나요?

🎵 일회용컵 팬파이프 만들기

6 일회용컵에 물을 2/3 정도 채우고, 뚜껑 구멍에 빨대 3개를 꽂아요.
> 💡TIP 뚜껑 구멍이 작으면 빨대를 1개만, 구멍이 크면 4개를 꽂아도 됩니다.

7 빨대를 바닥까지 꽂고 입바람이 빨대 위를 스치도록 불어주세요.
> 💡TIP 빨대 속으로 바람을 불면 물이 넘쳐 올라오니 주의하세요.

8 3개의 빨대를 동시에 물속에서 조금씩 높여가며 불어보세요.
> Q 소리가 어떻게 달라지나요?
> 💡TIP 빨대를 잘라 3개의 길이를 다르게 해서도 불어보세요. 이때 입을 대고 부는 곳의 높이는 같게 해주세요.

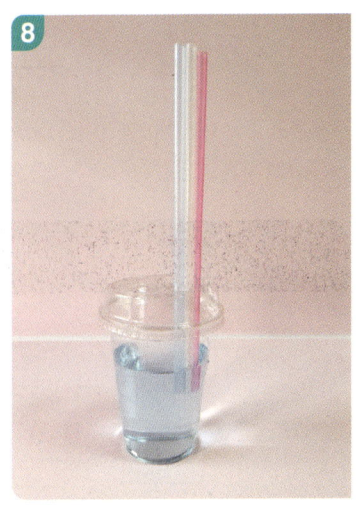

🔬 어떻게 될까요?

1 **일회용컵 플룻** 바람 소리를 닮은 맑고 강한 플룻 소리가 납니다.
물의 높이에 따라 소리의 높낮이가 달라집니다.

2 **일회용컵 팬파이프** 물을 이용한 팬파이프는 뱃고동처럼 독특한 음색의 소리가 납니다.
빨대가 바닥에 닿아 있으면 빨대 안의 물의 높이가 높고 공기의 높이가 낮기 때문에 높은 소리가 납니다.
빨대가 바닥에서 멀어질수록 물의 양이 적어지고 공기의 양이 많아지므로 소리가 낮아집니다.

실험 속 과학원리

소리의 성질

소리는 일종의 떨림(진동)입니다. 그 떨림이 우리 귀에까지 전달되어야 소리를 느낄 수 있습니다. 1초 동안 반복되는 떨림(진동)의 횟수를 진동수라고 하는데, 진동수가 많으면 높은 소리가 나고 진동수가 적으면 낮은 소리가 납니다.

➕ 이것도 알아두세요

1 입바람이 뚜껑 윗부분을 수평으로 가로질러 빠르게 지나가야 맑고 큰 소리가 납니다.
2 컵 표면을 지나는 바람은 컵 안의 공기를 진동시켜 소리를 냅니다.
3 물은 공기의 양을 조절하는 역할을 합니다. 물의 양이 적으면 공기의 양이 많아지고, 물의 양이 많으면 공기의 양이 적어집니다.
4 빨대 안에 공기가 많으면 공기의 진동 속도가 느려 진동수가 적어 낮은 소리가 납니다.

개념 확인 Quiz

① 소리란 일종의 _____ 입니다.

② 소리의 높낮이는 1초 동안 반복되는 _____ 에 따라 달라집니다.

048 충돌 구슬 진자

구슬을 공중에 그네처럼 매달아 구슬치기를 해봐요.
많은 수의 구슬을 튕겨 나가게 하려면 어떻게 하면 좋을까요?

교과연계
6학년 2학기
5단원 〈에너지와 생활〉 심화

핵심용어
역학적 에너지 보존의 법칙

준비물
유리구슬 5개, 셀로판테이프, 글루건, 실(150cm), 30cm 자, 수수깡 2개, 갑티슈 4개

이렇게 실험해요

1. 30cm 길이의 실을 반으로 접은 후 끝을 매듭 지어 묶어주세요. (총 5개)

2. 묶은 후에도 5개 실의 길이가 같은지 확인하고 조절합니다.

3. 구슬을 실의 접힌 지점에 글루건이나 셀로판테이프로 붙입니다.
   💡TIP 실과 구슬이 붙는 지점이 넓지 않고 가급적 한 점이 되도록 붙입니다.

4. 갑티슈를 양쪽으로 두 개씩 쌓은 후 수수깡 2개를 15~20cm 간격으로 나란히 올려주세요.

5. 30cm 자에 3의 구슬들을 2cm 간격으로 걸친 후 수수깡 위에 올립니다.

6. 구슬들이 일직선상에 있도록 실의 높이와 위치를 조절한 후 테이프로 고정해주세요.

7. 맨 앞의 구슬 하나를 앞으로 들어올렸다가 놓아 나머지 구슬들과 충돌시켜 보세요.
   ❓ 구슬들이 어떻게 움직이나요?

8 충돌시키는 구슬의 수를 2개, 3개, 4개로 늘려가며 실험해 보세요.

Q 어떻게 되었나요?

TIP 충돌이 잘 일어나도록 들었다 놓은 구슬과 나머지 구슬들의 줄을 잘 맞춰가며 실험해 주세요.

어떻게 될까요?

1 맨 앞에 있는 구슬 한 개를 들어올렸다 놓으면 맨 뒤에 있는 구슬 한 개가 튕겨 나갑니다.

2 튕겨 나갔던 구슬이 다시 돌아와 충돌하면 맨 앞의 구슬이 튕겨 나가며 이것이 반복됩니다.

3 충돌시키는 구슬의 개수만큼 구슬이 튕겨 나갑니다. 즉 구슬을 2개 충돌시키면 2개, 3개 충돌시키면 3개 이렇게 구슬이 튕겨 나가게 됩니다.

실험 속 과학원리

역학적 에너지 보존의 법칙

일을 할 수 있는 능력을 '에너지'라고 합니다. 물체의 질량이 일정할 때 위치 에너지는 높이에 따라, 운동 에너지는 속력에 따라 에너지의 크기가 달라집니다.

어떤 물체가 일을 할 때 위치 에너지는 운동 에너지로, 운동 에너지는 위치 에너지로 바뀔 수 있는데, 운동 에너지와 위치 에너지의 합을 역학적 에너지라고 합니다.

위치 에너지가 점차 커지면 운동 에너지가 점차 작아지고 위치 에너지가 점차 작아지면 운동 에너지가 점차 커져 운동 에너지와 위치 에너지의 합은 항상 일정하게 보존됩니다.(역학적 에너지 보존의 법칙)

충돌 구슬 진자는 높은 곳에서 위치 에너지를 가지고 있다가 아래로 내려오면서 위치 에너지가 운동 에너지로 바뀝니다. 구슬 진자는 충돌하면서 가지고 있던 에너지를 다음 구슬에게 전달하고 그 구슬은 다음 구슬에게 전달해 마지막 구슬은 처음 구슬의 높이만큼 튕겨 나가게 됩니다. 공기나 실과의 마찰에 의해 에너지가 손실되면서 구슬 진자는 점점 왔다갔다하는 폭이 줄고 마침내 멈추게 됩니다.

⊕ 이것도 알아두세요

1 롤러코스터는 역학적 에너지 보존 법칙을 이용한 놀이기구로, 높은 곳에 있을 때의 위치 에너지는 아래로 낙하할 때의 운동 에너지로 바뀝니다.

2 롤러코스터가 높은 곳에 정지해 있을 때 운동 에너지는 0이 되지만, 이때 위치 에너지는 최대가 됩니다.(정지: 물체의 속도가 0)

3 롤러코스터는 아래로 내려오며 위치 에너지는 감소하게 되지만 감소한 만큼 속도는 빨라져 바닥에서는 운동 에너지가 최대가 됩니다.(바닥: 물체의 높이가 0)

개념 확인 Quiz

1 일을 할 수 있는 능력을 _____라고 합니다.

2 위치 에너지와 _____의 합은 일정하게 보존됩니다.

049 너트의 그네 시합

그네를 힘껏 굴러 멀리 갔다 다시 제자리로 돌아오는 시간과 살짝 굴러
조금 갔다 제자리로 돌아오는 시간은 같을까요, 다를까요?

교과연계
6학년 2학기 5단원 〈에너지와 생활〉 심화

핵심용어
진자의 운동, 등시성

준비물
너트 2개, 실, 30cm 자, (스마트폰) 스톱워치, 각도기, 책 4~5권

이렇게 실험해요

1. 30cm 자를 2/3가 테이블 밖으로 나오게 놓고 책으로 눌러 고정합니다.

2. 80cm 실에 너트를 매단 후 1의 자에 묶어주세요.

3. 80cm 너트를 중심에서부터 60° 지점까지 가져갔다가 가만히 놓아주세요.

4. 너트가 10회 왕복하는 시간을 측정한 후 그 값을 10으로 나눠주세요.
   💡TIP 너트가 원래 자리로 되돌아오는 것이 1회입니다. 1회 왕복 시간을 정확히 재기 어렵기 때문에 10회를 재서 10으로 나눠줍니다.

5. 이번에는 45° 지점에서 시작하여 10번 왕복한 시간을 10으로 나눠주세요. 두 값을 비교해 보세요.
   Q 60°와 45° 너트 흔들이가 한 번 왕복하는 데 걸리는 시간은 각각 어떠했나요?

6. 이번에는 40cm 실에 너트를 매단 후, 3~5번 과정을 반복합니다.
   Q 80cm와 40cm 너트 흔들이가 왕복하는 데 걸린 시간은 각각 어떠했나요?

진폭 (중심으로부터의 거리) \ 길이	40cm	80cm
45°	_____ 초	_____ 초
60°	_____ 초	_____ 초

어떻게 될까요?

1. 너트를 매단 실의 길이가 같으면 진폭이 크던 작던 1회 왕복 시간은 같습니다.
2. 너트가 1회 왕복하는 데 걸리는 시간은 실의 길이에 따라 달라집니다.
3. 80cm 길이의 너트가 1회 왕복하는 시간이 40cm 길이의 너트가 왕복하는 시간보다 깁니다.

실험 속 과학원리

진자의 주기, 등시성

'진자'란 추를 실에 매달아 왕복 운동할 수 있도록 만든 장치입니다. 진자가 A에서 출발해 중심을 지나 반대편 끝인 B로 갔다가 다시 A로 돌아오는 데 걸리는 시간을 '주기'라고 합니다. 진자의 주기는 진자가 움직이는 폭(진폭)에 관계없이 진자의 길이에 따라 달라집니다. 두 진자의 길이가 같다면 주기도 같은데, 이를 진자의 '등시성'이라고 합니다.

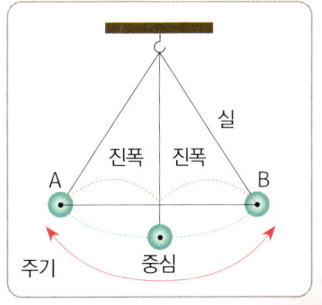

이것도 알아두세요

1. 진자의 주기는 진자의 질량이 늘어나도 변하지 않습니다.
2. 너트가 1회 왕복한 시간을 측정하는 것보다 10회 왕복한 시간을 측정한 후 10으로 나눠주면 보다 정확한 주기를 잴 수 있습니다.
3. 그네도 일종의 진자입니다. 그네를 타고 높이 올라가거나 낮게 올라가거나 왕복하는 데 걸리는 시간은 같습니다.

개념 확인 Quiz

1. 작고 무거운 물체를 실에 매달아 반복적으로 왔다갔다 하게 만든 장치를 _____ 라고 합니다.

2. 진자의 주기는 진자의 움직이는 폭이나 질량에 관계없이 진자의 _____ 에 따라 달라집니다.

050 젤리로 만드는 파동 전달 장치

먼 곳에서 오는 소리나 빛, 지진은 모두 일종의 에너지로 파동을 통해 전달됩니다.
새콤달콤 젤리로 파동이 전달되는 모습을 만들어봐요.

교과연계
6학년 2학기 5단원 〈에너지와 생활〉 심화

핵심용어
에너지의 전달, 파동

준비물
절연테이프(또는 청테이프나 셀로판테이프), 30cm 자, 젤리(50알 정도), 꼬치막대 20개, 가위

이렇게 실험해요

1. 꼬치막대 20개에 중앙을 표시합니다.
2. 100cm 길이로 자른 테이프를 끈적이는 부분이 위로 오게 하여 책상 위에 놓고, 양 끝을 다른 테이프로 책상 위에 단단히 고정합니다.
3. 테이프 위에 꼬치막대를 5cm 간격으로 늘어놓습니다. 단, 테이프의 양 끝 5cm는 남깁니다.
4. 3에 같은 길이의 테이프를 포개어 맞붙인 후 꼬치막대 양 끝에 젤리를 꽂습니다.
5. 완성된 젤리 파동 장치를 테이블이나 의자 사이에 걸치고 끝을 테이프로 고정합니다.

   TIP 팽팽하게 고정하면 파동 전달이 빠르고 느슨하면 파동 전달이 느립니다.

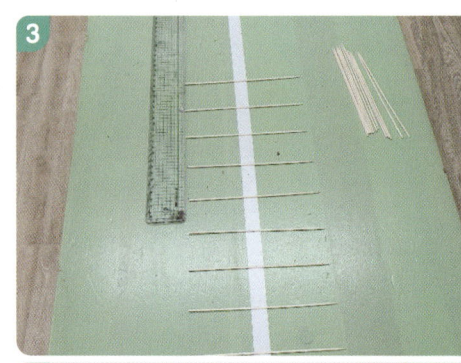

6 끝에 있는 꼬치막대를 손으로 치거나 180도 돌렸다가 놓아서 파동을 발생시켜 보세요.

7 이번에는 천장이나 위쪽 문틀에 젤리 파동 장치를 매단 후, 파동 장치의 아랫부분을 밀거나 아래에서 돌렸다 놓아보세요.

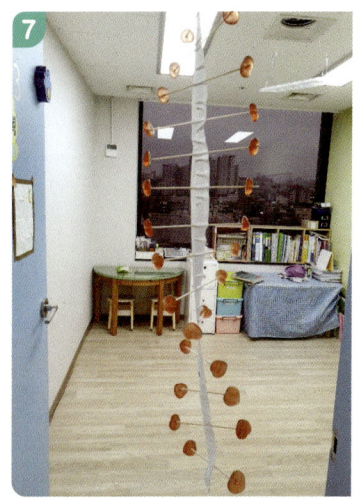

어떻게 될까요?

1 끝부분의 꼬치막대를 눌렀다 놓으면 꼬치막대에 주어진 떨림이 다음 막대로, 또 다음 막대로 전달되어 가장 마지막 막대까지 움직이게 됩니다.

2 마지막 막대까지 떨림이 전달되면 떨림이 다시 되돌아와 처음 막대를 흔듭니다. 이 과정이 몇 번 반복됩니다.

3 떨림의 강도가 셀수록 S자 모양의 굴곡이 뚜렷해지고 긴 S자보다는 짧은 S자 여러 개가 만들어집니다.

4 바람이 없는 실내 방문틀에 매달아 놓은 젤리 파동 장치는 한번 파동이 생기면 S자 모양의 파동이 4~5차례 계속됩니다.

실험 속 과학원리

파동과 에너지의 전달

진동(떨림)은 일종의 에너지입니다. 파동은 호수에 던진 돌의 물결이 퍼져 나가는 것처럼 진동이 전달되는 현상입니다. 빛, 소리, 지진의 진동은 모두 파동으로 전달됩니다.

➕ 이것도 알아두세요

1 줄넘기 양 끝을 두 사람이 잡은 상태에서 한 사람이 아래위로 흔들면 줄넘기는 S 모양을 만들며 흔들림이 상대편에게 전달됩니다.

2 이때의 줄넘기처럼 흔들림을 전달해주는 물질을 '매질'이라 합니다. 지진 발생시 흙, 바위, 건물, 물 등이 매질이 됩니다.

개념 확인 Quiz

① 진동은 일종의 에너지이며 파동은 이 _____이 전달되는 현상입니다.

② 빛, 소리, 지진이 가진 에너지는 모두 _____으로 전달됩니다.

051 빨대 팬파이프 만들기

팬파이프는 수천 년 전부터 세계 곳곳에서 만들어지고 연주되었다고 해요.
대나무나 갈대로 만들었던 오래된 악기인 팬파이프를 빨대를 이용해 만들어요.

교과연계
3학년 2학기
5단원 〈소리의 성질〉 심화

핵심용어
소리의 발생과 높낮이

준비물
빨대(굵기 0.7cm) 8개, 양면 테이프, 30cm 자, 유성펜, 가위, 아이스크림 막대 2개, 양초(또는 캔들라이터), 금속 집게

이렇게 실험해요

1. 빨대 끝에서 0.5cm 지점을 금속 집게로 반듯하게 집어줍니다.

2. 빨대 끝을 촛불에 살짝 녹인 후 바닥에 대고 꾹 눌러 붙입니다. 8개 빨대 모두 공기가 새지 않게 붙여주세요.

3. 8개 빨대를 아래 길이로 자른 후 빨대 위에 해당 음계를 적어주세요.

자연 장음계	도	레	미	파	솔	라	시	도
빨대 길이(cm)	8.0	7.1	6.4	6.0	5.3	4.8	4.3	4.0

TIP 길이는 밀봉한 지점부터 측정합니다.

4. 3의 자투리 빨대를 이용해서 2cm 길이의 빨대 7개를 잘라 준비해주세요.

5. 아이스크림 막대에 양면테이프를 붙인 후 음계 순서에 맞게 빨대를 붙입니다. 이때 각 음계 빨대 사이에 2cm 빨대를 교차 배치하여 입으로 불 수 있는 공간을 확보해주세요.

6 5의 빨대 위로 양면테이프를 붙인 아이스크림 막대를 하나 더 붙여 빨대들을 고정해주세요.

7 빨대를 불어 음의 높낮이를 확인해보세요. 이때 빨대 속으로 바람을 불지 말고 빨대 표면으로 바람이 지나가도록 불어주세요.

Q 팬파이프의 길이에 따라 소리가 어떻게 달라지나요?

어떻게 될까요?

1 길이별로 음계가 달라집니다.

2 길이가 길수록 낮은 음을, 길이가 짧을수록 높은 음을 냅니다.

3 그래서 같은 도일 경우 8.0cm 빨대는 낮은 도를, 4.0cm 빨대는 높은 도 소리를 냅니다.

실험 속 과학원리

소리의 발생과 높낮이

소리는 물체나 공기의 진동에 의해 만들어집니다. 이 진동은 파동을 통해 전달됩니다. 소리의 높낮이는 진동수에 따라 달라집니다. 일정한 시간 동안 진동하는 수가 적으면 낮은 소리, 진동수가 많으면 높은 소리가 됩니다. 빨대의 길이가 짧아질수록 음이 진동하는 수가 많아져 높은 소리가 납니다.

➕ 이것도 알아두세요

1 '관악기'는 입으로 불어서 관 안의 공기를 진동시켜 소리를 내는 악기를 가리키는데, 관 내부의 공기를 떨리게 해 소리를 내기 때문에 '공기울림 악기'라고도 합니다.

2 관악기에는 목관 악기와 금관 악기가 있습니다. 관악기는 관 내부의 구조와 길이에 따라 음의 높낮이가 달라집니다.

개념 확인 Quiz

① 소리는 물체나 공기의 _____ 에 의해 만들어집니다.

② 일정한 시간 동안 진동한 횟수가 많으면 (낮은, 높은) 소리가, 진동한 횟수가 적으면 (낮은, 높은) 소리가 됩니다.

052 빛의 판타지아 조명상자

상자와 셀로판지를 이용해 환상적인 빛 상자를 만들어봐요.
방의 전등 앞에 달아 두면 나만의 멋진 조명장치가 된답니다.

교과연계
4학년 2학기
3단원 〈그림자와 거울〉 심화

핵심용어
빛의 성질, 반사

준비물
상자(A4 크기), 한쪽 면이 은박인 포장지 1~2장, 기름종이(A4 크기), 셀로판지(색깔별로 1개씩), 셀로판테이프

이렇게 실험해요

1. 상자의 앞면은 사방 3cm, 뒷면은 2cm씩 여분을 남기고 안쪽을 잘라냅니다.
   💡TIP 구두상자나 선물상자처럼 뚜껑이 있는 상자를 이용해도 좋아요.

2. 기름종이를 상자 앞면(3cm 남긴 면) 안쪽에 테이프로 붙여주세요.

3. 한쪽 면이 은박인 포장지를 세로는 상자 높이에 맞춰 자르고, 가로는 2cm, 3cm, 3.5cm, 4cm 등 다양한 길이로 자릅니다.

4. 3으로 은박면이 안쪽으로 들어가게 원기둥들을 만들어 테이프로 고정합니다.
   💡TIP 테이프는 기둥이 풀어지지 않을 정도면 됩니다.

5. 4의 원기둥들을 상자 안에 차곡차곡 세워 상자를 채웁니다.
   💡TIP 상자를 옆으로 기울여 톡톡 두드려주면 기둥들이 밀착되면서 원, 삼각형, 타원 등 재미있는 모양이 나옵니다.

6. 이제 여러 색깔의 셀로판지를 붙여 상자의 뒷면을 막아주세요.
   💡TIP 셀로판지를 일부 겹치게 해보세요. 겹친 곳에서는 새로운 색을 볼 수 있습니다.

7 천장의 형광등이나 조명 장치 앞에 이 상자를 놓고 기름종이를 댄 창을 통해 상자를 바라보세요.

Q 어떤 장면이 보이나요?

어떻게 될까요?

1 기름종이가 붙은 창으로 보면 동글동글하고 길쭉한 입체감 있는 조약돌 모양이 보입니다.

2 상자에 비치는 빛의 방향과 빛의 종류에 따라 장미꽃 모양, 금속 기둥 모양, 조약돌 모양이 입체로 보이기도 하고, 빛과 그림자가 서로 교차되고 어른거리며 색의 진하기와 밝기도 다채롭게 변화합니다.

3 포장지 기둥 하나하나가 스스로 빛을 내는 작은 입체 전구 조명과 같은 느낌을 줍니다.

실험 속 과학원리

빛의 투과와 반사

들어오는 모든 빛을 그대로 통과시켜 속이 다 비치는 물체를 투명, 빛을 일부 통과시키는 물체를 반투명, 빛을 전부 흡수하는 물체를 불투명이라고 합니다. 한편 빛이 물체를 그대로 통과해 나가는 현상은 '투과'라 하고, 빛이 물체의 표면에서 진행 방향이 바뀌어 되돌아 나오는 현상은 '반사'라고 합니다.

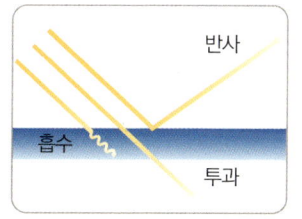

기름종이는 반투명, 셀로판지는 투명, 은박 포장지는 빛을 반사시키는 성질을 가지고 있는데, 이 장치에서는 이러한 성질들이 같이 작용하여 환상적인 빛의 조화를 만들어냅니다.

➕ 이것도 알아두세요

1 셀로판지는 특정한 색의 빛을 통과시키고 나머지 색은 흡수합니다.

2 은박 포장지에 얼굴을 비추면 찌그러져 보이는데, 이는 입사한 빛이 여러 방향으로 반사하여 흩어지는 난반사 때문입니다.

3 거울과 같이 표면이 매끄러운 평면에서는 입사한 빛과 반사하는 빛의 각도가 같은 정반사가 일어납니다.

개념 확인 Quiz

① 들어오는 모든 빛을 그대로 통과시켜 속이 다 비치는 물질을 (투명, 반투명, 불투명)하다고 합니다.

② 직진하던 빛이 물체의 표면에서 진행 방향이 바뀌어 되돌아 나오는 현상을 (투과, 반사)라고 합니다.

053 동전을 통과하는 유리구슬

동전이 유리병 입구를 막고 있는데 구슬이 동전을 통과해 병 안으로 쏙 들어가네요.
구슬은 어떤 마법을 부린 걸까요?

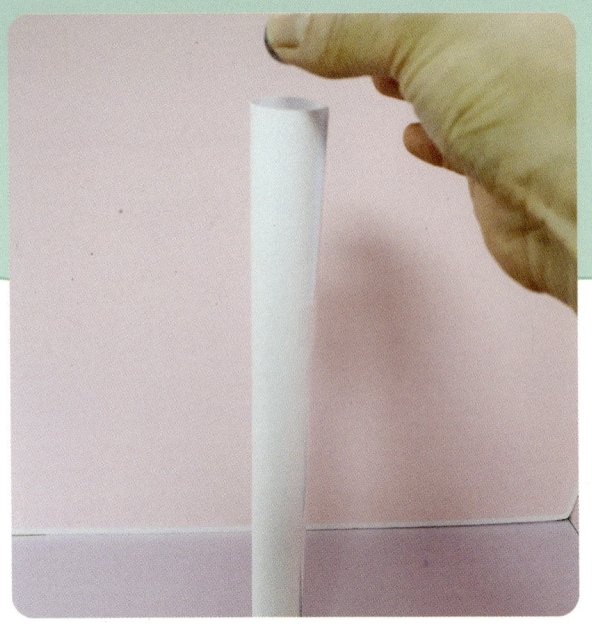

교과연계
6학년 2학기 5단원 〈에너지와 생활〉 심화

핵심용어
역학적 에너지 보존의 법칙

준비물
비타 500병, 백 원짜리 동전, (오리기 쉬운)플라스틱, 구슬, A4용지, OHP필름(A4 크기) 2개, 색종이, 셀로판테이프, 가위

이렇게 실험해요

1 비타500병(또는 입구가 백 원짜리 동전과 크기가 비슷한 병)을 준비합니다.

2 A4용지를 긴 쪽으로 병 입구에 맞게 돌돌 말아 원기둥을 만든 후 테이프로 고정합니다.

3 집에 있는 플라스틱 파일이나 재활용 플라스틱에 백 원짜리 동전을 대고 그린 후 오려주세요.

4 병 위에 3에서 오린 플라스틱 동전을 올리고 2의 원기둥을 병 둘레에 끼웁니다.

5 유리구슬을 원기둥 입구에서 떨어뜨립니다.
   Q 구슬은 병 속으로 들어갔나요? 플라스틱 동전은 어떻게 되었나요?

6 병 위에 백 원짜리 동전을 올리고 4~5번 과정을 반복합니다.

7 플라스틱 동전과 백 원짜리 동전 중 유리구슬이 더 잘 통과하는 동전은 무엇인가요?
   TIP 여러 번 반복 실험하여 비교해보세요.

8 A4용지 두개를 연결해 긴 기둥을 만든 후 4~6의 과정을 반복해보세요.
   Q 긴 기둥과 짧은 기둥 중 구슬이 더 잘 통과하는 기둥은 무엇인가요?

9 OHP 필름을 이용해 원기둥을 만들어 4~8의 과정을 반복해보세요. 구슬이 동전을 통과하는 원리를 관찰할 수 있습니다.

 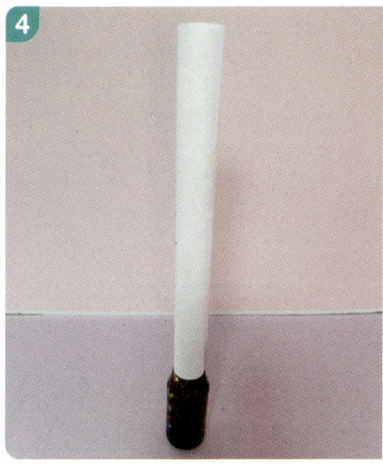 

어떻게 될까요?

1 플라스틱 동전이 백 원짜리 동전보다 유리구슬을 더 잘 통과시킵니다.

2 같은 동전일 때 짧은 기둥보다 긴 기둥에서 떨어뜨렸을 때 구슬이 더 잘 통과합니다.

3 낙하하는 유리구슬이 동전과 충돌해 동전이 튀어오른 사이에 유리구슬이 병으로 들어가는 원리입니다.

실험 속 과학원리

역학적 에너지 보존의 법칙

'역학적 에너지'란 운동하는 물체가 가지는 위치 에너지와 운동 에너지의 합을 의미합니다. 물체가 운동하는 동안 위치 에너지는 운동 에너지로, 운동 에너지는 위치 에너지로 서로 전환되지만, 전체 역학적 에너지는 항상 일정하게 보존됩니다. 구슬이 높은 곳에 있을 때 갖는 위치 에너지가 구슬이 낙하하면서 운동 에너지로 바뀌게 되고 이 운동 에너지가 다시 동전의 위치 에너지로 전환됩니다. 마찰 등에 의한 에너지 손실이 없다면 이들 에너지는 일정하게 보존됩니다.

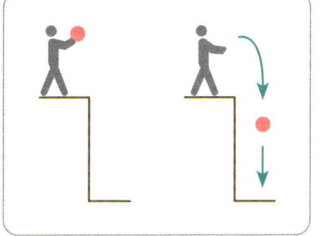

➕ 이것도 알아두세요

1 위치 에너지는 높이를 가지고 있는 물체가 갖는 잠재적 에너지로, 물체의 무게, 높이에 따라 달라집니다.

2 운동 에너지는 물체가 운동할 때 지니는 에너지로, 물체의 무게, 속도에 따라 달라집니다.

3 위치 에너지가 운동 에너지로 변환되므로 높은 곳에 있는 물체는 낮은 곳에 있는 물체보다 빠른 속도로 떨어집니다.

개념 확인 Quiz

1 _____ 란 운동 에너지와 위치 에너지의 합을 의미합니다.

2 위치 에너지와 운동 에너지의 합은 일정하게 (보존, 순환)되는데, 이를 '역학적 에너지 보존의 법칙'이라고 합니다.

054 물병 돋보기와 숟가락 거울

투명한 물병을 이용해서 작은 것을 크게 보이게 하는 돋보기를 만들어봐요.
또 숟가락의 앞뒷면을 이용해서 내 얼굴을 관찰해 보세요.

교과연계
6학년 1학기
5단원 〈빛과 렌즈〉 심화

핵심용어
빛의 성질(굴절과 반사)

준비물
투명한 원통 물병 또는 컵,
인형, 물, 쇠숟가락(또는 국자)

이렇게 실험해요

🥄 물병 돋보기

1. 투명한 원통 물병(또는 컵)에 물을 채웁니다.
2. 물병 뒤쪽에 인형이나 작은 글씨가 적혀 있는 제품을 가까이 놓습니다.
3. 인형이나 글자의 크기를 관찰합니다.
   - Q 어떻게 보이나요?

🥄 숟가락 거울

4. 숟가락의 볼록한 쪽으로 내 얼굴을 들여다보세요.
   - Q 얼굴이 어떻게 보이나요?
   - TIP 숟가락은 깨끗이 닦아서 사용해주세요.
5. 숟가락의 오목한 쪽으로 내 얼굴을 들여다보세요.
   - Q 얼굴이 어떻게 보이나요?

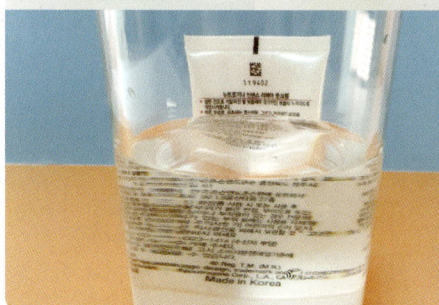

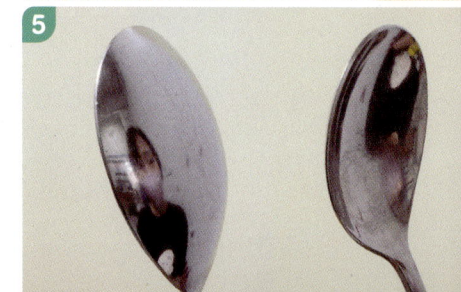

 **어떻게 될까요?**

1 물이 가득 찬 원통 물병 뒤에 물체를 놓고 앞에서 관찰하면 물체가 실물보다 크게 보입니다. (돋보기)

2 숟가락의 볼록한 쪽으로 얼굴을 보면 얼굴이 선명하고 작게 똑바로 보입니다. (볼록거울)

3 숟가락의 오목한 쪽으로 얼굴을 보면 위아래가 거꾸로 된 조금 큰 얼굴이 보입니다. (오목거울)

실험 속 과학원리

빛의 굴절과 반사

직진하던 빛이 물체에 닿아 되돌아 나오는 현상을 '빛의 반사'라고 하고, 빛이 서로 다른 물질의 경계면에서 진행 방향이 꺾이는 현상을 '빛의 굴절' 이라고 합니다. 빛의 반사는 '거울'에서, 빛의 굴절은 '렌즈'를 통과하면서 일어납니다.

빛이 공기를 지나 물을 통과할 때는 똑바로 가지 않고 꺾이게 되어 굴절이 일어납니다. 물이 든 물병처럼 투명하고 볼록한 물체를 통과할 때는 빛이 꺾여 한곳에 모이면서 돋보기처럼 물체를 확대하게 됩니다. 가운데가 볼록해서 빛을 한곳에 모으는 렌즈를 볼록렌즈라고 합니다.

숟가락은 매끈한 금속 표면으로 되어 있어 거울처럼 빛을 반사해 우리의 얼굴을 비추게 됩니다. 숟가락의 뒷면은 볼록하고 앞면은 오목해 뒷면은 볼록거울이 되고 앞면은 오목거울이 됩니다. 오목거울은 오목한 면에서 빛을 반사해 하나의 초점에 빛이 모이게 되어 돋보기처럼 물체를 크게 보이게 합니다. 볼록거울은 볼록한 면에서 빛을 반사해 밖으로 퍼지게 해 먼 곳에 있는 어떤 지점에 초점이 있는 것과 같은 효과를 내 물체를 작게 보이게 합니다.

⊕ 이것도 알아두세요

1 거울에는 평면거울과 오목거울, 볼록거울이 있습니다

2 오목거울은 빛을 모아 물체를 크게 보이게 하기 때문에 손전등, 치과용 거울 등에 사용됩니다.

3 볼록거울은 빛을 퍼지게 해 넓은 범위를 비추기 때문에 자동차의 사이드 미러나 편의점의 실내 반사경 등에 사용됩니다.

개념 확인 Quiz

1 렌즈는 빛의 (굴절, 반사)을/를 이용한 도구이고, 거울은 빛의 (굴절, 반사)을/를 이용한 도구입니다.

2 (오목, 볼록)거울은 물체를 실물보다 크게 보이게 합니다.

055 빛으로 화살표 뒤집기

손대지 않고 화살표의 방향을 좌우로 바꾸거나
화살표를 아예 없애 버리는 놀라운 빛의 마술을 시작합니다.

교과연계
6학년 1학기
5단원 〈빛과 렌즈〉 심화

핵심용어
볼록렌즈

준비물
둥글고 투명한 병 또는 컵,
와인잔, 물, 종이, 유성펜

이렇게 실험해요

➡ 화살표 좌우 방향 바꾸기

1 종이에 약간 두껍게 화살표를 그려 벽에 세웁니다.

2 투명한 병(또는 컵)을 화살표 10cm 앞에 놓고 병을 통해 화살표를 살펴보세요.

3 병에 물을 가득 채운 후 다시 화살표를 관찰합니다.
   Q 화살표는 어느 방향을 향하고 있나요? 2번 화살표와 비교해보세요.

⬅ 화살표 없애기/뒤집기

4 화살표가 위를 향하도록 한 후 와인잔의 둥근 부분 높이에 맞춰 벽에 붙입니다.

5 와인잔을 화살표 20cm 앞에 두고 화살표가 와인잔을 통해 보이는지 확인합니다.
   TIP 일반 컵이나 병을 사용해도 되지만 와인잔이 볼록해 나타나는 효과가 더 좋습니다.

6 와인잔에 물을 가득 채운 후 화살표가 보이는지 살펴보세요.
   Q 와인잔을 통해 화살표가 보이나요?
   TIP 와인잔의 볼록한 정도에 따라 화살표가 사라지는 거리가 다를 수 있으니 와인잔을 앞뒤로 움직여보세요.

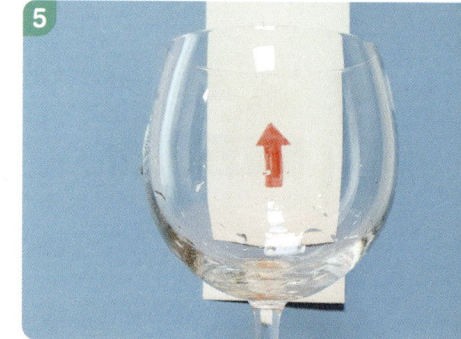

7 이번에는 와인잔과 화살표의 거리를 10cm로 좁힌 후 와인잔을 통해 화살표를 관찰합니다.

Q 화살표가 어떻게 보이나요?

TIP 와인잔에 따라 차이가 있을 수 있으니 화살표와 와인잔의 거리를 조절해보세요.

어떻게 될까요?

1 물을 넣은 둥근 병 너머의 화살표는 방향이 반대로 바뀌어 있습니다.

2 와인잔 너머로 보이던 화살표가 물을 채운 후 사라졌습니다.

3 물을 채운 와인잔을 화살표에 가까이하자 두껍고 뒤집힌 화살표가 나타났습니다.

실험 속 과학원리

볼록렌즈

볼록렌즈는 가운데가 가장자리보다 두꺼워 볼록한 모양을 가진 렌즈를 말합니다. 이런 렌즈를 통과한 빛은 굴절되어 빛이 일정한 지점에 모이게 되는데 그 점을 초점이라고 합니다. 둥근 병이나 와인

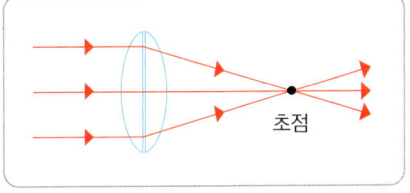

초점

잔은 볼록하게 생겼지만 볼록렌즈처럼 렌즈의 두께가 다른 것은 아닙니다. 여기에 물을 부으면 볼록한 렌즈처럼 가운데가 두꺼운 물렌즈가 만들어집니다. 물이 든 병에서 빛은 공기-물-공기를 통해 우리 눈에 들어오게 되는데 이때 공기보다 물의 밀도가 커서 빛이 안쪽으로 꺾여 초점에 모이게 되어 볼록렌즈와 같은 역할을 하게 됩니다.

볼록렌즈를 통해 물체를 들여다보면 물체와 렌즈의 거리에 따라 물체의 모양(상, 이미지)이 여러 가지로 달라집니다. 물체를 초점보다 안쪽에 놓으면 바로 선 큰 물체의 상이 보이고, 물체를 초점 바깥쪽에 놓으면 거꾸로 선 물체의 상이 보이는데 그 크기는 물체의 위치가 초점에서 멀어질수록 작아집니다. 그리고 렌즈의 초점에 해당하는 위치에 물체를 놓으면 물체를 지난 빛은 서로 모이지 않으므로 전체가 흐려져서 분명한 상이 생기지 않습니다.

이것도 알아두세요

1 볼록렌즈에 햇빛을 쬐면 초점에 빛이 집중됩니다.

2 볼록렌즈인 돋보기로 햇빛을 모을 때 가장 밝고 작은 점이 만들어지는 곳이 초점입니다.

3 물체를 볼록렌즈의 초점 밖에 놓으면 물체의 상이 거꾸로 바뀌게 되어, 오른쪽 화살표는 왼쪽, 위를 향한 화살표는 아래쪽을 향하게 됩니다.

개념 확인 Quiz

1 가운데가 가장자리보다 두꺼운 렌즈를 (오목, 볼록) 렌즈라고 합니다.

2 볼록렌즈에 햇빛을 쬐면 _____ 에 빛이 집중됩니다.

056 내 방에 뜬 CD 무지개

비 온 뒤 아름답게 뜨는 무지개를 보면 기분이 좋아집니다.
하지만 자주 볼 수는 없는데요, 보고 싶을 때마다 무지개를 볼 수 있는 방법을 알려드릴게요.

교과연계
6학년 1학기
5단원 〈빛과 렌즈〉 심화

핵심용어
빛의 성질(회절)

준비물
CD, 플래시 (또는 스마트폰),
초, 투명한 그릇, 물

이렇게 실험해요

1. CD의 은색면을 형광등이나 LED등, 햇빛에 이리저리 비춰보세요.
   - Q 무엇이 보이나요?

2. CD를 비스듬히 기대어 놓고 촛불이나 플래시를 비쳐보세요.
   - Q 무엇이 보이나요?

3. 투명한 그릇에 CD를 은색면이 위로 오게 비스듬히 세우고 CD의 중간 높이까지 물을 붓습니다.
   - TIP CD가 비스듬히 기댈 수 있는 크기의 그릇을 사용합니다.

4. 투명 그릇 앞쪽 바닥에 흰색 도화지를 깝니다.
   - TIP CD 표면에 생긴 무지개가 반사되어 도화지 위에 만들어지게 됩니다.

5. CD의 은색면에 직각이 되도록 플래시를 비춰 무지개를 만들어주세요.
   - Q 하늘에 생긴 자연 무지개와 다른 점이 있나요?

어떻게 될까요?

1 CD의 은색면에 빛을 비추면 표면에 무지개가 생기는 것을 볼 수 있습니다.

2 조명에 따라 CD면에 다양한 형태의 무지개 패턴이 생깁니다.

3 자연의 무지개는 크고 둥근 형태로 1~2개가 해의 반대편에 생깁니다. 반면 도화지에 비친 CD 무지개는 직선 형태로 여러 개가 만들어집니다.

실험 속 과학원리

빛의 굴절과 회절

빛의 굴절과 회절은 둘 다 빛이 휘는 현상입니다. 굴절은 빛이 물질을 통과하면서 그 경계면에서 꺾이는 것이고, 회절은 빛이 장애물을 만나 경로가 막혔어도 장애물 뒤편까지 전달되는 현상입니다.
기상현상인 무지개는 빛이 하늘의 물방울 통과하며 굴절되어 만들어집니다. CD 무지개는 CD 뒷면에 있는 수천 개의 작은 돌기에 비친 빛이 회절되어 나오며 서로 겹쳐져 생깁니다.

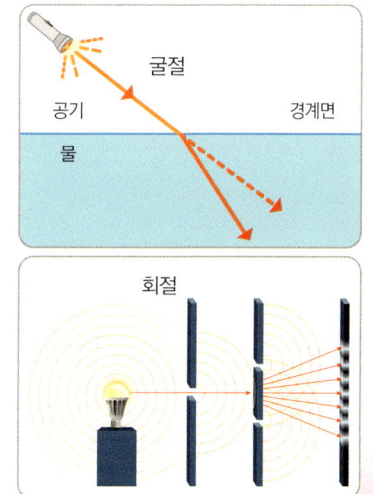

➕ 이것도 알아두세요

1 빛의 반사, 굴절, 회절 현상은 빛이 파동의 성질을 가지고 있음을 보여줍니다.

2 빛에는 우리가 볼 수 있는 빛과 볼 수 없는 빛이 있습니다.

3 우리가 볼 수 있는 빛을 가시광선이라고 하며, 무지개는 가시광선에 의해 만들어집니다.

4 우리가 볼 수 없는 빛에는 적외선, 자외선 등이 있습니다.

개념 확인 Quiz

1 빛이 공기와 물처럼 서로 성질이 다른 물질의 경계면을 통과할 때 그 경계면에서 꺾이는 현상을 빛의 _____ 이라고 합니다.

2 빛이 장애물을 만나 경로가 막혔어도 장애물 뒤편까지 전달되는 현상을 빛의 _____ 이라고 합니다.

057 무아레를 찾아라!

컴퓨터에 뜬 멋진 화면을 스마트폰으로 찍어 친구에게 보내려는데 자꾸 얼룩덜룩 줄무늬가 생기네요. 내 폰이 이상한 걸까요?

교과연계
6학년 1학기
5단원 〈빛과 렌즈〉 심화

핵심용어
빛의 성질(간섭 현상)

준비물
OHP 필름(또는 기름종이), 가위, 유성 사인펜, 모기장(또는 차량용 햇빛가리개, 방충망, 선풍기, 한복, 체크무늬 옷이나 넥타이 등)

이렇게 실험해요

1 TV나 컴퓨터 화면을 스마트폰으로 사진 찍어보세요.
   Q 사진 속 화면이 어떻게 보이나요?

2 TV에서 체크무늬나 줄무늬 옷을 입은 출연자를 관찰해 보세요.
   Q 옷이 어떻게 보이나요?

3 10×15cm 크기의 OHP 필름(또는 기름종이)에 가는 펜으로 5mm 이하 간격으로 일정하고 촘촘하게 직선(또는 곡선)을 그어주세요. (각 2장씩)

4 2장을 겹쳐 선들을 관찰합니다.
   Q 선들이 겹쳐지면서 어떤 것이 보이나요?

5 모기장처럼 가로세로 줄무늬가 촘촘하게 짜여 있는 것들을 주변에서 찾아보세요.
   Q 어떤 것들이 있나요?

6 5에서 찾은 것들을 겹쳐 보세요.
   Q 어떤 현상이 관찰되나요?

 **어떻게 될까요?**

1 TV나 컴퓨터 화면을 사진 찍으면 물결 무늬가 생깁니다.

2 TV 출연자가 체크무늬 옷을 입고 있으면 무지개빛이 큰 모습으로 얼룩지며 나타나 어지럽게 느껴집니다.

3 좁은 간격으로 일정하게 반복되는 선들을 서로 겹치면 물결 무늬가 만들어집니다.

4 가로세로 줄무늬가 촘촘한 것들에는 모기장, 방충망, 만 원짜리 지폐, 차량용 햇빛가리개 등이 있습니다.

5 모기장같은 망사를 두 장 겹치면 모기장 줄무늬보다 간격이 크고 변화가 다양한 얼룩 무늬 또는 물결 무늬 모양이 나타납니다.

실험 속 과학원리

무아레(moire)와 빛의 간섭

무아레는 규칙적으로 반복되는 모양을 두 장 겹칠 때 나타나는 줄무늬를 말하며 간섭 무늬, 물결 무늬, 격자 무늬라고도 부릅니다. 무아레는 프랑스어로 '물결 무늬'라는 뜻입니다. 두 장의 줄무늬를 겹쳐 만든 무아레 무늬는 원래의 무늬 간격보다 크고 작은 움직임도 크고 빠른 변화로 나타납니다. 무아레 무늬는 빛이 파장의 성격을 띠기 때문에 나타나는 현상으로, 두 개의 빛이 만나 서로 겹쳐지면서 어떤 부분은 보강이 되고 어떤 부분은 상쇄가 되어 물결 같은 무늬를 만들게 됩니다.

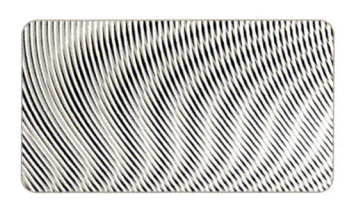

⊕ 이것도 알아두세요

줄무늬 옷을 입으면 TV 화면 속 LED의 규칙적 격자 무늬 배열과 옷의 줄무늬가 서로 겹쳐져서 무아레 무늬가 나타납니다. 그래서 TV에 나오는 출연자들은 보통 줄무늬나 체크무늬 옷을 입지 않도록 권고받습니다.

개념 확인 Quiz

1 _____는 규칙적으로 반복되는 모양을 두 장 겹칠 때 나타나는 물결 모양의 줄무늬를 말합니다.

058 색혼합 CD 팽이 만들기

빨간색 물감과 초록색 물감을 섞으면 어떤 색이 될까요?
물감을 섞듯 색을 섞을 수 있는 팽이를 만들어서 빛과 색의 혼합에 대해 알아봐요.

교과연계
6학년 1학기 5단원 〈빛과 렌즈〉 심화

핵심용어
빛의 합성

준비물
CD 3장, 구슬 3개, 색종이, 글루건, 풀, 가위

이렇게 실험해요

1. 빨강, 파랑, 초록, 노랑 색종이에 CD를 대고 따라 그린 후 오려주세요.

2. 1의 색종이 원을 각각 3등분하여 이 중 빨강, 파랑, 초록을 CD 1개에 붙입니다.

3. 1의 색종이 원 중 노랑과 빨강을 6등분하여 CD 1개에 번갈아 붙입니다.

4. 1의 색종이 원 중 빨강과 초록을 6등분하여 CD 1개에 번갈아 붙입니다.

5. CD 구멍에 구슬을 글루건으로 붙여 CD 팽이를 만들어주세요. 이때 구슬을 CD 위쪽에 놓고 붙입니다.
   💡 **TIP** 구슬이 많이 나온 부분이 팽이의 위, 구슬이 적게 나온 부분이 팽이의 아래가 됩니다.

6. CD 팽이의 몸체나 구슬 윗부분을 잡고 힘차게 돌려보세요.
   ❓ 팽이가 돌 때 어떤 색이 보이나요?

어떻게 될까요?

1 빨강, 파랑, 초록으로 만든 팽이를 빨리 돌리면 흰색에 가까워집니다.

2 빨강, 파랑, 초록으로 만든 팽이의 속도가 조금 떨어지면 빨강, 주황, 노랑, 파랑, 보라 등 무지개 색이 보입니다.

3 빨강과 노랑으로 만든 팽이를 돌리면 주황색으로 보입니다.

4 초록과 빨강으로 만든 팽이를 돌리면 노란색이 보입니다.

실험 속 과학원리

빛의 합성

빛의 색은 태양이나 전등, 촛불에서 나오는 색을 말합니다. 빨강, 파랑, 초록의 세 가지 색의 빛이 있으면 자연에 있는 수백 가지 빛깔을 만들 수 있는데, 이러한 세 가지 색을 '빛의 삼원색'이라고 합니다. 물체는 고유의 색을 가지고 있는 것이 아니라 그 물체가 특정한 빛을 흡수하거나 반사해서 만들어집니다.

물감의 세 가지 색인 청록, 진홍, 노랑을 여러 비율로 혼합하면 우리가 보는 여러 가지 색을 만들 수 있는데, 이를 '색의 삼원색'이라고 합니다.

이것도 알아두세요

1 빛의 삼원색을 모두 합치면 흰색이 되고, 색의 삼원색을 모두 합치면 검정색이 됩니다.

2 빛의 삼원색은 RGB(Red, Green, Blue), 색의 삼원색은 CMY(Cyan, Magenta, Yellow)라고 부릅니다.

3 TV나 컴퓨터 화면에 표시되는 RGB는 빛의 삼원색을 나타냅니다.

4 색종이에서 반사된 빛은 팽이의 빠른 회전에 의해 우리 눈에 잔상을 맺게 해 빛의 합성이 일어납니다.

개념 확인 Quiz

① 자연에 있는 수백 가지 빛깔은 세 가지 색의 빛이 합해져서 만들어지는데, 이것을 빛의 _____ 이라고 합니다.

② 빛의 삼원색을 합치면 (흰색, 검정색)이 됩니다.

059 카멜레온 같은 색깔 그림자

그림자는 항상 검정색이라고요? 그렇지 않아요.
그림자 세상에도 빨강, 파랑, 노랑, 보라 등 다양한 색깔 그림자들이 살고 있답니다.

교과연계
6학년 1학기 5단원 〈빛과 렌즈〉 심화

핵심용어
빛과 그림자

준비물
불투명한 물체, 플래시(또는 스마트폰) 3개, 셀로판지(빨강, 파랑, 초록), 셀로판테이프

 이렇게 실험해요

1. 흰색 벽 앞에 불투명한 물체를 놓아주세요.
2. 빨강, 초록, 파랑 셀로판지를 플래시나 스마트폰에 각각 감싸 고정합니다.
   💡TIP 셀로판지는 2~3겹 겹쳐서 사용해주세요.
3. 불을 끄거나 창문을 가려 실내를 어둡게 합니다.
4. 1의 물체에 빨강, 파랑, 초록 중 한 가지 색 플래시를 비춰보세요.
   Q 그림자는 어디에, 어떤 색깔로 만들어지나요?
5. 물체에 2가지 색의 플래시를 동시에 비춰보세요.
   Q 빨강과 초록, 빨강과 파랑, 파랑과 초록 플래시를 비췄을 때 어떤 색깔의 그림자가 생기나요?
6. 물체에 빨강, 파랑, 초록 플래시를 동시에 비춰보세요.
   Q 어떤 색깔의 그림자가 생기나요?

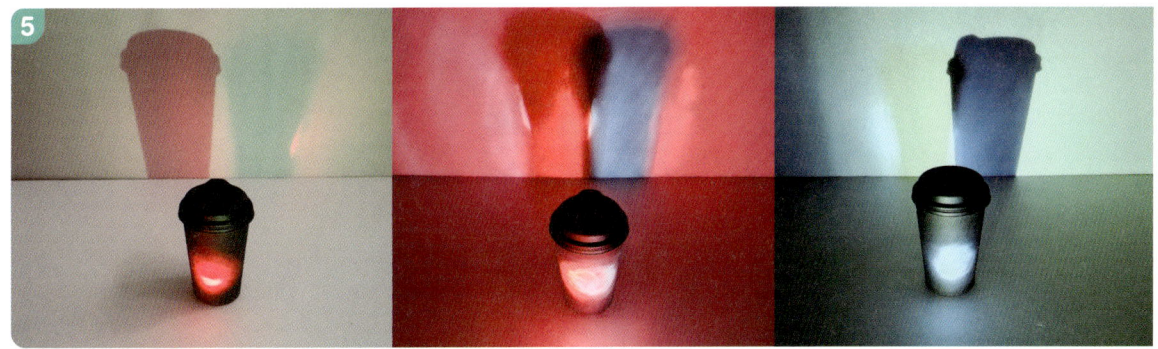

어떻게 될까요?

1 빨강, 파랑, 초록 중 한 가지 색만 비추면 검정색 그림자가 생깁니다.

2 빨강과 초록을 동시에 비추면 초록, 빨강, 노랑 그림자가 생기고, 빨강과 파랑을 동시에 비추면 파랑, 빨강, 자홍색 그림자가 생깁니다. 그리고 파랑과 초록을 비추면 초록, 파랑, 청록색 그림자가 생깁니다.

3 빨강, 파랑, 초록을 동시에 비추면 가운데에는 검은 그림자가 생기고 주변에는 노랑, 자홍, 청록, 빨강, 초록, 파랑 그림자가 생깁니다.

실험 속 과학원리

빛과 그림자

그림자는 물체가 빛을 가로막아 생기는 현상입니다. 빛은 직진하는 성질이 있어 빛을 가로막는 물체가 있으면 그 물체를 빛이 통과하지 못해 어두워지는데, 그것이 바로 그림자입니다. 빨강이나 초록 등 한 가지 빛을 비추면 검은 그림자가 생기는데, 빛이 온전히 가로막혀 어두워지기 때문입니다. 그러나 두 가지나 세 가지 색의 빛을 동시에 비추면 특정한 색깔의 빛이 가려져도 나머지 색깔의 빛이 들어오게 되기 때문에 색깔 그림자가 생깁니다. 가령 빨강, 파랑, 초록 빛을 동시에 비출 경우 초록이 가려지면 빨강과 파랑이 합쳐진 자홍색 그림자가 나오고, 빨강이 가려지면 초록과 파랑이 합쳐진 청록색이 나옵니다. 노랑은 파랑이 가려져서 초록과 빨강이 합쳐서 생깁니다. 파랑은 빨강과 초록이 가려져서 생깁니다. 초록만 오고 빨강과 파랑이 가려지면 초록 그림자가 생깁니다.

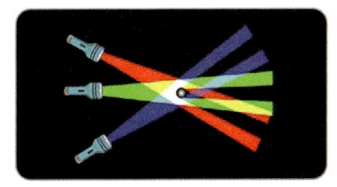

➕ 이것도 알아두세요

1 그림자는 물체를 사이에 두고 빛의 반대편에 생깁니다.

2 빨강과 파랑의 빛을 비췄을 때 물체에 의해 빨강이 가려지는 곳에는 파란색 그림자가, 파랑이 가려지는 곳에는 빨간색 그림자가 만들어지고, 이 두 빛이 만나는 곳에는 자홍색 그림자가 생깁니다.

3 유리처럼 빛을 통과시키는 물체는 그림자가 만들어지지 않습니다.

개념 확인 Quiz

① 그림자는 빛이 (직진, 굴절)하는 성질 때문에 생깁니다.

② 빛이 온전히 다 가려지면 어두워지기 때문에 (검정색, 흰색) 그림자가 생깁니다.

060 진동에 맞춰 춤추는 애벌레

소리에 민감한 작은 애벌레가 있어요. 이 애벌레는 어디선가 소리가 나면 빙그르르 춤을 춘대요. 애벌레의 춤은 소리를 온몸으로 보여주는 거라고 하네요.

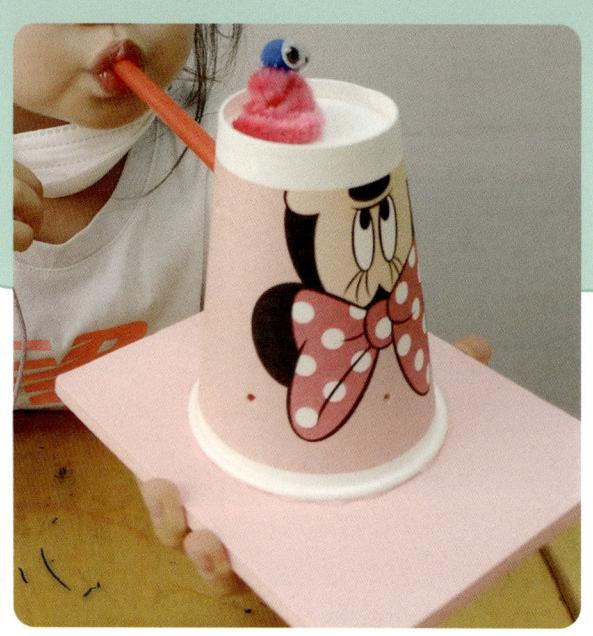

교과연계
3학년 2학기 5단원 〈소리의 성질〉 심화

핵심용어
소리의 전달

준비물
종이컵, 모루, 굵은 빨대, 칼, 인형 눈알, 우드락(또는 두꺼운 도화지), 소금(또는 쌀알, 비즈) 약간

이렇게 실험해요

1. 모루를 연필에 둘둘 말아 애벌레 몸통을 만들고 폼폼, 인형 눈알 등으로 애벌레 머리를 꾸며주세요. 애벌레가 바닥에 잘 세워지는지 체크합니다.

2. 굵은 빨대를 반으로 자른 후 종이컵 바닥면에서 1/3 위치에 구멍을 뚫어 꽂아주세요. 빨대가 너무 헐거우면 테이프나 글루건으로 고정해 주세요.

3. 2의 컵을 우드락(또는 두꺼운 도화지)에 붙입니다.

4. 컵의 바닥면에 1의 애벌레를 올리고 빨대를 입에 문 채 부~~우 같은 입술이 떨리는 소리를 내보세요.
   Q 애벌레는 어떻게 되나요?

5. 애벌레 대신 소금이나 잡곡류, 작은 플라스틱 비즈 등을 올려 놓고 빨대로 부~~우 하며 입술 떠는 소리를 내보세요.
   Q 소금이나 잡곡류, 비즈들은 어떻게 되나요?

6. 말을 하거나 부~~우 하고 떨리는 소리를 내며 목에 손을 대보세요.
   Q 목에서 무엇이 느껴지나요?

 **어떻게 될까요?**

1 종이컵 위의 애벌레는 떨리는 소리에 따라 빙글 돌며 컵 위에서 이리저리 움직입니다.

2 컵 위의 소금이나 곡식 알갱이들은 소리에 따라 모이기도 하고 흩어지기도 합니다.

3 소리를 낼 때 목에서 떨림이 느껴집니다.

실험 속 과학원리

소리의 전달

소리는 물체의 진동(떨림)에 의해 발생합니다. 이 떨림을 전달해주는 주변 물체를 매질이라고 합니다. 소리는 매질의 진동이 이어지며 멀리 퍼져 나가는 파동으로, 소리에 의한 파동을 음파라고 합니다. 입에서 빨대를 통해 전달된 진동이 종이컵으로 전달되어 애벌레를 움직이게 합니다.

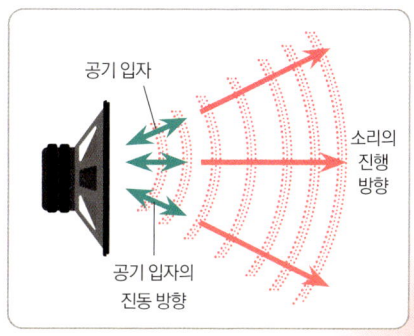

이것도 알아두세요

1 소리는 물체의 진동이 주변의 매질(기체, 액체, 고체)에 전달되면서 전파됩니다.

2 진공 상태에서는 소리를 전달해주는 물질이 없어 아무리 큰 소리로 말해도 소리가 들리지 않습니다.

3 소리는 크기, 높낮이, 맵시를 가지고 있으며, 이를 소리의 3요소라고 합니다.

개념 확인 Quiz

1 소리에 의한 파동을 _____ 라고 하며 매질의 진동에 의해 전달됩니다.

2 _____ 상태에서는 소리를 전달해줄 물질이 없어 소리가 나지 않습니다.

Part4 전기와 자기

061 빨대로 만든 자석 미로

이리저리 구부러지고 갈라지며 도저히 빠져나오기 힘든 미로를 빨대를 이용해 직접 만들어봐요.
미로를 설계하는 것도 재미있고 탈출하는 것도 재미있답니다.

교과연계
3학년 1학기 4단원 〈자석의 이용〉 심화

핵심용어
자석에 붙는 것과 붙지 않는 것, 자석의 성질

준비물
일회용 투명 플라스틱판(A4 크기), 동전 자석(지름 2cm) 1~2개, 빨대(지름 0.5cm) 5개, 양면테이프 또는 글루건, 클립, 작은 장난감, A4용지, 오십 원짜리 동전

이렇게 실험해요

1. A4용지에 미로를 그립니다. 미로의 폭은 빨대의 두께를 고려하여 2~2.5cm 정도로 넉넉히 간격을 둡니다.

2. 빨대를 1에서 그린 미로 그림에 맞춰 잘라 준비합니다.

3. 투명 플라스틱판 아래쪽에 미로 그림을 테이프로 살짝 고정합니다.
   TIP 투명한 계란판 덮개나 샐러드 용기 뚜껑을 이용하세요.

4. 플라스틱판 위에 자른 빨대를 설계도대로 양면테이프나 글루건을 이용해 붙입니다.
   TIP 양면테이프는 빨대 두께보다 조금 가늘게 잘라 붙여주세요.

5. 미로가 완성된 후 설계도는 떼어냅니다.

6. 미로 사이를 통과할 수 있는 작은 크기의 장난감을 2개를 준비하여 하나에는 클립을, 다른 하나에는 오십 원짜리 동전을 붙여주세요.

7. 6의 장난감을 미로판 위에 올린 후 아래에 자석을 대서 이동시켜 봅니다.
   Q 어떻게 되나요?
   TIP 자석을 나무젓가락에 붙여서 사용해도 좋아요.

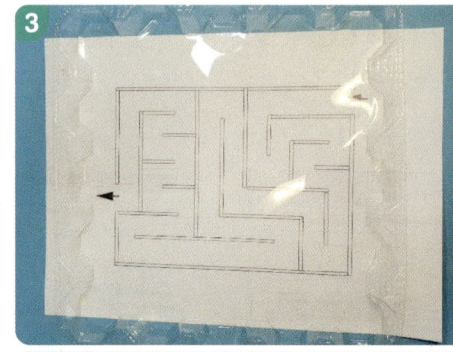

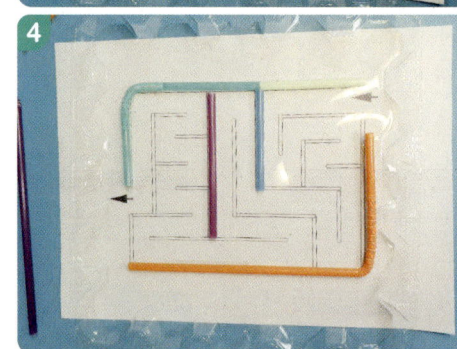

어떻게 될까요?

1 클립을 붙인 장난감은 자석에 이끌려 미로를 이동합니다.

2 동전을 붙인 장난감은 자석에 의해 움직여지지 않습니다.

3 자석은 직접 접촉하지 않아도 금속이나 다른 자석에 힘을 미칠 수 있습니다.

실험 속 과학원리

자석에 붙는 물체 VS 자석에 붙지 않는 물체

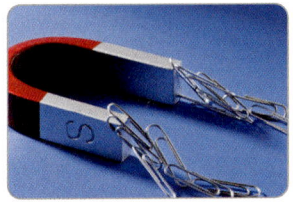

자석은 못이나 용수철, 철사, 옷핀, 클립, 가위와 같은 금속 물체를 끌어당겨 달라붙게 합니다. 금속 물체라고 해서 모두 자석에 붙는 것은 아니고, 철로 만들어진 물체만 자석에 달라붙습니다. 가령 캔에는 철로 만든 캔과 알루미늄으로 만든 캔이 있는데, 철캔은 자석에 붙지만 알루미늄캔은 자석에 붙지 않습니다. 그리고 우리나라 동전은 자석에 달라붙지 않습니다.

⊕ 이것도 알아두세요

1 철에 자석을 가까이하면 철을 이루는 원자들이 가장 작은 자석이 되어 규칙적으로 늘어서게 되면서 자석에 달라붙게 됩니다.

2 자석에는 N극과 S극 두 개의 극이 항상 존재하며, 자석을 쪼개도 한 개의 극으로 된 자석을 만들 수는 없습니다.

3 사람은 물체를 움직일 때 직접 접촉해야 하지만 자석은 떨어져서도 힘을 작용해 자석과 클립 사이에 플라스틱이나 사람의 손이 있어도 클립은 자석에 끌려옵니다.

4 이런 성질을 이용해 냉장고문에 자석을 달아 스스로 문이 닫히게 하고 드라이버 끝에 자석을 달아 못에 잘 고정할 수 있게 합니다.

개념 확인 Quiz

1 플라스틱이나 솜, 단추 같은 물체는 자석에 붙지 않고 못이나 용수철, 클립처럼 _____로 만들어진 물체만 달라붙습니다.

2 자석은 _____과 _____두 개의 극으로 이루어져 있습니다.

062 층층이 자석 바람개비

수수깡과 핀 대신 자석으로 바람개비를 만들어 보세요.
3층, 4층, 5층 여러 층으로 된 화려한 층층이 바람개비를 만들 수 있어요.

교과연계
3학년 1학기 4단원 〈자석의 이용〉 심화

핵심용어
자석의 성질, 자기력

준비물
대못(9~10cm), 동전 자석(지름 2.5~3cm), 색종이 2~3장, 컴퍼스(또는 두꺼운 종이), 굵은 빨대, 가위, 송곳

이렇게 실험해요

1. 빨대를 2cm 길이로 4~5개 잘라 준비합니다.

2. 색종이에 1~2cm 차이를 두고 크기가 서로 다른 5개의 원을 그려 오립니다.
   💡TIP 컴퍼스가 없다면 1×10cm 크기의 두꺼운 종이에 송곳으로 1cm 간격으로 구멍을 뚫어 사용하세요. 앞은 고정하고 뒤쪽 구멍에 차례로 연필을 꽂아 원을 그립니다.

3. 오려낸 원들을 반으로 접은 후 다시 한 번 접었다 펼칩니다.

4. 각 원의 중심에 송곳으로 작은 구멍을 내고 접었다 펼친 4개의 선은 끝부분 1/3에 가위집을 냅니다.

5. 가위집 부분을 한 방향으로 접어 올려 바람개비 날개를 만듭니다.

6. 못 머리를 아래로 한 후 큰 날개부터 '날개-빨대-날개-빨대'의 순서로 꽂습니다. 이때 날개의 접힌 부분이 위로 향하게 넣습니다.
   💡TIP 날개의 개수는 못의 길이에 맞춰 넣으면 됩니다.

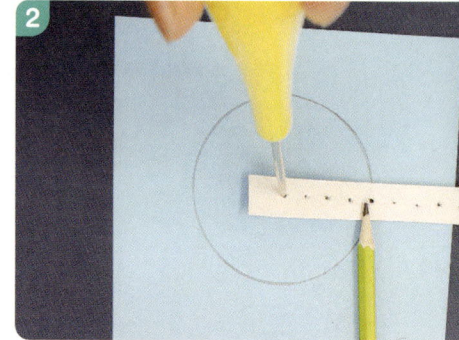

7 못의 뾰족한 부분을 손으로 잡고 바람개비를 불어보세요.
   Q 바람개비가 어떻게 움직이나요?

8 못의 뾰족한 부분을 자석에 붙인 후 바람개비를 불어보세요. 바람을 약간 위에서 아래로 가까이 불어주세요.
   Q 바람개비가 어떻게 움직이나요?

어떻게 될까요?

1 자석에 붙이지 않고 못에만 끼워진 채로 바람개비를 불면 잘 돌아가지 않습니다.

2 바람개비는 못의 뾰족한 부분을 자석에 붙인 후 불어야 잘 돌아갑니다.

3 바람개비의 날개만 도는 것이 아니라 날개와 못이 동시에 같이 회전합니다.

실험 속 과학원리

자석의 성질과 자기력

자석과 자석 사이, 또는 자석과 철 등의 금속 사이에 작용하는 힘을 '자기력'이라고 합니다. 자석끼리 서로 당기거나 미는 것, 자석에 물체가 달라붙는 것은 자석의 자기력이 작용하기 때문입니다.

자기력은 못이나 클립처럼 철로 만든 물질에 작용하고, 동전이나 알루미늄캔처럼 구리나 알루미늄으로 만든 물질에는 작용하지 않습니다. 층층이 바람개비가 회전하며 돌 수 있는 것은 못이 자석에 매우 적은 부분만으로도 강하게 붙어 있기 때문입니다.

➕ 이것도 알아두세요

1 자석이 물질을 끌어당기는 현상을 '자기'라고 합니다.

2 철을 이루는 원자(물질을 이루는 가장 작은 알갱이)들은 자석과 같은 성질을 가지고 있어 자석을 가까이하면 쉽게 달라붙습니다.

3 철과 같이 자석에 잘 달라붙는 물질을 강자성체, 구리나 알루미늄처럼 잘 달라붙지 않는 물질은 약자성체라고 합니다.

개념 확인 Quiz

1 자석과 자석 사이 또는 자석과 철 등 금속 사이에 작용하는 힘을 _____이라고 합니다.

2 알루미늄이나 구리와 같은 금속 물질은 자석에 달라붙지 않고, 클립이나 못처럼 _____로 된 금속 물질만 자석에 달라붙습니다.

063 연료가 필요 없는 자석 자동차

매연이 전혀 없는 친환경 자동차를 만들어볼까요?
이 자동차는 자기력으로 작동되어 연료를 넣지 않아도 계속 달릴 수 있어요.

교과연계
3학년 1학기
4단원 〈자석의 이용〉 심화

핵심용어
자기력과 자기력의 크기

준비물
페트병 또는 우유곽, 색종이, 굵은 빨대 2개, 페트병 뚜껑 4개, 꼬치막대 2개, 자석 2개, 나무젓가락, 송곳, 셀로판테이프

이렇게 실험해요

1 사각 페트병을 색종이로 꾸며 자동차 몸통을 만듭니다.

2 페트병 뚜껑 중앙에 송곳으로 구멍을 뚫어 준비합니다. (총 4개)

3 빨대 2개를 페트병보다 3~4cm 더 길게 잘라 페트병 바닥에 테이프로 붙입니다.

4 빨대에 꼬치막대를 끼운 후 페트병 뚜껑을 끼우고 여분의 막대는 가위로 잘라 냅니다.

5 자동차의 뒤쪽에 자석을 붙이고, 나무젓가락 끝에도 자석을 붙입니다.
　💡**TIP** 이때 두 자석은 서로 밀어내도록 같은 극이 마주보도록 붙입니다.

6 자석 젓가락을 자동차의 자석에 가져다 댑니다.
　Q 자동차가 움직이나요?
　💡**TIP** 자동차가 균형을 잃고 뒤로 넘어간다면 앞쪽에 무게감 있는 물체를 붙여주세요.

7 자석 간의 거리, 자석의 개수를 조절하며 움직여보세요.
　Q 자동차의 속도가 빠를 때는 언제인가요?

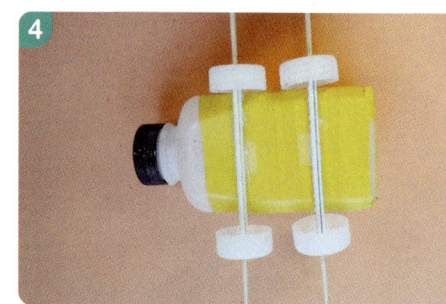

 **어떻게 될까요?**

1 나무젓가락에 붙인 자석을 가져다 대면 자기력(척력)에 의해 자석 자동차는 앞으로 밀리며 움직입니다.

2 사람이 물건을 당기거나 밀 때는 물체와 접촉해야 하지만 자석들은 서로 떨어져서도 힘을 작용합니다.

3 나무젓가락 자석을 더 가까이하거나 자석의 개수를 늘리면 자동차는 더 빠르게 움직입니다.

실험 속 과학원리

자기력

사람이 물체에 힘을 가할 때는 직접 접촉해야 하지만 자기력은 서로 떨어져 있어도 작용합니다. 자기력은 양 극 사이에서 두 자석 사이의 거리가 가까울수록 크게 작용하고, 거리가 멀어지면 작아집니다. 힘을 작용하는 자석의 수가 늘어나면 자기력의 크기도 커집니다.

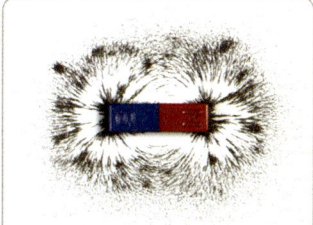

⊕ 이것도 알아두세요

1 자석의 양 극에서 자기력이 가장 강하고 자석의 중간 부분은 자기력이 약합니다.

2 자석의 힘이 미치는 공간을 자기장이라고 합니다.

3 자기장의 범위를 넘어서면 자석은 다른 자석이나 물체에 힘을 미치지 못합니다.

개념 확인 Quiz

1 자석의 양 극과 자석의 가운데 중 자기력이 강한 곳은 (양 극, 가운데) 부분입니다.

2 자석의 힘이 미치는 공간을 _____ 이라고 합니다.

064 빙글빙글 자석 자이로스윙

자이로스윙은 줄에 달린 원반에 사람을 태우고 하늘에서 회전하는 스릴 넘치는 놀이기구입니다.
자석을 이용해서 자이로스윙을 만들어봐요.

교과연계
3학년 1학기 4단원 〈자석의 이용〉 심화

핵심용어
자기력의 종류, 자화

준비물
대못(10cm 내외), 동전 자석(지름 2.5~3cm) 2~3개, 종이컵 2개, 일회용 소주컵, 일회용 접시, 햇반 그릇, 송곳, 양면 테이프, 너트, 클립

이렇게 실험해요

1 종이컵 한 개를 뒤집어 놓고 그 위에 자석을 붙여주세요.

2 다른 종이컵을 1/2 높이로 자른 후, 90도마다 가위집을 넣어 같은 방향으로 접어 내려주세요.

3 못을 2의 종이컵 중앙 바닥에서 안으로 끼워 컵 안으로 못의 뾰족한 부분이 나오게 해주세요.
   💡TIP 너트를 컵의 안쪽 못에 끼우면 컵의 무게중심을 잡아주어 좋아요.

4 못의 뾰족한 부분에 자석을 붙입니다. 이때 아래쪽 종이컵에 붙인 자석과 같은 극끼리 마주보게 해주세요.
   💡TIP 가까이했을 때 서로 밀어내는 것이 같은 극입니다.

5 아래에 놓인 종이컵 위의 자석에 4의 못머리를 가까이해보세요.
   Q 못에 매달린 컵은 어떻게 움직이나요?

6 못에 매달린 컵을 아래쪽 자석에 가까이한 후 살짝 흔들어 보세요. 또 컵을 그네처럼 한쪽으로 당겼다가 놓아보세요.
   Q 못에 매달린 컵은 어떻게 움직이나요?

7 자석의 수를 2개, 3개로 늘리거나 일회용 소주컵, 일회용 접시, 햇반 그릇 등 다양한 그릇을 이용해서 같은 과정을 반복해 보세요.
   Q 가장 잘 돌아가는 것은 무엇인가요?
   💡TIP 구슬이나 폼폼을 넣어 움직이면 사람이 탄 것처럼 재미있어요.

8 자석에 매달린 못에 클립을 가까이해 보세요. 클립은 어떻게 되었나요?

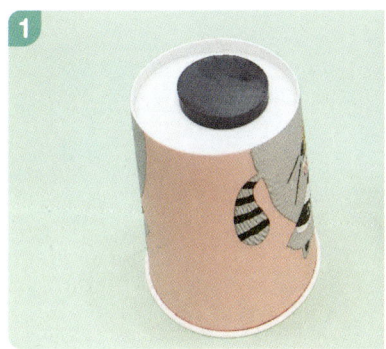  

어떻게 될까요?

1 못에 매달린 컵은 한쪽으로 밀리기도 하고 다시 당겨지기도 하며 자석과 못 사이에 작용하는 힘에 의해 움직입니다.

2 못에 매달린 컵을 자석 위에서 살짝 기울이거나 한 번 흔들어주면 한 방향으로 빠르게 원을 그리며 돌다가 다시 반대로 돌기도 합니다.

3 자석의 세기가 세고(3개>2개>1개) 그릇의 크기가 작을수록(소주컵>햇반>일회용 접시) 빠르게 원을 그리며 돕니다.

4 못은 자석에 붙어 있는 동안 자석화(자화)된 상태이므로 클립은 못에 달라붙습니다.

실험 속 과학원리

자기력의 종류와 자화

자석은 N극과 S극, 두 개의 극을 가지고 있으며, 이 극들 사이에는 인력과 척력이 작용합니다. N극과 S극처럼 서로 다른 극 사이에는 서로 당기는 인력이 작용하며, N극과 N극, S극과 S극처럼 서로 같은 극 사이에는 서로 밀어내는 척력이 작용합니다. 못처럼 자석에 잘 붙는 물체는 자석에 오래 붙어 있게 되면 자석의 성질을 갖게 되는데, 이를 자화(magnetization, 磁化)라고 합니다. 자이로스윙이 왔다갔다 밀려나다가 회전하게 되는 것은 접촉하고 있는 자석에 의해 자화된 못과 아래 자석 사이에 척력이 작용하기 때문입니다.

➕ 이것도 알아두세요

1 철은 철을 이루는 원자들이 자석과 같은 성질을 가지고 있지만 평소에는 원자 배열이 불규칙해서 자석과 같은 효과를 내지 못합니다.

2 철에 자석을 가까이하면 철을 이루는 원자들이 규칙적으로 늘어서게 되면서 자석에 달라붙게 됩니다.

3 철이 자석에 오래 달라붙어 있으면 원자들의 규칙적 배열도 오랫동안 유지되며 자석과 같은 성질을 갖게 됩니다. 이때 자석의 N극에 접촉한 쪽은 S극, 먼 쪽은 N극이 됩니다.

개념 확인 Quiz

① 자기력에는 인력과 척력이 있습니다. 서로 같은 극 사이에 작용하는 자기력은 (인력, 척력)으로 두 극은 서로 밀어냅니다.

② 못처럼 철로 만들어진 물질은 자석에 오래 붙어 있게 되면 자석의 성질을 갖게 되는데 이를 _____라고 합니다.

▶▶ 정답은 권말에

065 자석으로 춤추는 못 댄서

무대에서 함께 춤을 추고 싶어하는 두 명의 댄서가 있습니다.
못과 자석으로 댄서를 만들어 춤추게 해 볼까요?

교과연계
3학년 1학기 4단원 〈자석의 이용〉 심화

핵심용어
자기력, 자화

준비물
대못(10cm 내외) 2개, 자석(지름 2.5~3cm) 1~2개, 빨대(지름 0.5cm), 빵끈 2개, 스티로폼 공(지름 2cm) 2개, 일회용 접시, 뜨개실, 글루건, 가위

 이렇게 실험해요

1 10cm 길이의 못 2개에 8cm 길이로 자른 빨대를 각각 끼워주세요.

2 스티로폼 공을 1의 못에 끼우고 빵끈을 감아 양팔을 만듭니다. (총 2개)

3 눈코입을 그려 얼굴을 만들고, 뜨개실을 여러 번 감아 옷 모양을 만들어주세요.
   💡TIP 뜨개실을 여러 겹 일정하게 잘라 치마 모양을 만들어도 좋아요.

4 일회용 접시 위에 못 댄서 하나를 올리고 아래에 자석을 댑니다.

5 자석을 이리저리 움직여 댄서가 빙글빙글 돌게 해보세요.

6 나머지 못 댄서도 올려주세요.
   Q 두 댄서가 나란히 잘 서 있나요?

7 자석을 움직여 못 댄서가 같이 춤을 추게 해주세요.
   Q 두 댄서가 같이 춤을 추었나요?

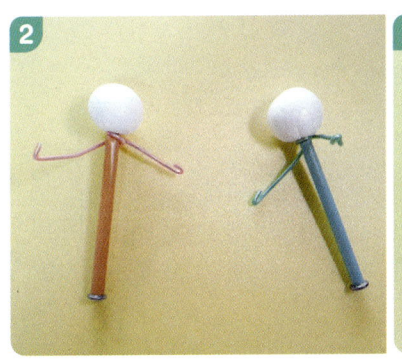  

어떻게 될까요?

1 못으로 만든 댄서는 자석에 의해 빙글빙글 돌며 접시로 만든 무대에서 춤을 춥니다.

2 못으로 만든 댄서 둘을 자석 위에 올리면 나란히 서 있습니다.

3 자석을 움직이면 두 댄서 중 하나는 쓰러집니다.

실험 속 과학원리

자기력과 자화

못이나 클립처럼 자석에 잘 붙는 물체는 자석에 붙어 있게 되면 자석과 같은 성질을 띠게 됩니다. 이때 자석의 N극에 가까운 쪽은 S극이 되고 먼 쪽은 같은 극인 N극이 됩니다. 못 두 개가 같은 자석에 가까이 있거나 접촉하게 되면 두 개의 못 모두 극의 배치가 같은 자석으로 자화됩니다. 따라서 두 개의 못 사이에는 서로 밀어내는 척력이 작용합니다. 처음 자석 위에 못을 올리면 자석과 못 사이에 작용하는 힘이 두 못 사이에 작용하는 힘보다 강해 두 못 모두 서 있게 되지만, 자석을 움직여 조금만 균형이 깨져도 두 못 중 하나는 넘어지게 됩니다.

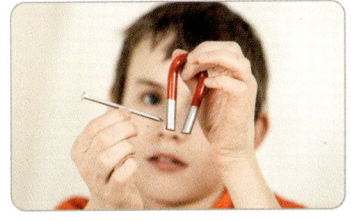

➕ 이것도 알아두세요

1 자석에 철을 가까이했을 때의 자화는 일시적으로 철 속 단위 자석들이 규칙적으로 배열된 것으로, 자석과 멀어지면 그 성질이 사라지게 됩니다.

2 철에 의해 일시적으로 자화된 못들 사이에서도 자석들 사이에 작용하는 인력과 척력이 작용합니다.

개념 확인 Quiz

1 자화된 못의 극은 접촉한 자석의 극에 의해 결정되는데 자석의 N극에 가까운 극은 (N극, S극)으로, 먼 쪽은 (N극, S극)으로 자화됩니다.

2 일시적으로 자화된 못들 사이에도 자기력이 작용해 같은 극끼리는 (척력, 인력)이, 다른 극들 사이에는 (척력, 인력)이 작용합니다.

066 구리선으로 만드는 초간단 전동기

전동기는 장난감 자동차에서부터 선풍기, 에어컨, 진공 청소기 등 우리 생활 곳곳에 활용되고 있습니다. 자석과 건전지로 초간단 전동기를 함께 만들어볼까요?

교과연계
6학년 2학기 1단원 〈전기의 이용〉 심화

핵심용어
전기와 자기, 전동기

준비물
네오디움 자석(지름 1.5cm) 1~2개, 구리선 (지름 0.1cm, 길이 25cm), AA건전지, 가위(또는 펜치), 보드마카 또는 유성매직

이렇게 실험해요

1 구리선을 보드마카나 굵은 유성매직 펜에 감아 나선 모양의 코일을 만들어주세요.

2 코일의 한쪽 끝은 보드마카 뚜껑 중앙에 꽂힐 수 있게 ∩자 모양으로 구부려주세요.

3 AA건전지의 평평한 쪽(-극)에 네오디뮴 자석을 1~2개 붙입니다.

4 3의 건전지를 자석이 아래로 가도록 세운 후 2의 코일을 씌워주세요.

5 구리선 ∩자 모양의 끝부분이 건전지의 +극 꼭지에 놓이게 합니다.

6 코일의 아래 끝부분은 자석을 둥글게 감싸고 돌게 해주세요.

💡TIP 코일의 아래쪽 끝이 건전지에 직접 붙지 않도록 주의합니다. 직접 닿게 되면 구리선과 건전지 사이를 흐르는 전류의 저항으로 인해 구리선이 뜨거워집니다.

7 코일을 건전지의 극에 잘 올렸으면 손을 떼고 구리선의 움직임을 관찰해보세요.

8 건전지의 극을 바꿔서 실험해보세요.

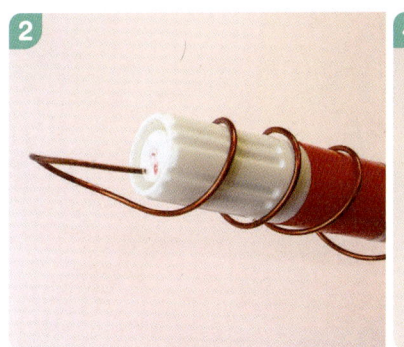  

어떻게 될까요?

1 코일은 빙글빙글 건전지 주위를 회전합니다.

2 코일 윗부분이 건전지의 +극 꼭지에서 벗어나도 코일은 회전하지만 꼭지에 있을 때의 속도가 더 빠릅니다.

3 건전지 위아래를 바꾸면 건전지의 극이 반대로 되면서 코일의 회전 방향도 반대가 됩니다.

🔬 실험 속 과학원리

전류와 자기장

자석의 힘이 미치는 공간을 '자기장'이라고 합니다. 그런데 전류가 흐르는 전선 주변에도 자석처럼 자기장이 생깁니다. 전류가 만든 자기장과 자석이 만든 자기장은 두 개의 자석처럼 서로에게 힘을 미칩니다. 네오디뮴 자석의 자기장이 전지에 연결된 구리선 주변에 생긴 약한 자기장에 힘을 미쳐 구리선을 밀고(척력) 당기면서(인력) 구리선은 회전하게 됩니다. 이렇게 전기 에너지로부터 회전력을 얻는 기계 장치를 '전동기'라고 합니다.

➕ 이것도 알아두세요

1 자기장과 전류 때문에 구리선이 받는 힘은 자석의 극과 전류의 방향에 따라 달라집니다. 따라서 자석의 극과 전류의 방향이 바뀌면 구리선의 회전 방향이 달라집니다.

2 전동기(모터)는 전기 에너지를 운동 에너지로 변환시키는 장치입니다.

3 플레밍의 왼손 법칙은 자기장 내에 있는 전선에 전류가 흐를 때 그 전선이 받는 힘의 방향을 알 수 있는 방법입니다.

개념 확인 Quiz

1 전류가 흐르는 전선 주변에는 자석처럼 _____이 생깁니다.

2 _____는 전기 에너지를 운동 에너지로 변환시키는 장치로 장난감 자동차, 에어컨, 세탁기, 선풍기 등 여러 곳에 활용됩니다.

067 호모폴라 전동기

선풍기는 전동기(모터)에 의해 날개가 돌아가면서 바람을 만들어 주변을 시원하게 해줍니다.
전동기에 작은 종이 날개를 달아 선풍기처럼 돌아가게 만들어봐요.

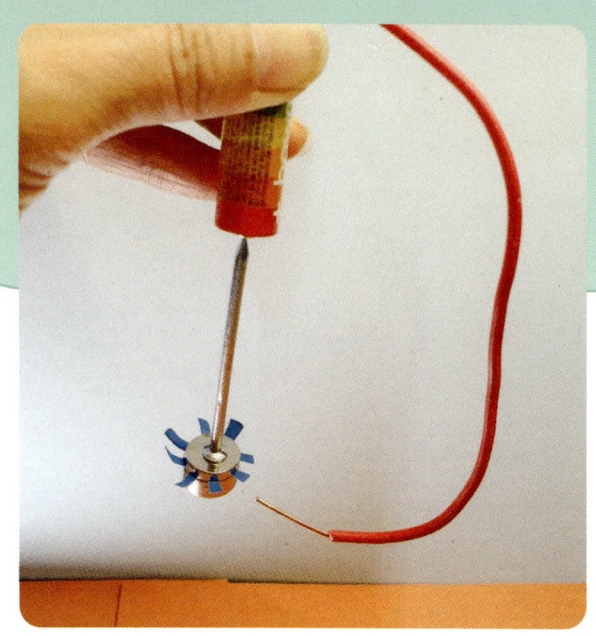

교과연계
6학년 2학기 1단원 〈전기의 이용〉 심화

핵심용어
전기와 자기, 전동기

준비물
네오디뮴 자석(지름 1.5cm) 2개, 피복전선(지름 0.1cm, 길이 10cm), AA건전지, 가위, 색종이, 스테이플러

이렇게 실험해요

1. 색종이에 '네오디뮴 자석 지름+2cm' 크기의 원을 그리고, 안쪽에 지름 1cm의 작은 원을 추가로 그려주세요.

2. 원의 중심을 지나는 4개의 선을 그려 원을 8등분한후 날개모양으로 오립니다.
   💡 TIP 내부의 작은 원까지 가위집을 내 8개의 날개를 만듭니다.

3. 피복전선 양쪽 끝부분 1~2cm 정도를 스테이플러에 넣어 피복을 제거해주세요.
   💡 TIP 심을 뺀 스테이플러에 필요한 길이만큼 전선을 끼우고 꽉 누른 채 잡아당기면 피복이 간단히 제거됩니다.

4. 종이 날개를 두 개의 네오디뮴 자석 사이에 넣고 두 자석을 붙여주세요.

5. 네오디뮴 자석에 못의 머리 부분을 붙이고 못의 뾰족한 부분은 AA 건전지의 (+)극에 붙여주세요.

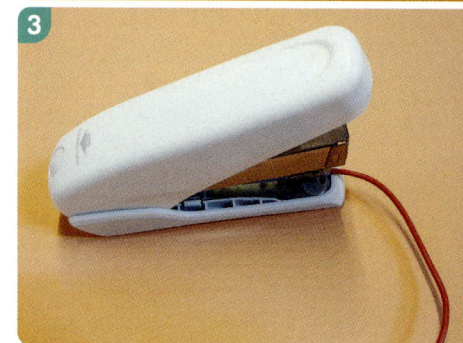

6 3의 피복전선을 C자형으로 살짝 구부린 후 한쪽 끝은 건전지의 (-)극에, 다른 한쪽 끝은 네오디뮴 자석에 가져다 댑니다.

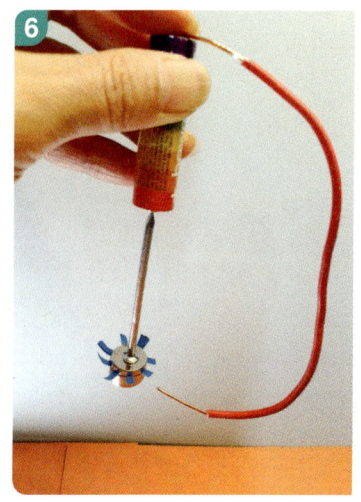

Q 네오디뮴 자석에 붙은 종이 날개는 어떻게 되나요? 날개의 회전 속도를 높이려면 어떻게 하면 좋을까요?

어떻게 될까요?

1 못에 달린 종이 날개가 선풍기나 팽이처럼 빙글빙글 회전합니다.

2 네오디뮴 자석의 수를 늘리거나 전압이 높은 건전지를 사용하면 종이 날개는 더 빨리 회전합니다.

3 건전지의 극이 바뀌면 종이 날개의 회전 방향도 바뀝니다.

실험 속 과학원리

전류와 자기장

전류가 흐르는 전선 주변에는 전류의 흐름에 직각 방향으로 자기장이 생깁니다. 전류가 만든 자기장과 자석이 만든 자기장은 서로 영향을 미칩니다. 건전지 (-)극에 연결한 전선 한쪽을 네오디뮴 자석에 갖다 대는 순간 전류가 흐르면서 서로 힘을 받게 됩니다. 이 힘에 의해 자석이 회전 운동을 하며 종이 날개가 회전을 하게 됩니다. 이렇게 전기 에너지를 운동 에너지로 변환시켜 회전 운동을 하도록 하는 것이 전동기의 기본 원리입니다.

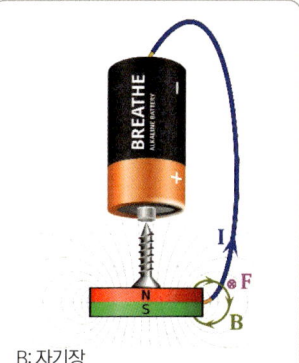

B: 자기장
F: 힘-자석이 회전하는 방향을 나타냄
I: 전류

➕ 이것도 알아두세요

1 자석이 힘을 받는 방향은 자기장, 전류의 방향과 각각 직각(90°)을 이루는 방향입니다.

2 못에 매달린 자석의 회전 속도를 증가시키려면 전선에 작용하는 자기력을 강하게 하거나 전류의 세기를 강하게 해야 합니다.

3 자기장 내에 있는 구리선에 전류가 흐르면 구리선이 회전 운동을 하지만, 반대로 구리선 주변의 자기장을 변화시키면 구리선에 전류가 흐르게 됩니다.

개념 확인 Quiz

① 전류가 흐르는 전선 주변에는 전류의 흐름에 직각 방향으로 _____ 이 생깁니다.

② 못에 매달린 자석의 회전 속도를 증가시키려면 전선에 작용하는 (마찰력, 자기력)을 강하게 해야 합니다.

068 건전지로 만드는 자석

필요할 때만 자석이 되고 그렇지 않을 때는
그 성질이 사라지는 내 맘대로 자석을 만들어 봐요.

| 교과연계 |
| 6학년 2학기
1단원 〈전기의 이용〉 심화 |
| 핵심용어 |
| 전기와 자기, 전자석 |
| 준비물 |
| 쇠못(9~10cm) 2개, 에나멜선(굵기 0.5mm, 길이 100cm) 1개, 건전지(AA 또는 C size, 1.5V), 가위나 펜치, 라이터, 칼이나 사포, 절연 테이프, 클립 |

 이렇게 실험해요

1. 에나멜선을 쇠못에 20번 감아주세요. 양 끝 2cm 정도를 사포 또는 칼로 긁어 코팅을 제거합니다.
   > 💡**TIP** 구리선에 투명 페인트인 에나멜을 바른 것을 에나멜선이라고 합니다. 시중에 파는 구리선은 대부분 에나멜선입니다.

2. 선의 양쪽 끝은 작은 원모양으로 둥글리고, 못을 건전지에 절연 테이프로 고정합니다.

3. 선의 양 끝을 건전지의 (+)극과 (-)극에 각각 대고 선이 건전지의 극에서 떨어지지 않도록 절연테이프로 단단히 고정해주세요.
   > 💡**TIP** 1.5V건전지는 전압이 약해 맨손으로 눌러도 괜찮습니다. 불편하다면 장갑을 끼어도 됩니다.

4. 클립을 3의 쇠못에 가까이 가져갑니다.
   > **Q** 쇠못에 클립이 달라붙었나요?

5. 이번에는 선을 30~40번 정도로 더 촘촘하게 감은 후 실험을 반복합니다.
   > **Q** 달라붙은 클립의 수는 어떻게 달라졌나요?

1
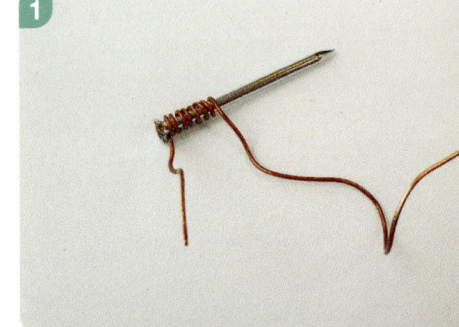

4

6 1.5V가 아닌 3V나 4V 건전지를 사용해 실험해보세요.
  Q 달라붙는 클립의 수는 어떻게 달라지나요?

 어떻게 될까요?

1 에나멜선(구리선)을 감은 쇠못의 양쪽 끝부분에 클립이 달라붙습니다.

2 에나멜선(구리선)을 더 촘촘히 감은 쇠못에 클립이 더 많이 달라붙습니다.

3 3V 또는 4V로 전압이 높아지면 쇠못에 클립이 더 많이 달라붙습니다.

실험 속 과학원리

전자석

쇠못에 에나멜선(구리선)을 감고 전류를 흐르게 하여 자석의 성질을 띠게 한 것을 '전자석'이라고 합니다. 전자석은 전선에 전류를 흘려주면 자기장이 발생되는 원리를 이용하여 만든 자석입니다. 전자석도 일반 자석처럼 두 개의 극이 있고 쇠붙이가 붙지만, 전자석은 자석의 극과 세기를 바꿀 수 있고 전류가 흐를 때만 자석의 성질을 띱니다.

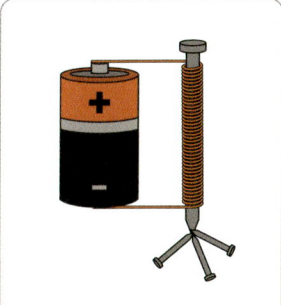

이것도 알아두세요

1 전자석의 세기는 구리선의 감는 횟수, 건전지의 전압, 선의 굵기, 못의 종류에 따라 달라집니다.

2 전자석의 세기는 못에 붙는 클립이나 핀의 개수를 비교하면 알 수 있습니다.

개념 확인 Quiz

① 전선에 전류가 흐르면 자석의 성질을 띠게 되는 것을 이용하여 만든 자석을 _____이라고 합니다.

② 전자석도 일반 자석처럼 두 개의 극이 있고 쇠붙이가 붙지만 전자석은 자석의 _____과 _____를 바꿀 수 있습니다.

069 정전기로 풍선 붙이기

천장이나 벽에 풍선을 붙여 풍선 장식을 해볼까요?
풀이나 테이프 없이도 풍선을 벽이나 천장에 붙여 놓을 수 있답니다.

교과연계
6학년 2학기
1단원 〈전기의 이용〉 심화

핵심용어
정전기, 마찰전기

준비물
풍선 여러 개, 풍선 펌프, 털이 달린 옷이나 천(머리카락, 니트류, 코트 등도 가능)

이렇게 실험해요

1. 풍선을 원하는 크기로 분 후 입구를 묶어요.
2. 풍선을 옷을 입은 자신의 배나 어깨에 붙여보세요. 벽에도 붙여보세요.
   Q 풍선은 어떻게 되나요?
3. 풍선을 털옷이나 헝겊, 머리카락 등에 10~20회 정도 비빕니다.
4. 마찰시킨 3의 풍선을 배나 어깨에 붙여보세요.
   Q 풍선은 어떻게 되나요?
5. 마찰시킨 3의 풍선을 벽이나 천장에 붙여보세요.
   Q 풍선은 벽이나 천장에 잘 붙었나요?
6. 풍선의 수를 늘려 벽이나 천장 가득 풍선을 붙여 장식해 보세요.
   TIP 풍선이 떨어지면 다시 여러 번 마찰한 후 붙입니다.

 **어떻게 될까요?**

1 공기만 불어넣은 풍선은 몸이나 벽에 잘 달라붙지 않습니다.

2 풍선을 헝겊이나 머리카락에 문지르면 몸이나 벽, 천장에 달라붙습니다.

3 여러 번 문지를수록 더 잘 달라붙습니다.

실험 속 과학원리

정전기와 전류

정전기는 물체 위에 정지하고 있는 전기를 말합니다. 전기가 물체를 통해 이동하면 이를 전류라고 합니다. 물체끼리 마찰을 시켜 생긴 마찰전기도 정전기에 속합니다. 풍선을 옷에 붙이면 그냥 떨어지지만 옷이나 털가죽에 마찰시키면 옷이나 벽에 달라붙게 됩니다. 이렇게 물체가 전기를 띠게 되는 현상을 '대전', 전기를 띠게 된 물체는 '대전체'라고 합니다.

➕ 이것도 알아두세요

1 물질을 구성하는 기본 입자는 원자입니다. 원자의 중심에는 (+)전하를 가진 원자핵이 있고 그 주위에는 (-)전하를 띤 전자들이 분포합니다.

2 원자는 (+)전하량과 (-)전하량이 같은 중성 상태이므로 우리 주변의 물체는 대부분 전기적으로 중성 상태에 있습니다.

3 물체가 대전되는 것은 두 물체를 마찰시킬 때 이 두 물체 사이에 전기를 띤 알갱이(전자)가 이동하기 때문입니다. 물체를 서로 마찰시키면 원자핵에 비해 움직임이 자유로운 전자들이 다른 물체로 이동하게 됩니다.

개념 확인 Quiz

① 전기를 띤 알갱이가 물체의 표면에 머물러 정지해 있는 전기를 _____ 라고 합니다.

② 물체가 전기를 띠게 되는 현상을 _____, 전기를 띤 물체는 _____ 라고 합니다.

070 자석처럼 밀고 당기는 풍선

같은 극끼리는 서로 밀어내고 다른 극끼리는 서로 끌어당기는
자석처럼 서로 밀고 당기는 풍선을 만들어봐요.

교과연계
6학년 2학기
1단원 〈전기의 이용〉 심화

핵심용어
정전기, 전기력

준비물
풍선 3개, 풍선 펌프, 털옷 또는 털목도리, 비닐 뽁뽁이 (또는 비닐봉지), 실 2m, 막대기(1~2m), 의자 2개

이렇게 실험해요

1. 서로 다른 색깔의 풍선 3개를 비슷한 크기로 불어주세요.

2. 의자 두 개를 1.5m 정도 떨어뜨리고 그 사이에 막대를 걸칩니다.

3. 각 풍선을 30cm 길이의 실에 묶은 후 5~10cm 정도의 간격으로 2의 막대에 매답니다. 이때 풍선의 높이는 서로 비슷하게 맞춥니다.
   - Q 3개의 풍선들이 간격을 유지한 채 매달려 있나요?

4. 서로 가까이 있는 풍선 A와 B를 털옷으로 각각 10~20회 정도 문질러주세요.
   - Q 풍선 A와 B는 어떻게 움직이나요?

5. 풍선 B에 가까이 있는 또 다른 풍선 C를 비닐 뽁뽁이로 문질러주세요.
   - Q 풍선 B와 C는 어떻게 움직이나요?

어떻게 될까요?

1 마찰시키지 않은 풍선들은 막대에서 간격을 유지한 채 바람에 의해서만 조금씩 흔들립니다.

2 털로 문지른 풍선 A와 B는 서로 밀어내며 멀어집니다.

3 털로 문지른 풍선 B와 비닐로 문지른 풍선 C는 서로 가까이 달라붙습니다.

4 마찰에 의해 정전기를 띠게 된 풍선들 사이에는 자석처럼 서로 잡아당기는 힘(인력)과 서로 밀어내는 힘(척력)이 작용하고 있습니다.

실험 속 과학원리

전기력

전기를 띤 물체 사이에 작용하는 힘을 '전기력'이라고 합니다. 전기력은 자기력과 마찬가지로 인력과 척력이 작용합니다. 전기에는 (+)와 (-) 두 가지 성질의 전기가 존재합니다. (+)와 (+), (-)와 (-)처럼 같은 전기를 띠는 물체들 사이에는 서로 밀어내는 척력이, (+)와 (-)처럼 다른 전기를 띤 물체들 사이에는 서로 잡아당기는 인력이 작용합니다.
털로 문지른 풍선은 둘 다 (-)전기를 띠게 되어 두 풍선 사이에는 밀어내는 힘인 척력이 작용합니다. 풍선을 각각 털과 비닐로 문지른 경우, 털로 문지른 풍선은 (-)를, 비닐로 문지른 풍선은 (+)전기를 띠게 되어 두 풍선 사이에는 인력이 작용하게 됩니다.

➕ 이것도 알아두세요

1 물체를 문지르면 마찰에 의해 열이 발생하고 이때 에너지를 얻은 전자는 다른 물체로 이동합니다.

2 이때 전자를 잃은 물체는 전체적으로 (+)전기를 띠게 되고, 전자를 얻은 물체는 (-)전기를 띠게 됩니다.

3 물질에 따라 전자를 주로 가져오는 물질과 잃는 물질이 있습니다. 털가죽은 풍선에 비해 전자를 잃는 성질이 강해 털가죽에 문지른 풍선은 전자를 얻게 되어 (-)전기를 띠게 됩니다. 반면 비닐은 전자를 얻는 성질이 강해 비닐과 마찰시킨 풍선은 전자를 잃어 (+)전기를 띠게 됩니다.

개념 확인 Quiz

1 전기를 띤 물체 사이에 작용하는 힘을 ＿＿＿＿＿＿＿＿＿＿이라고 합니다.

2 전기력에는 같은 극끼리 서로 밀어내는 (척력, 인력)과 다른 극끼리 서로 잡아당기는 (척력, 인력)이 있습니다.

071 정전기로 떠다니는 비닐 해파리

비닐봉지와 풍선을 이용하여 거실을 떠다니는 해파리를 만들어 봐요.
정전기를 이용하면 간단해요.

교과연계
6학년 2학기 1단원 〈전기의 이용〉 심화

핵심용어
정전기, 전기력

준비물
풍선, 털가죽이나 스웨터, 비닐봉지, 가위

 이렇게 실험해요

🪼 비닐 해파리 만들기

1. 비닐봉지 중간을 2.5cm 두께로 잘라 동그란 고리를 하나 만들어주세요.
   - **TIP** 비닐봉지는 A4 크기보다 작은 것을 사용해주세요.
2. 1의 비닐봉지 고리를 반으로 접어주세요.
3. 2의 한쪽 끝을 0.5cm 정도 잡고 나머지 부분을 0.3~0.5cm 두께로 여러 번 잘라주세요.
4. 3을 털어 펼쳐 해파리 모양이 나오도록 해주세요.

🪼 공중에 띄우기

5. 풍선을 불어 입구를 묶은 후 비닐 해파리와 풍선을 털옷에 여러 번 문질러주세요.
6. 비닐 해파리를 공중에 던진 후 풍선을 해파리 아래에 가까이 가져가보세요.
   - **Q** 비닐 해파리는 어떻게 되나요?

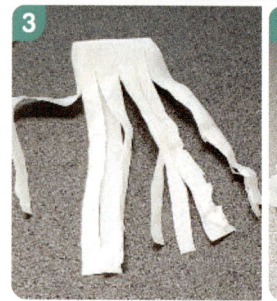

7 비닐 해파리를 따라다니며 풍선을 가까이 해 오랫동안 떠다닐 수 있게 해 보세요. 직접 접촉하지는 않고 가까이만 해주세요.

8 비닐 해파리를 벽에 붙이고 풍선을 가까이 해보세요.

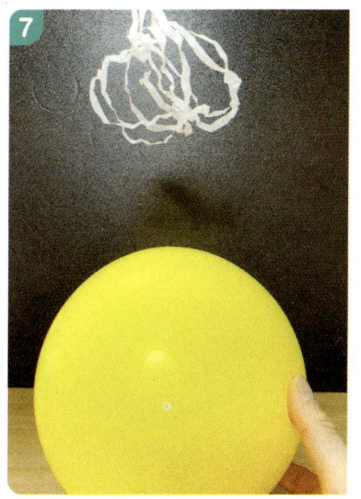

어떻게 될까요?

1 비닐 해파리는 정전기 풍선이 접근하면 풍선으로부터 멀어지며 위로 올라갑니다.

2 비닐 해파리는 풍선이 다가가는 쪽의 비닐이 밀리며 여러 가지 모양으로 변해서 날아다닙니다.

3 벽에 붙인 비닐 해파리는 풍선이 다가가면 문어가 도망치는 것처럼 스멀스멀 벽을 타고 이리저리 움직입니다.

실험 속 과학원리

전기력과 대전열

마찰에 의해 발생한 정전기를 '마찰전기'라고 합니다. 풍선과 비닐을 같은 털옷에 비비면 두 물체는 같은 종류의 전기를 띠게 됩니다. 물체가 전기를 띠게 되는 것을 '대전'이라고 합니다. 같은 종류의 전기로 대전된 물체끼리는 서로 밀어내는 힘인 척력이 작용하므로 가벼운 비닐로 만들어진 해파리는 하늘에 떠 있게 됩니다. 어떤 물체가 어떤 종류의 전기를 띠게 될 것인가 하는 것은 대전되는 순서, 즉 대전열을 보면 알 수 있습니다.

➕ 이것도 알아두세요

1 어떤 물체를 마찰할 때 전자를 잃기 쉬운 순서대로 나열한 것을 대전열이라고 합니다.

⬅ 털가죽 유리 명주 고무 플라스틱 에보나이트 ➡

(+)전하로 대전되기 쉬움　　　　　　　(-)전하로 대전되기 쉬움

2 털가죽은 (+)로 대전되기 가장 쉽고, 에보나이트는 (-)로 대전되기 가장 쉬운 물질입니다.

3 털가죽은 다른 물체와 마찰해서 쉽게 전자를 잃게 되어 (+)전기를 띠게 되고, 털가죽과 마찰한 물체들은 (-)전기를 띠게 됩니다.

4 같은 물체라도 어떤 물체와 마찰하느냐에 따라 대전되는 전기의 종류가 달라집니다. 풍선은 털가죽과 마찰하면 (-)로 대전되고 비닐봉지와 마찰하면 (+)로 대전됩니다.

개념 확인 Quiz

① 어떤 물체를 마찰할 때 전자를 잃기 쉬운 순서대로 나열한 것을 _____ 이라고 합니다.

② 전자를 쉽게 잃어 (+)로 대전되기 가장 쉬운 물질은 (털가죽, 에보나이트)입니다.

072 은빛 구슬 정전기봉

퐁퐁 튀어 오르는 은빛 구슬 정전기봉을 만들어봐요.
은빛 구슬들이 페트병 안에서 팝콘처럼 이리저리 튀어 오르는 재미있는 장면을 볼 수 있답니다.

교과연계
6학년 2학기 1단원 〈전기의 이용〉 심화

핵심용어
정전기 발생과 정전기 방전

준비물
500ml 투명 페트병, 쿠킹호일, 풍선, 털가죽이나 스웨터

이렇게 실험해요

1. 500ml 페트병을 물기 없이 잘 말려 준비합니다.
2. 3×3cm 크기로 자른 쿠킹호일을 동글동글 말아 구슬처럼 만듭니다. (총 20~30개)
3. 페트병 안에 2의 구슬들을 넣고 뚜껑을 닫은 후 병을 흔들어 구슬이 골고루 퍼지게 합니다.
4. 풍선을 불어 묶은 후 페트병에 가까이 가져갑니다.
   Q 호일 구슬들이 어떻게 되나요?
5. 페트병의 한쪽 옆면과 풍선을 각각 털가죽으로 비빕니다.
6. 페트병을 들고 풍선을 가까이 가져갑니다.
   Q 호일 구슬들이 어떻게 움직이나요?
7. 페트병에 손가락을 1~2초 정도 접촉한 후 풍선을 다시 가까이 해보세요.
   Q 호일 구슬들이 어떻게 되나요?

어떻게 될까요?

1 마찰하지 않은 풍선을 가까이 하면 페트병 안은 아무런 변화가 없습니다.

2 페트병과 풍선을 털가죽으로 마찰한 후 풍선을 페트병에 가까이 하면 호일 구슬들이 튀어 오릅니다.

3 페트병에 손가락을 댄 후 풍선을 페트병에 가까이 하면 호일 구슬들은 잘 튀어 오르지 않습니다.

실험 속 과학원리

정전기 발생과 정전기 방전

풍선과 털가죽을 마찰하면 전자를 잃기 쉬운 털가죽은 (+)전기로 대전되고 풍선은 (−)전기로 대전됩니다. 페트병과 털가죽을 마찰하면 페트병에 접촉해 있는 호일 구슬들도 (−)전기로 대전됩니다. 같은 종류의 전기는 서로 밀어내는 힘인 척력이 작용하므로 풍선을 가까이 가져가면 호일들이 팝콘처럼 위로 튀어 오르게 됩니다. 그러나 손가락을 페트병에 접촉하면 (−)전기를 띤 호일 구슬의 전자가 손가락을 타고 이동해 전기적 성질을 잃게 되어 풍선을 가까이 가져가도 잘 튀어 오르지 않게 됩니다.

➕ 이것도 알아두세요

1 정전기는 건조한 환경에서 잘 발생합니다. 집안의 습도를 높여주면 정전기 발생을 예방할 수 있습니다.

2 대전된 물체가 다른 물체와 접촉해 전기적 성질을 잃게 되는 것을 '방전'이라고 합니다.

3 번개는 지면과 하늘 사이에 발생하는 정전기로 인해 발생합니다.

개념 확인 Quiz

① 털가죽은 전자를 쉽게 잃어 ((+), (−)) 전기로 대전되고, 털가죽과 마찰한 물체는 전자를 얻게 되어 ((+), (−)) 전기로 대전됩니다.

② 정전기를 띤 물체에 손가락을 갖다대면 물체는 전기적 성질을 잃게 되는데, 이를 _____ 이라고 합니다.

073 정전기로 움직이는 털실 코브라

피리를 불면 바구니에서 나와 춤을 추는 코브라처럼 실 한 가닥을 손대지 않고 이리저리 춤추며 위로 위로 올라오게 해봐요.

교과연계
6학년 2학기
1단원 〈전기의 이용〉 심화

핵심용어
전기력, 정전기 유도

준비물
털실 뭉치(또는 일반 실뭉치), 플라스틱 막대(또는 플라스틱 자), 털가죽이나 스웨터

 이렇게 실험해요

1. 실뭉치에서 실 한 가닥을 15cm 정도 풀어 바닥에 놓고 플라스틱 막대를 가까이 가져갑니다.
   Q 실이 움직이나요?

2. 플라스틱 막대를 털가죽에 20번 문지른 후 실 끝에 가까이 가져갑니다. 플라스틱 막대를 상하좌우로 움직여보세요.
   Q 실이 막대를 따라 움직이나요?

3. 플라스틱 막대를 털가죽에 50번 문지른 후 2번 과정을 반복합니다.
   Q 20번 문질렀을 때와 차이가 있나요?

4. 플라스틱 막대를 실에 가까이, 또 멀리해보세요.
   Q 어떤 경우에 실이 더 잘 따라 움직이나요?

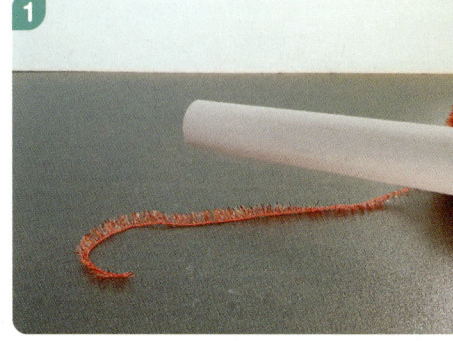

 **어떻게 될까요?**

1 마찰하지 않은 플라스틱 막대를 가까이 하면 털실은 움직이지 않습니다.

2 털가죽에 마찰시킨 플라스틱 막대를 가까이 하면 실이 막대를 따라 움직입니다.

3 마찰을 많이 하고, 가깝게 할수록 털실은 막대를 따라 더 잘 움직입니다.

실험 속 과학원리

정전기 유도

전기를 띤 물체(대전체)를 다른 물체에 가까이하면 그 물체도 전기를 띠게 됩니다. 직접 마찰하지 않아도 물체에 전기가 유도되는 현상을 '정전기 유도'라고 합니다. 대전체와 가까운 쪽은 대전체와 다른 종류의 전기를, 반대쪽에는 같은 종류의 전기를 띠게 됩니다. 즉 (-)로 대전된 플라스틱 막대를 가까이하면 플라스틱 막대 가까운 쪽은 (+)로 먼 곳은 (-)로 대전됩니다.

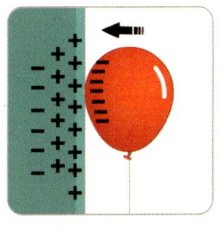

➕ 이것도 알아두세요

1 전기적으로 중성인 물체에 (-)로 대전된 막대를 가까이 하면 (-)전기를 띤 전자들이 밀려나게 됩니다.

2 전자가 밀려난 곳은 (+)전기를 띤 입자의 수가 더 많게 되어 (+)전기를 띠게 됩니다.

3 정전기가 유도된 물체와 막대는 서로 다른 극이 마주보게 되어 두 물체 사이에는 인력이 작용하게 됩니다.

4 따라서 정전기가 유도된 물체는 대전체를 따라 움직이게 됩니다.

5 전기: 전기적 에너지. (+)전기와 (-)전기
전하: 전기적 성질. (+)전하와 (-)전하
전자: 원자 안에 있는 소립자. (-)전하를 가지고 있음.

개념 확인 Quiz

① 마찰을 하지 않아도 물체에 전기가 유도되는 현상을 _____ 라고 합니다.

② 전기적으로 중성인 물체에 (-)로 대전된 물체를 가까이하면 대전체와 가까운 쪽은 ((+)전기, (-)전기)를 띠게 됩니다.

074 손대지 않고 깡통 굴리기

손을 대지 않고 정전기를 이용해 깡통 굴리기 시합을 해보세요.
깡통 앞에 휴지심을 세워 누가 먼저 넘어뜨리나 시합을 해도 좋아요.

교과연계
6학년 2학기
1단원 〈전기의 이용〉 심화

핵심용어
정전기 유도

준비물
깡통(알루미늄캔), 연필, 뚜껑 있는 페트병, 풍선 또는 플라스틱 막대, 털가죽이나 스웨터

이렇게 실험해요

깡통 굴리기

1. 빈 깡통을 평평한 바닥에 놓고 풍선을 가까이 가져갑니다.
   Q 깡통은 어떻게 되나요?

2. 풍선을 털가죽에 마찰한 후 깡통에 가까이 가져다 댑니다.
   Q 깡통은 어떻게 되나요?

연필 돌리기

3. 페트병 위에 연필을 올리고 털가죽에 마찰한 풍선을 연필 가까이 가져간 후 옆으로 천천히 움직여 보세요.
   Q 연필은 어떻게 되나요?

4. 풍선을 연필에서 멀리 가져가 보세요.
   Q 연필은 어떻게 되나요?

 **어떻게 될까요?**

1 마찰하지 않은 풍선을 가까이 하면 깡통이나 연필은 정지해 있습니다.

2 털가죽에 마찰한 풍선을 깡통에 가까이 하면 깡통이 굴러갑니다. 풍선을 떼지 않고 일정하게 가까이 하고 있으면 깡통이 점점 더 빠르게 굴러갑니다.

3 털가죽에 마찰한 풍선을 페트병 위 연필 근처에서 움직이면 연필은 빙그르르 돌기 시작합니다.

4 털가죽에 마찰한 풍선을 페트병에서 멀리하면 연필은 정지해 있게 됩니다.

실험 속 과학원리

정전기 유도

물체에는 전기가 잘 통하는 '도체'와 전기가 잘 통하지 않는 '부도체'가 있습니다. 도체에는 구리, 철, 금, 은과 같은 금속이 있고, 부도체에는 유리, 고무, 플라스틱과 같은 물질이 있습니다. 도체에는 자유롭게 이동할 수 있는 전기 알갱이(전자)가 많습니다. 도체와 부도체 모두 대전체를 가까이하면 정전기가 유도되었다가 대전체를 치우면 원래 상태로 되돌아갑니다. 깡통(알루미늄캔)은 도체에 정전기가 유도된 현상이고, 연필은 부도체에 정전기가 유도된 현상입니다.

➕ 이것도 알아두세요

1 연필 같은 부도체에서의 정전기 유도는 원자 내의 전자가 대전체로부터 전기력을 받아 원래의 위치에서 조금씩 벗어나 재배열되어 일어납니다.

2 정전기를 만드는 방법에는 마찰전기와 정전기 유도가 있습니다.

개념 확인 Quiz

1 전기가 잘 통하는 물체를 _____, 전기가 잘 통하지 않은 물체를 _____ 라고 합니다.

2 알루미늄캔은 (도체, 부도체)이고, 연필은 (도체, 부도체)입니다.

075 저절로 휘어지는 물

정전기를 이용해 재미있는 놀이를 해볼까요?
물을 휘게 하고 나비를 훨훨 날갯짓하게 하는 마법을 펼쳐봐요.

교과연계
6학년 2학기 1단원 〈전기의 이용〉 심화

핵심용어
정전기 유도

준비물
풍선, 털가죽이나 스웨터, 냅킨 또는 티슈 2장, 종이컵, 가위

 이렇게 실험해요

💧 저절로 휘어지는 물

1 수도물이 가늘게 나오도록 물줄기를 조절합니다.

2 풍선을 털가죽에 마찰한 후 물줄기에 가까이 가져갑니다.
   Q 물줄기가 어떻게 되나요?

3 풍선을 물줄기에 가까이 해보고 멀리도 해보세요.
   Q 물줄기가 어떻게 달라지나요?

💧 나비 훨훨

4 얇은 냅킨이나 티슈를 2장 겹친 후 반을 접어 나비의 반쪽을 그립니다.
   💡TIP 색종이를 이용해도 됩니다. 되도록 가벼운 종이를 사용해주세요.

5 나비를 모양대로 오린 후 펼칩니다.

6 나비를 종이컵 위에 떨어지지 않게 올려 놓습니다.

7 풍선을 털가죽에 마찰한 후 나비 날개 근처에 가져가 위아래로 움직여보세요.

🔬 어떻게 될까요?

1 털가죽에 마찰한 풍선을 가늘게 흐르는 물에 가까이 하면 물줄기가 풍선을 따라 휩니다.

2 털가죽에 마찰한 풍선을 나비 날개 가까이에서 위아래로 움직이면 나비 날개도 위아래로 움직입니다.

3 풍선을 물줄기나 나비에서 멀리하면 물줄기는 휘지 않게 되고 나비 날개도 움직이지 않게 됩니다.

 실험 속 과학원리

정전기 유도

전기를 띤 대전체를 가까이 하면 물체에는 정전기가 유도됩니다. 나비와 물에도 정전기가 유도되어 대전체에 끌려와 물줄기는 휘고 나비는 날갯짓을 하게 됩니다.

➕ **이것도 알아두세요**

1 정전기가 유도되기 위해서는 이미 전기를 띠고 있는 대전체가 필요합니다.

2 도체보다는 종이나 플라스틱, 고무 같은 부도체에서 정전기가 더 잘 발생합니다.

3 부도체에 정전기가 더 잘 발생하는 이유는 도체는 대전체가 없어지면 빠르게 원래의 상태로 돌아오지만, 부도체는 원래의 상태로 빠르게 돌아오지 못하기 때문입니다.

개념 확인 Quiz

① 물줄기 휘기, 나비 날갯짓은 모두 _____ 를 이용한 정전기 현상입니다.

② 도체보다는 _____ 에서 정전기가 더 잘 일어납니다.

076 색종이와 쿠킹호일의 높이뛰기

색종이와 쿠킹호일, 그리고 풍선만 있으면 재미있는 높이뛰기 시합을 펼칠 수 있어요.
누가 누가 더 높이, 더 오래 뛸까요?

교과연계
6학년 2학기 1단원 〈전기의 이용〉 심화

핵심용어
정전기 유도

준비물
양면 색종이 3~4장, 펀치, 쿠킹호일, 풍선(긴 것 1개, 동근 것 1개), 털가죽

이렇게 실험해요

⚡ 색종이 높이뛰기

1 여러 색깔의 색종이 2~3장을 겹쳐 펀치로 구멍을 뚫어 동그라미 조각들을 만듭니다.

2 색종이 알갱이들을 바닥에 넓게 펼친 후 털가죽에 마찰한 길쭉한 풍선을 가까이 가져갑니다.
  Q 동그란 색종이 알갱이들은 어떻게 되나요?

⚡ 쿠킹호일 높이뛰기

3 쿠킹호일을 여러 모양으로 조각조각 자르거나 찢어 놓습니다. 길이는 2cm를 넘지 않게 해주세요.

4 쿠킹호일 조각을 바닥에 넓게 펼친 후 털가죽에 마찰한 풍선을 가까이 가져갑니다.
  Q 호일 조각들은 어떻게 되나요?

어떻게 될까요?

1 마찰한 풍선을 가까이 하면 색종이는 풍선의 움직임에 따라 따라 움직이기도 하고 날아올라 풍선에 달라붙기도 합니다.

2 마찰한 풍선을 쿠킹호일 조각 근처에 가까이 하면 호일 조각들이 벌떡 일어서거나 점프해서 날아올라 튕겨 나가거나 일부는 풍선에 달라붙기도 합니다.

3 색종이가 쿠킹호일에 비해 더 오랫동안 전기적 성질을 유지합니다.

실험 속 과학원리

정전기 유도

마찰전기에 의해 대전된 풍선은 색종이와 쿠킹호일 조각에 전기를 띠게 합니다. 직접 마찰해서 전기를 띤 것이 아니라 대전된 물체에 의해 간접적으로 전기를 띠게 되는 정전기 유도 현상이 발생합니다. 이때 부도체인 색종이는 도체인 알루미늄 쿠킹호일보다 더 오래 전기적 성질을 유지합니다.

➕ 이것도 알아두세요

1 셀프 주유소에 가면 정전기 방지용 패드가 있습니다. 이는 정전기로 인해 주유 중 화재가 발생하는 것을 막기 위한 것입니다.

2 손가락으로 터치해서 정보를 입력하는 스마트폰의 터치 스크린은 손가락으로 전자가 이동하는 정전기 유도 방식을 사용합니다.

개념 확인 Quiz

① (도체, 부도체)인 색종이는 (도체, 부도체)인 알루미늄 쿠킹호일보다 더 오래 전기적 성질을 유지합니다.

Part5

생물의 생활과 기능

077 물고기의 부력

물고기는 자유롭게 헤엄치며 물속에서 떠올랐다 가라앉았다 합니다.
물고기가 물속에서 떴다 가라앉았다 할 수 있는 것은 무엇 때문일까요?

교과연계
3학년 2학기
3단원 〈동물의 생활〉 심화

핵심용어
물고기의 생활, 부레

준비물
비닐봉지나 클리어 파일 속지(A4 크기) 4장, 유성매직, 백 원짜리 동전 2개, 작은 풍선, 큰 대야나 욕조, 물, 가위, 칼, 셀로판테이프, 글루건, 인형 눈알

 이렇게 실험해요

1. 비닐봉지나 클리어 파일 속지 위에 유성매직으로 물고기를 그립니다. 뒤집어서 반대편도 똑같이 그려주세요. (총 2마리)
   💡TIP 풍선을 넣어야 하니 되도록 크게 그립니다.

2. 1을 모양대로 오린 후 등을 제외한 앞뒷면을 테이프로 붙여주세요.
   💡TIP 너무 꼼꼼하게 붙이지 않아도 됩니다. 형태를 잘 유지할 수 있을 정도로만 붙여주세요.

3. 눈 아래쪽 몸통 부분에 빗금(////) 모양으로 칼집을 내 아가미를 만들어주세요.
   💡TIP 칼집을 내면 그 부분이 벌어져 진짜 아가미처럼 물이 들어갑니다.

4. 물속에서 중심을 잘 잡도록 백 원짜리 동전을 물고기의 배 가운데 부분에 붙입니다.

5. 물고기 한 마리는 탁구공 크기로 불어 묶은 풍선을 넣고, 다른 한 마리는 한 번 불었다 바람을 뺀 풍선을 구겨 넣고 물고기 형태를 잡은 후 등을 테이프로 붙여주세요.

6 욕조나 큰 대야에 물을 받은 후 앞에서 만든 물고기들을 넣어주세요.
    물고기는 물속에서 어떻게 되나요?

7 물고기를 물속으로 꾹 눌렀다 놓아보세요.
    물고기는 어떻게 되나요?

어떻게 될까요?

1 공기가 들어 있는 풍선을 넣은 물고기는 아가미나 터진 틈 사이로 물이 들어와도 물 위에 계속 떠 있습니다.

2 공기가 들어 있는 풍선을 넣은 물고기는 물속으로 눌러도 물 위로 떠오릅니다.

3 공기가 빠진 풍선을 넣은 물고기는 아가미나 터진 틈 사이로 물이 들어오면 조금씩 가라앉습니다.

실험 속 과학원리

물고기의 뜨고 가라앉음

물고기가 물속에 들어갔다가 다시 올라올 때, 내부 공기량을 조절해 상하 이동을 돕는 기관을 부레라고 합니다. 부레는 일종의 질긴 주머니로 부레에 많은 공기가 들어오면 물고기는 물 위로 떠오르고 부레를 쭈그리면 물고기는 물 아래로 내려가게 됩니다. 이 실험에서 풍선은 부레와 같은 역할을 합니다.

이것도 알아두세요

1 부레의 공기는 물고기의 아가미 호흡을 통해 들어온 것을 사용하는 것입니다.

2 부레는 물고기가 물의 깊이에 따라 뜨고 가라앉게 하는 역할 외에 청각 또는 평형감각을 담당하며 때로 소리를 내는 데 쓰입니다.

3 모든 물고기가 부레를 갖고 있지는 않습니다. 상어나 가오리 같은 물고기는 부레가 없습니다.

개념 확인 Quiz

1 물고기가 물속에서 상하 이동할 수 있도록 물고기 내부의 공기량을 조절하는 기관을 _____ 라고 합니다.

2 물고기는 부레에 _____ 가 들어오면 위로 떠오릅니다.

▶▶ 정답은 권말에

078 조개화석 공룡화석 만들기

아주 오래전 지구에 살았지만 이젠 사라져서 볼 수 없는 생물들이 있다고 하네요.
그런 생물이 지구에 살았다는 것을 어떻게 알아낸 걸까요?

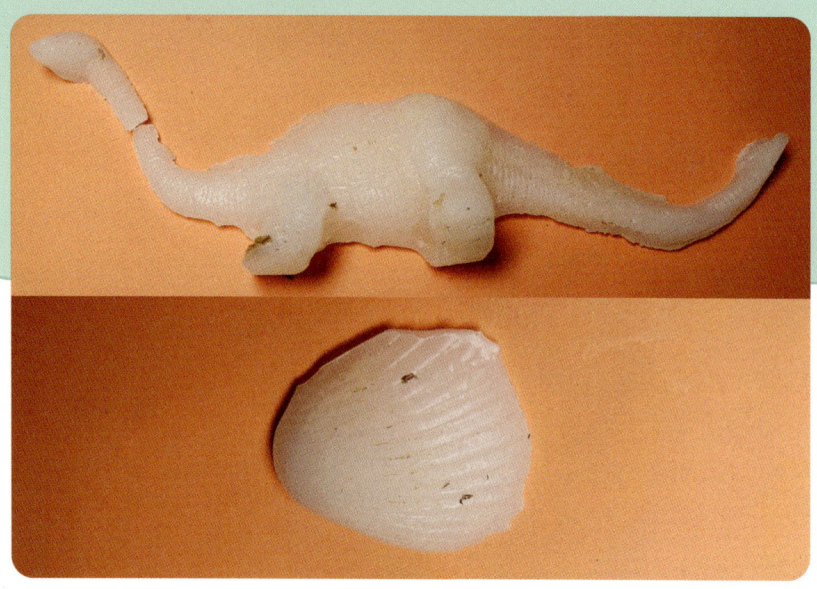

교과연계
4학년 1학기
2단원 〈지층과 화석〉 심화

핵심용어
화석

준비물
지점토(또는 찰흙) 2개, 양초
(긴 것) 2-3개, 공룡 모형 또
는 조개껍질, 일회용 접시,
냄비

 이렇게 실험해요

1 평평한 지점토 위에 조개껍질, 공룡 모형을 올리고 그 위에 다른 지점토를 덮은 후, 위의 지점토를 힘껏 눌러주세요.

2 위의 지점토를 들어내고 조개껍질, 공룡 모형을 떼어냅니다.
   Q 떼어낸 곳은 어떻게 되어 있나요?

3 양초를 토막내 냄비에 넣고 약불에서 투명하게 녹여주세요.

4 움푹 패인 자리에 양촛물을 조심스럽게 붓고 굳을 때까지 10~30분 정도 기다려 주세요.

5 지점토에서 굳은 양초를 떼어내고 모양을 관찰해보세요.
   Q 원래 모양과 똑같은가요?

6 나뭇잎이나 솔방울 등을 이용해서 다양한 화석을 만들어보세요.

 **어떻게 될까요?**

1 조개껍질, 공룡 모형을 떼어낸 곳에는 조개껍질, 공룡 모형의 모양과 무늬가 남아 있습니다.

2 조개껍질의 한쪽을 엎어놓고 누르면 아래쪽 지점토(지층)는 볼록하고 위쪽 지점토(지층)는 오목하게 들어간 조개 모양이 생깁니다.

3 굳은 양초를 떼어내면 원래의 모형과 비슷한 형태와 무늬를 가진 양초 모형이 만들어집니다.

실험 속 과학원리

화석

지질시대에 살던 동식물의 유해나 흔적을 화석이라고 합니다. 지질시대란 인류가 글로 역사를 기록하기 이전의 시대를 말하며 선캄브리아대, 고생대, 중생대, 신생대 등으로 구분됩니다. 이 때에 살던 생물체가 퇴적물 속에 파묻히고 이 생물체의 단단한 부분이 암석처럼 변하거나, 또는 녹아 없어진 후 빈 공간에 진흙 등의 물질이 채워지면서 화석이 만들어집니다.

⊕ 이것도 알아두세요

1 고생물이 살았던 지질시대를 밝히는 데 사용되는 화석을 표준화석이라고 합니다.

2 고생물이 살던 당시의 기후, 바다와 육지의 분포 등 당시의 자연환경을 알려주는 화석을 시상화석이라고 합니다.

3 고생물이 지층에 매몰되어 골격이나 껍질이 녹아 사라지고 겉모습과 똑같은 구멍만 남는 경우 이것을 몰드라고 하고, 이 빈 구멍이 채워져 입체적인 화석이 된 경우 이것을 캐스트라고 합니다.

개념 확인 Quiz

1 지질시대에 살던 동식물의 유해나 흔적을 _____ 이라고 합니다.

2 고생물이 살았던 지질시대를 밝히는 데 사용되는 화석을 _____ 이라고 합니다.

079 단풍 씨앗 부메랑

부메랑이 주렁주렁 열리는 나무인 단풍나무를 소개합니다.
단풍나무 씨는 정말 멀리 갔다 다시 돌아올까요?

교과연계
4학년 2학기
1단원 〈식물의 생활〉 심화

핵심용어
씨앗의 구조와 기능

준비물
단풍씨앗 4~5개, 셀로판테이프, 가위나 칼

이렇게 실험해요

1. 주변의 단풍나무에서 단풍 씨앗을 찾아보세요. 단풍 씨앗은 5월에서 가을까지 달려 있습니다.
   💡 **TIP** 단풍 씨앗은 봄에는 연해서 조금 단단해진 여름과 가을철 씨앗이 좋아요.

2. 크기가 크고 좌우 대칭이 잘 이루어진 단풍 씨앗 4~5개를 고릅니다.

3. 단풍 씨앗을 위에서 아래로 떨어뜨리거나 아래에서 위로 던져 떨어지는 모습을 살펴보세요.
   Q 단풍 씨앗은 어떻게 떨어지나요?

4. 단풍 씨앗의 V자 아랫부분을 손가락 끝에 올린 후 날개의 한쪽을 다른 손가락으로 튕겨 부메랑처럼 날려보세요.
   Q 단풍 씨앗은 다시 돌아오나요?

5. 다른 단풍 씨앗에서 날개 하나를 잘라 테이프로 붙여 3날개 부메랑을 만듭니다.
   💡 **TIP** 이때 3날개의 구부러진 방향이 일정하도록 맞춰 붙입니다.

6. 2날개 단풍 씨앗 부메랑과 3날개 단풍 씨앗 부메랑을 날리고 비교해보세요.
   Q 단풍 씨앗은 다시 돌아오나요?

어떻게 될까요?

1 바람이 불지 않으면 단풍 씨앗은 그냥 아래로 떨어집니다.

2 한쪽을 손가락으로 튕겨주면 단풍 씨앗은 부메랑처럼 회전하면서 날아가지만 잘 돌아오지는 않습니다.

3 같은 힘으로 튕길 때 2날개 단풍 씨앗 부메랑이 더 멀리 날아갑니다.

4 같은 힘으로 튕길 때 3날개 단풍 씨앗 부메랑의 경로가 조금 더 둥글게 휘어지며 제자리로 더 잘 돌아옵니다.

실험 속 과학원리

씨앗의 구조와 기능

단풍 씨앗은 3~4cm 정도의 날개가 달려 있고 씨앗은 맞붙어 있어 부메랑처럼 생겼습니다. 가운데는 두 개의 씨앗이 몰려 있어 볼록하고 날개쪽은 V자 형태로 벌어지면서 두께가 얇아집니다. 이런 두께의 차이는 씨앗의 위와 아래에 부는 바람의 속도차를 발생시켜 씨앗을 쉽게 떠오르게 합니다. 또한 씨앗이 무게중심이 되어 빙글빙글 회전하게 해 더 오래 떠 있을 수 있게 합니다.

이것도 알아두세요

1 단풍 씨앗은 오랫동안 떠서 멀리 가도록 설계되어 있어 부메랑처럼 되돌아오는 요소는 최소화되어 있습니다.

2 부메랑은 일정한 방향으로 힘을 주어 날려보내 공기저항을 이용해 되돌아올 수 있게 합니다.

3 부메랑은 날개가 많아질수록 공기저항이 커져 잘 돌아옵니다. 단풍 부메랑도 3날개 부메랑이 더 잘 돌아옵니다.

개념 확인 Quiz

1 단풍 씨앗의 두께 차이는 바람의 (온도차, 속도차)를 만들어 씨앗을 쉽게 떠오르게 합니다.

080 향긋한 귤껍질 불꽃놀이

오늘의 주인공은 귤. 그러나 알맹이가 아닌 껍질이랍니다.
새콤달콤한 알맹이는 먹고 껍질을 가지고 재미있는 불꽃놀이를 해볼까요?

교과연계
6학년 1학기 4단원 〈식물의 구조와 기능〉 심화

핵심용어
열매와 열매의 성분

준비물
귤(또는 오렌지) 여러 개, 투명컵, 물, 양초, 라이터

 이렇게 실험해요

1 귤을 관찰합니다. 껍질에 있는 송송 구멍들과 속껍질, 과육의 모양과 냄새, 촉감을 느껴보세요.

2 컵에 2/3 정도 물을 담고 껍질을 깐 귤과 까지 않은 귤, 귤의 껍질을 넣어보세요.
   Q 물에 뜨는 것은 어떤 것인가요?

3 귤껍질을 겹쳐 눌러 짜보세요.
   Q 귤껍질에서 무엇이 나오나요?

4 양초에 불을 붙인 후 귤껍질을 태워보세요.
   TIP 양초는 컵이나 접시 등에 촛농을 떨어뜨려 고정하면 넘어지지 않아 좋아요.
   Q 귤껍질이 불에 타나요?

5 귤껍질을 겹쳐 눌러 뿜어져 나오는 성분이 촛불에 닿게 합니다.
   TIP 어두운 곳에서 해야 불꽃에서 일어나는 현상을 관찰하기가 더 좋아요.
   Q 양초 불꽃에서는 어떤 일이 일어나나요?

어떻게 될까요?

1. 껍질을 까지 않은 귤은 물에 뜹니다. 껍질을 벗겨 물에 넣으면 귤의 알맹이는 가라앉고 껍질은 뜹니다.
2. 귤껍질을 겹쳐 누르면 물 같은 것이 스프레이처럼 뿜어져 나옵니다.
3. 귤껍질은 불에 잘 탑니다.
4. 귤껍질을 짤 때 나오는 성분이 불에 닿으면 치지직 하는 소리와 함께 불꽃이 커집니다.

실험 속 과학원리

열매

우리가 먹는 귤은 귤나무의 열매입니다. 귤의 껍질에는 공기가 많고 기름이 들어 있어 물과 당이 주성분인 알맹이(과육)에 비해 밀도가 작습니다. 귤 껍질은 튜브처럼 과육을 감싸 귤을 물에 뜨게 합니다. 귤 껍질 속에는 테르핀이라는 기름이 들어 있어 불꽃에 닿으면 타면서 빛과 소리를 냅니다.

이것도 알아두세요

1. 귤 껍질에는 비타민C, 리모넨, 구연산 등 다양한 영양소가 포함되어 있습니다.
2. 테르핀유는 휘발성이 강한 식물성 기름이어서 쉽게 불이 붙습니다.
3. 껍질의 흰 부분에 있는 비타민P(히스페리딘) 성분은 항균 작용과 비타민 흡수를 돕고 혈관을 튼튼하게 합니다.

개념 확인 Quiz

1. 귤의 껍질에는 당과 물이 주성분인 과육과 달리 테르핀이라는 식물성 _____ 이 들어 있어 불에 잘 탑니다.

081 눈의 착각인 신기한 착시

어떻게 보면 토끼같고 어떻게 보면 오리 같은 그림이 있어요. 분명 같은 그림인데 어떤 사람들은 토끼로 보인다고 하고, 어떤 사람들은 오리로 보인다고 하네요. 여러분은 어떻게 보이나요?

교과연계
6학년 2학기 4단원 〈우리 몸의 구조와 기능〉 심화

핵심용어
착시

준비물
없음

이렇게 실험해요

이미지 착시

1. 1번 그림을 보면 무엇이 보이나요? 화병이 보이나요, 아니면 마주 보고 있는 두 사람의 얼굴이 보이나요?
2. 2번 그림에서 남자는 정면을 보고 있나요, 아니면 옆을 보고 있나요?
3. 3번 그림에서 젊은 여자와 나이든 여자 중 누가 보이나요?

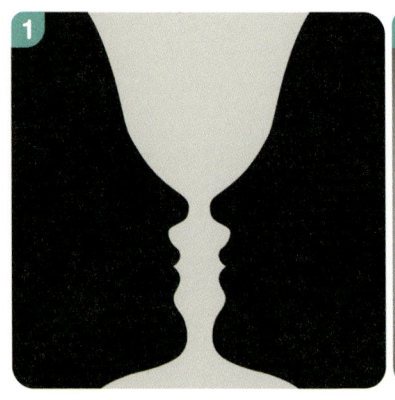

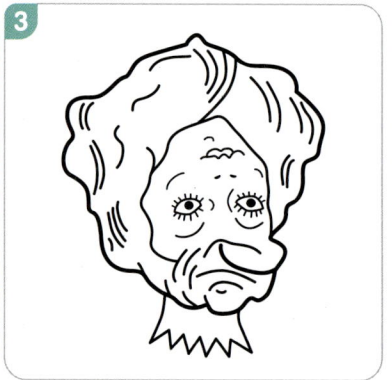

🎬 움직임 착시 / 색깔 착시

4 4번 그림을 가만히 들여다보세요. 동그라미와 무늬들이 어떻게 보이나요?

5 5번 그림에서 두 나비의 색깔을 비교해 보세요. 어떤 것이 더 밝아보이나요?

어떻게 될까요?

1 우리가 응시하는 초점을 달리하면 두 사람이 마주 보고 있는 모습과 화병, 정면을 보는 남자와 옆얼굴의 남자, 젊은 여자와 나이든 여자를 모두 볼 수 있습니다.

2 동그라미와 무늬들은 회전하며 움직이는 것처럼 보입니다.

3 빨간 바탕의 나비가 노란 바탕의 나비보다 밝아 보이지만, 두 나비의 색은 동일합니다.

🧪 실험 속 과학원리

착시

'착시'란 우리가 보는 사물의 이미지가 실제 사물의 모습과 다르게 보이는 현상을 말합니다. 착시는 시각 자체가 착각을 일으키는 생리적(물리적) 착시와 뇌가 눈에서 받아들인 자극을 무의식적으로 추론하는 과정에서 발생하는 인지적인 착시로 나눌 수 있습니다. 앞에서 제시된 이미지, 움직임, 밝기 등의 착시들은 인지적 착시입니다.

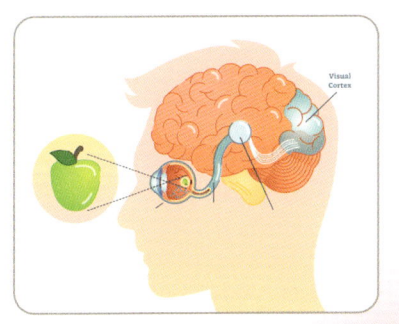

개념 확인 Quiz

① 우리가 보는 사물의 이미지가 실제 사물의 모습과 다르게 보이는 현상을 _____ 라고 합니다.

082 크기가 달라 보이는 착시

우리 눈에 보이는 것은 모두 진실일까요? 아무리 봐도 서로 달라보이는 것들이 알고 보면 쌍둥이처럼 똑같은 것이라고 하니 여기에는 무슨 과학 원리가 숨겨져 있는 것인지 알아봐요.

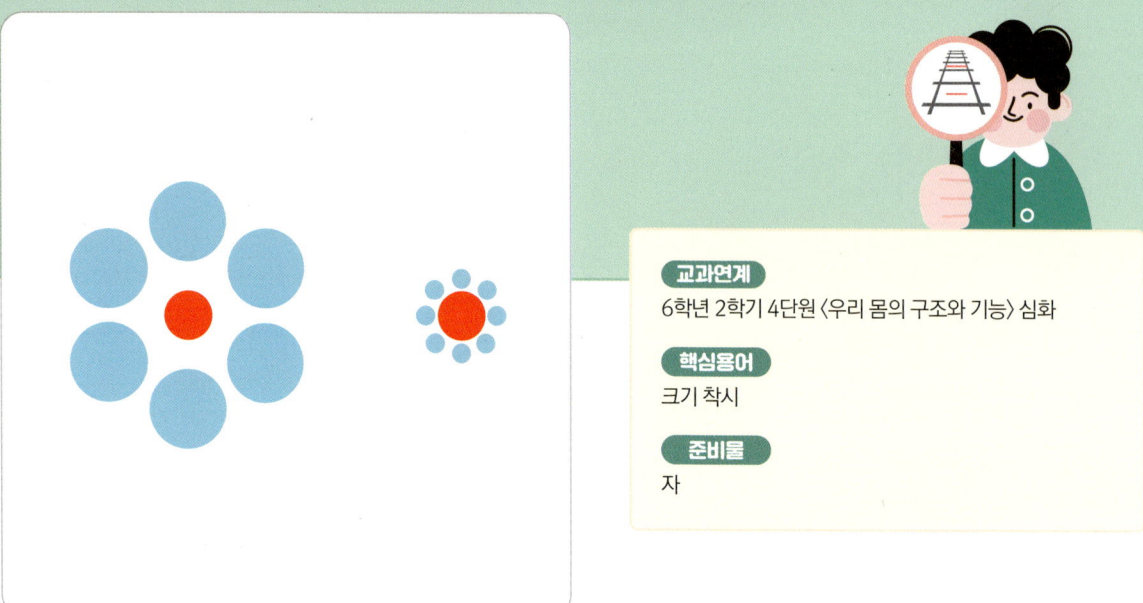

교과연계
6학년 2학기 4단원 〈우리 몸의 구조와 기능〉 심화

핵심용어
크기 착시

준비물
자

이렇게 실험해요

1. 1번 그림에서 빨간색 선과 파란색 선 중 어느 선이 더 길어 보이나요? 자로 실제 길이를 확인해보세요.

2. 2번 그림에서 두 개의 빨간색 동그라미 중 어느 동그라미가 더 커 보이나요? 자로 실제 지름을 확인해보세요.

3. 3번 그림에서 두 개의 도형 중 어느 도형이 더 길어 보이나요? 자로 실제 길이를 확인해보세요.

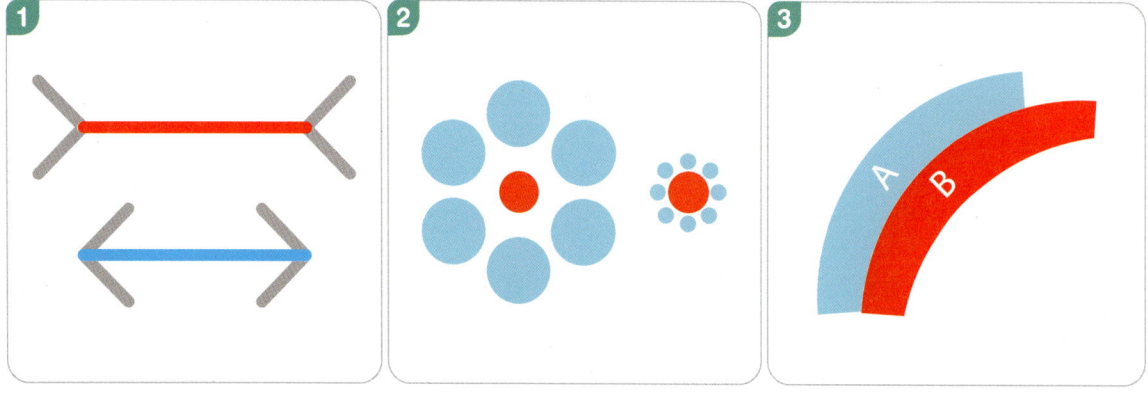

 **어떻게 될까요?**

1 바깥쪽으로 향하는 화살표(><)가 붙은 빨간색 선이 안쪽으로 향하는 화살표(<>)가 붙은 파란색 선보다 길어 보입니다. 하지만 실제 길이는 같습니다.

2 큰 원들에 둘러싸인 동그라미가 작은 원들에 둘러싸인 동그라미보다 작아 보입니다. 하지만 실제 크기는 같습니다.

3 바깥쪽보다 안쪽에 있는 도형이 더 길어 보입니다. 하지만 실제 길이는 같습니다.

실험 속 과학원리

착시

착시란 사물의 크기, 형태, 빛깔 등의 객관적인 성질과 우리가 눈으로 본 성질 간에 차이가 발생하는 현상을 말합니다. 우리가 사물을 볼 때 눈으로 들어온 빛은 안구 안쪽 망막에 이미지를 만듭니다. 이 이미지는 시신경을 타고 우리의 뇌에 전달돼 사물을 인식합니다. 뇌에서는 축적된 경험에 의해 사물을 인식하고 판단하지만 여러 과정에서 착각을 일으키게 되어 착시가 발생합니다. 크기나 길이에 대한 착시는 기하학적 착시의 하나입니다. 기하학적 착시는 같은 모양이나 크기의 도형이라도 우리가 도형을 보는 방향, 각도, 주변환경을 통해 통합적으로 인지하기 때문에 실제와 도형이 다르게 보이는 것을 말합니다.

이것도 알아두세요

1 달이 하늘 높이 떠 있을 때보다 지평선 가까이 떠 있을 때 더 커 보이는 것도 착시 현상입니다.

2 날씬해 보이는 디자인 등 착시는 패션이나 미술 분야에서 다양하게 이용되고 있습니다.

개념 확인 Quiz

1 같은 모양이나 크기의 도형이 실제와 다르게 보이는 착시를 _____ 착시라고 합니다.

2 같은 달이어도 지평선 가까이 뜬 달이 하늘 높이 뜬 달보다 커 보이는 것은 _____ 현상 때문입니다.

083 겹쳐 보이는 착시

물고기가 실수로 어항 밖에 나왔다고 해요. 물고기를 살리려면 빨리 어항 속에 넣어야 하는데 어떻게 해야 그림 속 물고기를 오리지 않고 어항 속에 넣을 수 있을까요?

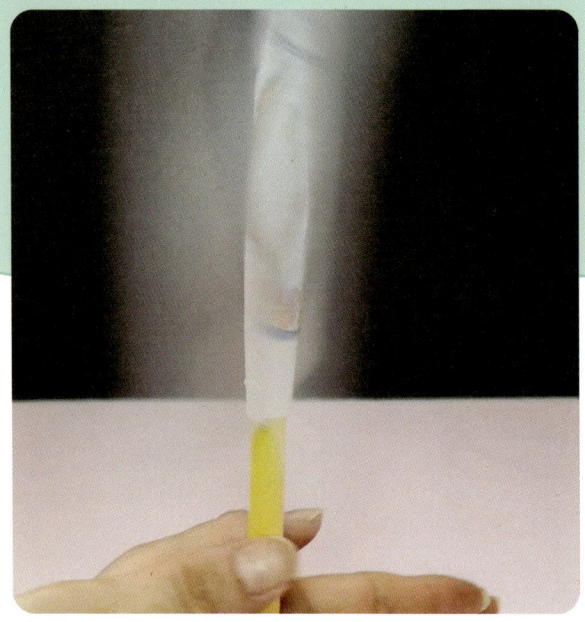

교과연계
6학년 2학기 4단원 〈우리 몸의 구조와 기능〉 심화

핵심용어
착시, 잔상

준비물
도화지, 사인펜 또는 색연필, 나무젓가락, 가위, 풀

 이렇게 실험해요

1. 10×20cm 크기의 도화지를 준비한 후 반을 접었다 펴주세요.

2. 한쪽에는 물고기를, 다른 한쪽에는 어항을 그립니다.
    > **TIP** 어항과 물고기의 중심을 맞춰 물고기가 어항에 들어갈 수 있을지 체크합니다.

3. 나무젓가락이 중앙에 오도록 하고 앞뒤에 두 그림을 풀로 단단히 붙입니다.

4. 손바닥 가운데에 나무젓가락을 두고 두 손을 비벼 회전시켜 보세요. 천천히 해보고 빠르게도 해보세요.
    Q 어떻게 했을 때 물고기가 어항 속으로 들어간 것처럼 보이나요?

  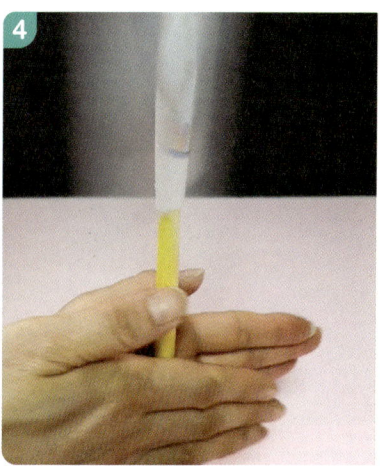

어떻게 될까요?

1 물고기와 어항 두 그림을 빠르게 회전시키면 물고기가 어항 속에 들어가 있는 것으로 보입니다.
2 회전을 멈추면 물고기와 어항은 별개의 그림으로 보입니다.

실험 속 과학원리

착시, 잔상

잔상은 착시 현상의 하나입니다. 물체는 사라졌지만 내 눈에는 계속 그 모습이 남아 있는 것을 잔상이라고 합니다. 잔상은 약 1/16초(약 0.07초) 동안 남아 있게 되는데, 이때 또 다른 물체를 보게 되면 두 물체는 서로 겹쳐 보이게 됩니다. 이러한 잔상 효과를 이용해 영화나 애니메이션이 제작됩니다. 여러 개의 사진을 일정한 시간 동안 연속해서 겹쳐 보면 마치 움직이는 것처럼 우리 뇌가 착각을 하게 되기 때문입니다.

⊕ 이것도 알아두세요

1 눈앞의 물체는 사라져도, 시각기관의 흥분은 잠시 지속되기 때문에 잔상이 나타납니다.
2 잔상 효과를 이용한 대표적 기술인 동영상(TV, 영화, 유튜브, 애니메이션 등)은 1초 동안 24~120장의 사진이 지나가게 합니다.
3 1초당 지나가는 사진의 수가 많을수록 애니메이션이나 영화 속의 동작은 부드럽게 연결됩니다.

개념 확인 Quiz

① 물체는 사라졌지만 내 눈에는 계속 그 모습이 남아 있는 현상을 _____ 이라고 합니다.

② TV, 영화, 유튜브, 애니메이션 등 각종 동영상은 _____ 효과를 이용한 기술입니다.

Part6

기체의 성질

084 오르락내리락 빨대 문어

빨대로 오르락내리락 문어를 만들어볼까요? 기체의 압력과 부피의 관계를 이용해서 문어를 내 맘대로 뜨고 가라앉게 할 수 있어요.

교과연계
6학년 1학기 3단원 〈여러 가지 기체〉 심화

핵심용어
기체의 압력과 부피 관계

준비물
500ml 페트병, 굵은 빨대(5cm), 클립 2개, 너트(내부 지름 0.5cm), 금속 집게, 양초, 자, 가위

이렇게 실험해요

1 5cm 길이로 자른 빨대의 한쪽 끝을 금속 집게로 집습니다.

2 1의 빨대를 촛불에 대어 끝을 살짝 녹인 후 눌러 밀봉합니다. 셀로판테이프로 막아도 됩니다.

3 반대편 끝에 송곳으로 2개의 구멍을 서로 마주보게 뚫은 후 클립을 꽂습니다. 클립의 아랫부분은 조금 벌려주세요.
   💡TIP 빨대에 문어 얼굴을 그리거나 페트병에 구슬 등을 넣어 바닷속을 꾸며주어도 좋아요.

4 페트병에 물을 가득 채운 후 3의 빨대 문어를 넣고 뚜껑을 닫습니다.

5 페트병의 중앙 또는 약간 윗부분을 양손으로 꾹 눌러 보세요. 그리고 눌렀던 손을 떼어 보세요.
   Q 빨대 문어는 어떻게 되었나요?

6 빨대 문어가 올라가고 내려오는 속도를 조절해보세요.
   Q 어떻게 해야 할까요?

7 페트병을 누를 때 빨대 문어는 왜 가라앉는지 그 이유를 생각해 보세요.
   💡TIP 페트병을 누를 때 가라앉는 빨대 문어 속을 잘 살펴보세요.

 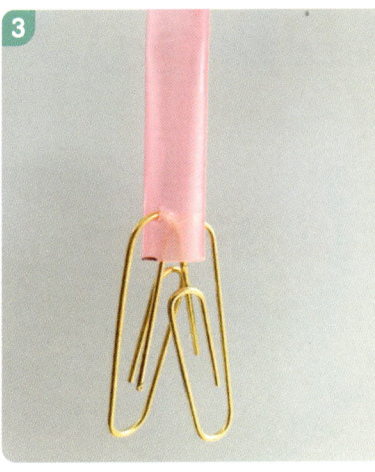 

어떻게 될까요?

1 페트병을 누르면 빨대 문어는 아래로 내려가고, 누르던 손을 떼면 다시 위로 올라갑니다.

2 페트병을 누르는 압력과 속도를 조절하면 빨대 문어가 오르내리는 속도를 조절할 수 있습니다.

3 페트병을 누르면 빨대 문어 안으로 물이 들어가 무거워져 가라앉게 됩니다.

실험 속 과학원리

기체의 압력과 부피

기체에 가해지는 압력이 커지면 기체의 부피는 줄어들고 압력이 작아지면 부피가 커지게 되는데, 이렇게 기체의 부피와 압력이 반비례하는 관계를 '보일의 법칙'이라고 합니다.

손으로 페트병을 누르면 페트병 속 빨대 문어에 압력이 전달되어 빨대 문어 속 공기의 부피가 줄어들게 됩니다. 공기의 부피가 줄어든 곳으로 물이 들어오면 빨대 문어는 무거워져 가라앉게 됩니다.

보일의 법칙

➕ 이것도 알아두세요

1 높은 곳으로 올라갈수록 공기의 압력(기압)이 약해지므로 풍선은 하늘 높이 올라가면 점점 커지다가 마침내 터지게 됩니다.

2 반대로 물속 깊은 곳으로 농구공을 가지고 들어가면 압력(수압)이 세지므로 농구공은 쪼그라들게 됩니다.

3 기체의 부피는 온도에 따라서도 달라지므로 기체의 부피는 온도와 압력에 의해 결정됩니다.

개념 확인 Quiz

① 온도가 일정할 때 기체의 압력이 커지면 기체의 부피는 (늘어납니다, 줄어듭니다).

② 온도가 일정할 때 기체의 부피와 압력은 서로 반비례하는 법칙을 _____ 이라고 합니다.

085 꼬마 잠수부 구출 작전

위험에 빠진 꼬마 잠수부를 구조하기 위해 잠수정이 출동합니다.
잠수정의 고리와 꼬마 잠수부의 비상 고리를 연결하면 꼬마 잠수부를 무사히 구출할 수 있습니다.

교과연계
6학년 1학기 3단원 〈여러 가지 기체〉 심화

핵심용어
기체의 압력과 부피 관계

준비물
페트병(500ml), 앰플 리필 공병(5ml), 너트(내부 지름 0.5cm), 내맘대로 철사(15cm, 3개), 컵

이렇게 실험해요

1 스포이트가 달린 다 쓴 화장품이나 휴대용 앰플 리필 공병을 열어 스포이트 부분과 병 부분을 분리합니다.
   💡TIP 스포이트는 잠수정이 되고 병은 꼬마 잠수부가 됩니다.

2 **구조 잠수정 만들기** 스포이트의 가느다란 부분에 철사를 3~4바퀴 감고 끝을 고리 모양으로 만들면 잠수정이 완성됩니다.
   💡TIP 철사는 잠수부를 구조할 때도 쓰이지만 무게를 더해 중심을 잡는 역할입니다.

3 **꼬마 잠수부 만들기** 병의 바깥쪽 바닥에 너트를 붙여 중심을 잡게 하고, 병에 물을 채웁니다. 병 입구에 철사를 감아 동그란 고리를 만들면 꼬마 잠수부가 완성됩니다.
   💡TIP 병 입구에 레고 장난감을 붙이거나 잠수부를 그려 붙여도 좋아요.

4 2의 잠수정의 스포이트를 눌러 물을 조금 넣은 후 물이 든 컵에 넣어 잠수정의 맨 윗부분만 물 위에 뜨는지 확인합니다.
   💡TIP 잠수정에 물을 조금 넣어야 잠수정의 무게 조절과 공기양 조절이 잘 이루어집니다.

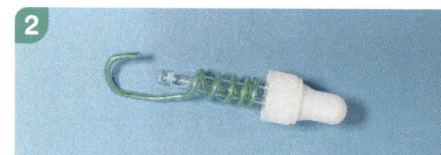
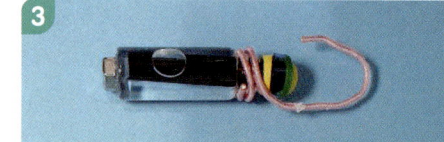

5 3의 꼬마 잠수부를 물이 든 컵에 넣어 바닥에 똑바로 가라앉는지 확인합니다.

6 페트병의 4/5 정도 물을 채우고 잠수정과 꼬마 잠수부를 넣습니다.

7 페트병을 눌러 잠수정이 밑으로 내려가는지 확인한 후 잠수정의 고리에 꼬마 잠수부의 고리를 걸어 구출해봅니다.

Q 어떻게 해야 잠수정이 물속 꼬마 잠수부를 구해 위로 올라올 수 있을까요?

 어떻게 될까요?

1 물이 든 페트병을 손으로 누르면 잠수정이 아래로 내려갑니다.

2 페트병을 조금씩 기울이며 잠수정의 위치를 조정해 잠수정의 고리를 꼬마 잠수부의 고리에 연결할 수 있습니다.

3 잠수정의 고리에 가라앉은 잠수부의 고리를 건 후 페트병을 누르던 손을 떼면 잠수정을 따라 꼬마 잠수부도 올라오게 됩니다.

실험 속 과학원리

기체의 압력과 부피

온도가 일정할 때 기체의 부피는 기체에 가해지는 압력에 의해 변하게 됩니다. 기체가 들어 있는 밀폐용기(그릇이나 기구)에 외부에서 압력이 가해지면 기체의 부피가 줄어들게 되고 압력이 줄거나 없어지면 부피는 다시 늘어나게 됩니다.

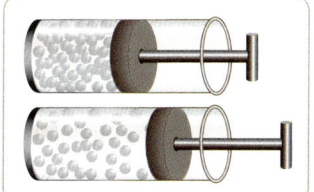

페트병을 누르면 페트병 속 잠수정에 압력이 전달되어 잠수정 속 공기의 부피는 줄고 이 자리로 물이 들어와 잠수정은 가라앉게 됩니다. 반대로 압력이 줄면 잠수정 속으로 공기가 들어와 공기의 부피가 커지면서 다시 물 위로 떠오르게 됩니다.

➕ 이것도 알아두세요

1 비행기를 타고 높은 곳에 올라갈 때 귀가 먹먹해집니다. 이것은 높은 곳에서 공기의 압력이 작아져 바깥쪽 귀와 고막 안쪽에 압력차가 발생하여 고막이 바깥쪽으로 팽창하기 때문입니다.

2 잠수병은 사람이 물속 깊은 곳으로 잠수를 했다가 갑자기 물 위로 올라올 때 공기의 압력이 달라져 생기는 통증입니다.

3 보일의 법칙은 기체에만 해당됩니다.

개념 확인 Quiz

1 온도가 일정할 때 기체의 부피는 기체에 가해지는 _____ 에 의해 변하게 됩니다.

2 비행기를 타고 높은 곳에 올라갈 때 귀가 먹먹해지는 것은 높은 곳에서 공기의 압력이 (작아지기, 커지기) 때문입니다.

086 스티로폼공 불어 띄우기

빨대를 불면 공이 공중에 떠서 계속 뱅글뱅글 돌아간답니다.
스티로폼공도 띄우고 탁구공도 띄울 수 있어요.

교과연계
6학년 1학기 3단원 〈여러 가지 기체〉 심화

핵심용어
기체의 압력과 속도

준비물
플라스틱 투명 계란판, 주름빨대, 송곳, 연필, 스티로폼공 (지름 3cm 내외), 탁구공, 볼풀공 작은 것, 헤어 드라이어

이렇게 실험해요

1. 플라스틱 계란판에서 오목하고 동그스름한 부분을 모양대로 잘라냅니다.

2. 1의 가운데에 송곳으로 구멍을 낸 후 연필을 넣고 돌려 빨대 크기만큼 공간을 넓혀주세요.

3. 주름빨대의 짧은 쪽을 2의 구멍에 끼운 후, 끝을 0.7cm만 남기고 나머지는 잘라줍니다.

   💡TIP 구멍에서 바람이 새지 않도록 계란판에 구멍을 작게 뚫고 빨대를 접어끼워 밀어넣어 주세요.

4. 3의 장치에 작은 스티로폼공을 올린 후 빨대를 불어보세요.

   Q 공은 어떻게 되나요?

   💡TIP 공이 구멍을 막지 않도록 공을 구멍 위쪽에 손으로 잡고 있다가 바람을 분 후 놓아주세요.

5. 큰 스티로폼공과 탁구공도 불어 띄워보세요.

   💡TIP 바람을 한번에 세게 불기보다 같은 세기로 길게 불어주는 것이 좋습니다.

6. 탁구공이나 볼풀공을 헤어 드라이어로 띄워보세요. 이때 헤어 드라이어는 끝에 있는 캡을 빼고 해 주세요.

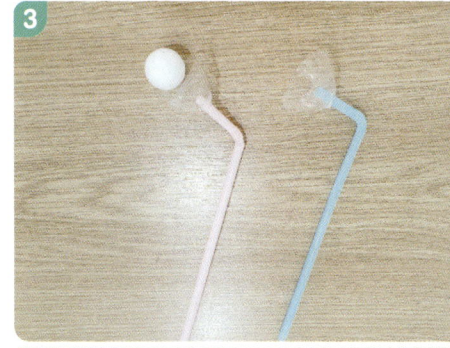

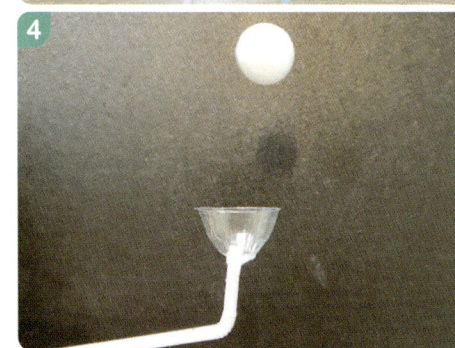

7 공중에 떠서 도는 공을 옆에서 손가락으로 톡톡 치거나 살짝 밀어보세요.
   Q 공은 어떻게 되나요?

8 공을 띄운 채 헤어 드라이어를 들고 여기저기 걸어 다녀 보세요.
   Q 공은 어떻게 되나요?

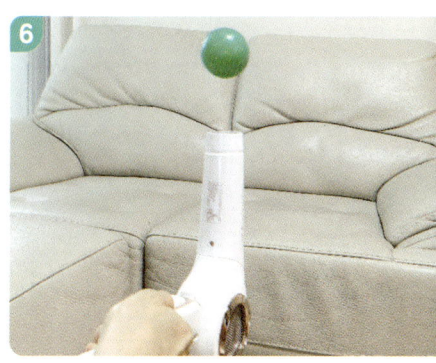

어떻게 될까요?

1 빨대를 불면 스티로폼공이 공중에 빙글빙글 돌며 떠 있습니다.

2 탁구공과 볼풀공을 헤어 드라이어 위에 놓으면 바람에 의해 공중에 떠서 빙글빙글 돕니다.

3 공이 공중에 떠서 돌고 있을 때 손으로 톡톡 치거나 살짝 밀어도 그 상태를 유지합니다.

4 공중에 공을 띄우고 헤어 드라이어를 들고 돌아다니면 공은 계속 헤어 드라이어 위에 떠 있습니다.

실험 속 과학원리

기체의 압력과 속도

유체(기체와 액체)의 흐름이 빠른 곳의 압력은 유체의 흐름이 느린 곳의 압력보다 작아집니다. 빨대나 헤어 드라이어로 바람을 불어 올리면 그 위에 있던 공은 바람에 의해 공중에 뜨게 되고 공에 막힌 바람은 공을 감싸며 위로 올라가게 됩니다. 공 주변을 감싼 바람은 주변 공기보다 빠르게 이동하므로 압력이 작고 공기가 느리게 이동하는 주변은 압력이 커, 공은 바람이 나오는 공중에 계속 떠 있게 됩니다. 공을 톡톡 쳐도 공기가 빠르게 이동하는 곳과 공기 흐름이 느린 주변과의 압력 차이 때문에 공은 다시 원상태로 돌아오게 됩니다.

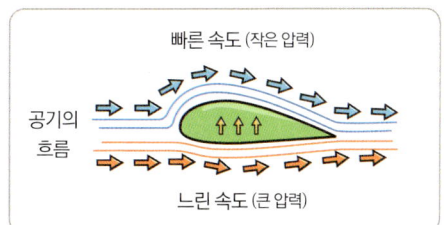

➕ 이것도 알아두세요

1 물이나 공기처럼 흐르는 물질을 유체라고 합니다. 그러므로 유체는 기체와 액체 상태의 물질을 말합니다.

2 운동하고 있는 유체 내에서의 압력과 속도 관계를 베르누이의 정리라고 합니다.

3 달리는 기차 창밖으로 손수건이나 머리카락이 빨려 나가는 것도 기차 안과 밖의 속도가 달라 공기의 압력차가 발생하기 때문입니다.

개념 확인 Quiz

① 물이나 공기처럼 흐르는 물질을 _____ 라고 합니다.

② 유체의 이동 속도가 빠른 곳은 이동 속도가 느린 곳보다 유체 내의 압력이 (작습니다, 큽니다).

087 풍선 링 서커스

잡고 있던 손을 놓으면 풍선은 금방 멀리 날아가 버리곤 합니다. 풍선을 바로 앞에서 계속 떠 있게 하거나 풍선으로 만든 링이 공중에서 빙글빙글 돌아가는 풍선 링 서커스를 펼쳐볼까요?

교과연계
6학년 1학기 3단원 〈여러 가지 기체〉 심화

핵심용어
기체의 압력과 속도

준비물
일반 풍선 8개, 풍선펌프, 양면테이프, 헤어 드라이어, 선풍기

이렇게 실험해요

1. 풍선을 지름 15cm 크기로 8개를 불어 준비해주세요.

2. 풍선 1개를 헤어 드라이어나 선풍기로 공중에 띄워보세요. 선풍기는 눕혀 놓고 바람이 나오도록 한 후 가운데 부분에 풍선을 올려주세요.
   - Q 풍선은 어떻게 움직이나요?

3. 풍선 2개를 선풍기 위에 띄워보세요.
   - Q 2개의 풍선은 어떻게 움직이나요?

4. 풍선 2개를 양면테이프로 붙여 선풍기 바람으로 띄워보세요. 3개도 도전해보세요.
   - Q 연결된 2개, 3개의 풍선은 어떻게 움직이나요?

5. 풍선 입구가 안쪽을 향하도록 풍선 8개를 양면테이프로 연결해 풍선 링을 만들어주세요.
   - 💡TIP 양면테이프는 풍선 중간에서 살짝 입구 쪽에 붙입니다. 풍선들끼리 가깝게 잘 붙여야 균형이 잡혀 공중에 잘 뜹니다.

6. 헤어 드라이어를 책이나 소파 사이에 끼워 바람이 수직 위로 나오도록 고정하고 냉풍으로 강하게 틀어주세요.

7. 풍선 링을 수평이 아닌 수직으로 들어 풍선에 6의 바람이 닿도록 한 후 손에서 놓아주세요.
   - Q 풍선 링은 어떻게 움직이나요?

어떻게 될까요?

1 풍선 1개를 선풍기나 헤어 드라이어 위 공중에 놓으면 풍선은 공중에 떠 오르락내리락하며 빙글빙글 돕니다.

2 풍선 2개를 선풍기 위 공중에 놓으면 서로 왔다갔다 오르락내리락하며 공중에 떠 있습니다.

3 풍선 2개, 3개를 연결해 선풍기 위 공중에 놓으면 같은 높이로 줄지어 공중에 떠서 오른쪽 또는 왼쪽으로 회전합니다.

4 풍선 링을 헤어 드라이어 위 공중에 놓으면 수평 또는 수직으로 줄지어 원을 그리며 회전합니다.

실험 속 과학원리

기체의 압력과 속도

유체(기체와 액체)의 흐름이 빠른 곳은 압력이 낮고 유체의 흐름이 느린 곳은 압력이 커져 전체 에너지는 일정하게 보존됩니다. 선풍기나 헤어 드라이어에서 나온 빠른 속도의 공기는 풍선을 에워싸며 위로 향합니다. 풍선은 처음 얼마 동안은 공중에 떠서 위아래 또는 좌우로 불규칙하게 움직이지만 흐름이 안정되면 계속 일정한 위치에 떠서 회전합니다.

➕ 이것도 알아두세요

1 물이나 공기는 좁은 곳을 통과할 때는 속력이 빨라지고 넓은 곳을 지날 때는 속력이 느려집니다.

2 좁은 문틈이나 빌딩 사이, 골목에는 평지보다 센 바람이 부는데 이것은 같은 양의 공기가 좁은 틈을 통과할 때 속력이 빨라지기 때문입니다.

3 물이나 공기의 속력이 빠르면 주변보다 압력이 작아져 그곳으로 주변의 가벼운 물체들이 밀려옵니다.

개념 확인 Quiz

1 유체는 좁은 곳을 통과할 때는 속력이 (빨라지고, 느려지고) 넓은 곳을 지날 때는 속력이 (빨라집니다, 느려집니다).

2 문틈이나 창문틈, 골목 사이로 부는 바람은 활짝 열어 놓은 문이나 넓은 평지보다 바람의 속력이 (빠릅니다, 느립니다).

088 종이컵 마그누스 비행체

두 개의 종이컵을 연결해 비행체를 만들어 고무줄로 날려봅시다.
그런데 종이컵 비행체는 앞으로 똑바로 날아가지 않는다고 하는데, 과연 어떤 모양으로 날아갈까요?

교과연계
5학년 2학기
4단원 〈물체의 운동〉 심화

핵심용어
기체의 속도와 압력

준비물
종이컵 2개, 셀로판테이프, 노란 고무줄 5개, 색종이나 스티커

이렇게 실험해요

1. 같은 크기의 종이컵 두 개를 밑부분을 맞댄 후 테이프로 단단히 붙여주세요.
2. 스티커 등으로 종이컵을 예쁘게 꾸며주세요.
3. 노란 고무줄 5개를 연결해주세요. (연결 방법 사진 참조)
4. 컵의 연결 부위(가운데 부분)에 고무줄을 팽팽하게 2~3회 돌려 감아주세요.
   💡TIP 고무줄 감는 방향에 주의해주세요. 고무줄 끝이 컵 밑에서 앞쪽으로 나와야 합니다.
5. 넓은 공간으로 나가 한 손은 고무줄이 감긴 가운데 부분을 잡고 다른 한 손은 고무줄을 앞으로 당겨 새총을 쏘는 것처럼 컵 비행체를 발사해주세요.
   💡TIP 컵의 균형을 잡은 후 고무줄을 팽팽하게 당겨서 힘껏 날려야 합니다.
6. 컵 비행체의 회전하는 모습을 잘 관찰해보세요.
   Q 컵 비행체의 날아가는 모습은 어떠한가요?
7. 컵의 크기를 달리해서 만들어 보세요. 단, 접착하는 두 컵의 크기는 같아야 합니다.

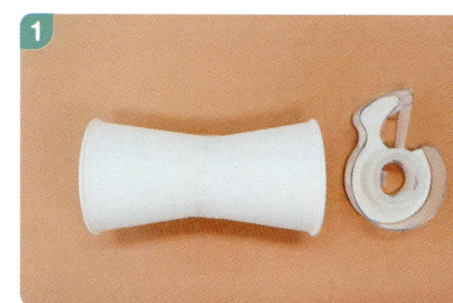

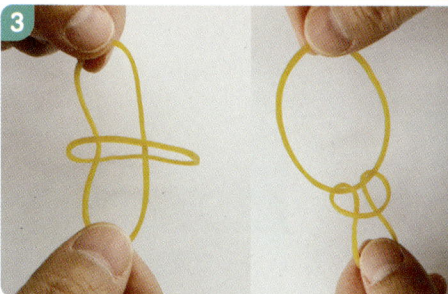

 **어떻게 될까요?**

1 컵 비행체는 처음엔 공중에 붕 떠올랐다 내려오며 앞으로 나갑니다.

2 컵 비행체는 스스로 회전하며 계속해서 날아갑니다.

3 컵 비행체는 붕 떠올랐다가 내려온 후 회전 속도가 빨라지면서 안정적으로 전진합니다.

4 큰 컵으로 만든 비행체는 작은 컵으로 만든 비행체보다 느리게 회전하며 멀리 날아가지 못합니다.

실험 속 과학원리

베르누이의 정리와 마그누스 효과

스위스의 과학자 베르누이는 유체(공기나 물처럼 흐를 수 있는 기체나 액체)는 빠르게 흐르면 압력이 낮아지고, 느리게 흐르면 압력이 높아진다는 사실을 알아냈습니다. 비행기의 날개는 약간 둥근 날개 윗면을 지나는 공기의 흐름이 평평한 아랫면을 지나는 공기의 흐름보다 빨라져 윗면의 압력은 작고, 아랫면의 압력은 크므로 비행기 날개는 위쪽으로 힘을 받게 되어 뜨게 됩니다.

한편 마그누스 효과란 회전하는 물체가 공기와 같은 유체 속을 지나갈 때 압력이 높은 쪽에서 낮은 쪽으로 휘어져 나가는 것을 말합니다. 야구의 커브볼이나 축구의 바나나킥은 마그누스 효과에 의한 현상입니다.

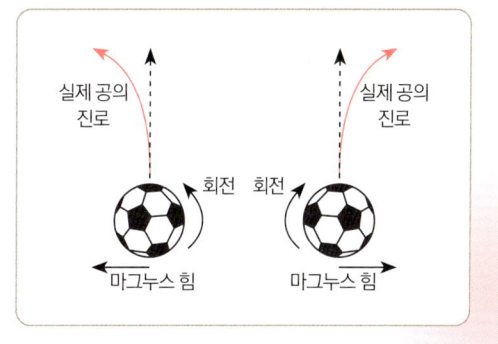

개념 확인 Quiz

① 회전하는 물체가 공기와 같은 유체 속을 지나갈 때 압력이 높은 쪽에서 낮은 쪽으로 휘어져 나가는 것을 _____ 효과라고 합니다.

② 공기 속을 회전하며 날아가는 축구공은 _____ 이 높은 쪽에서 낮은 쪽으로 힘을 받아 경로가 휘어지게 됩니다.

089 병 속 토네이도

'오즈의 마법사'의 주인공 도로시가 강아지 토토와 함께 마법의 나라 오즈로 날아간 것은 토네이도 때문이었습니다.
플라스틱 물병으로 토네이도를 만들어봐요.

교과연계
5학년 2학기 3단원 〈날씨와 우리의 생활〉 심화

핵심용어
대기의 상태, 토네이도

준비물
투명 물병, 물, 주방세제, 물감, 반짝이 가루, 스팽글, 빨대 자른 것, 플라스틱 구슬(장식용 비즈)

이렇게 실험해요

1. 투명 물병에 물을 4/5 정도 채우고, 주방세제를 1~2방울 떨어뜨립니다. 거품이 회오리를 더 잘 보이게 해줍니다.
   💡TIP 병의 크기가 크면 회오리도 크고 오랫동안 모양을 유지합니다.

2. 병의 위아래를 잡고 힘차게 원을 그리며 돌려줍니다.

3. 아래쪽에 작은 실낱처럼 물꼬리가 감기기 시작하면 잠시 기다리며 관찰합니다.
   Q 물통 속에서 어떤 현상이 관찰되나요?

4. 물병에 물감을 살짝 푼 후 2~3번 과정을 반복합니다.
   Q 물통 속에 생긴 회오리의 중심과 가장자리에서는 어떤 현상이 관찰되나요?

5. 물병에 반짝이 가루나 스팽글, 빨대 자른 것, 플라스틱 구슬 등 가벼운 물체를 넣고 2~3번 과정을 반복합니다.
   💡TIP 반짝이 가루나 스팽글 등은 회오리에서 물체가 빨려 올라가는 위치 등을 잘 보이게 해줍니다.

6. 물병 속 회오리가 멎은 후 물병 속에 넣은 가루나 스팽글, 플라스틱 구슬은 어떻게 되었는지 관찰해보세요.

 **어떻게 될까요?**

1. 병의 위아래를 잡고 세차게 돌려주면 깔때기 모양의 회오리가 만들어집니다.

2. 회오리는 위는 넓고 아래는 점점 좁아져 긴 실타래 모양이었다가 시간이 지남에 따라 깔때기 모양이 사라지며 소멸합니다.

3. 깔때기의 중심부는 텅 비어 있고 가장자리는 맹렬한 속도로 회전합니다. 깔때기의 중심부로는 구슬이 빨려 올라가고 가장자리는 회오리를 따라 빠른 속도로 빨대나 반짝이는 물체들이 회전합니다.

4. 회오리가 멈추면 물병 속에 떠서 소용돌이치던 가루나 스팽글은 바닥에 넓게 퍼져 가라앉고 구슬은 중심이 솟은 피라미드 모양으로 병 아래 소복이 쌓입니다.

실험 속 과학원리

대기의 상태와 토네이도

토네이도는 바다나 넓은 평지에서 발생하는 매우 강하게 돌아가는 깔때기 모양의 회오리바람입니다. 토네이도는 대기가 불안정할 때 생깁니다. 성질이 서로 다른 공기 덩어리(기단)가 충돌하면서 급격한 공기의 상승이 있을 때, 상공의 일부에서 풍속이 매우 다른 여러 종류의 바람이 맞부딪히며 공기가 소용돌이치고 그 일부가 뻗어 나와 지면에 닿을 때 토네이도 발생 가능성이 높아집니다.

➕ 이것도 알아두세요

1. 토네이도의 회오리가 일으키는 최대 풍속은 시속 600km 이상이 될 것으로 추정하고 있습니다.

2. 토네이도의 깔때기 속 기압은 낮고 상승기류가 발생해 바닷물, 모래, 사람, 동물, 자동차 등이 빨려 올라갑니다.

3. 토네이도 회오리의 바깥 부분은 거센 바람과 비, 우박, 끊임없는 번개를 수반해 진로에 있는 모든 것을 휩쓸어 파괴합니다.

개념 확인 Quiz

1. 토네이도는 바다나 넓은 평지에서 발생하는 매우 강하게 돌아가는 _____ 모양의 회오리바람입니다.

2. 토네이도의 깔때기 속 중심 기압은 (낮고, 높고) 상승기류가 발생해 물체를 상공으로 끌어 올립니다.

090 날개 없는 원기둥 비행기

비행기는 비행기인데 날개가 없는 비행기가 있어요. 바로 원기둥 비행기인데요, 날개가 없지만 멀리 신나게 날릴 수 있답니다.

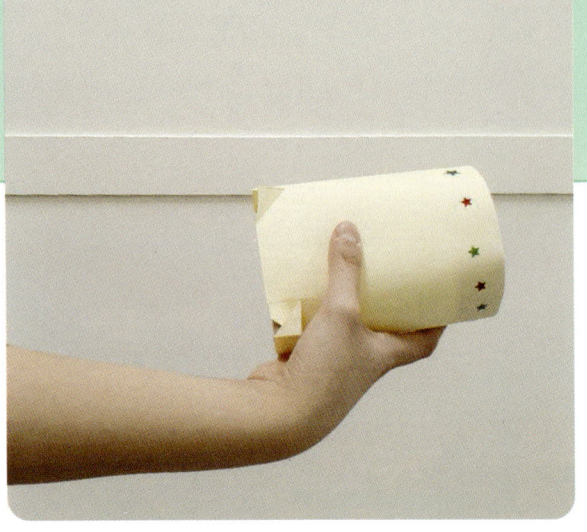

교과연계
5학년 2학기 4단원 〈물체의 운동〉 심화

핵심용어
기체의 속력과 압력, 양력

준비물
A4용지 1~2장, 가위, 풀 또는 셀로판테이프, 스티커, 클립 1~2개

이렇게 실험해요

1. A4용지를 옆으로 길게 두고 위아래를 반으로 접었다 펼쳐주세요.

2. A4용지 반쪽 중 한 곳을 다시 반을 접고 연속해서 또 반을 접습니다.

3. 접힌 부분이 안쪽으로 들어가도록 하여 원기둥 모양으로 둥글게 만 후 양쪽 끝 부분을 1cm 정도 겹치게 끼워주세요.
   💡 TIP 두꺼운 부분은 책상 모서리에 비벼가며 모양을 잡으면 잘 말립니다.

4. 끼운 부분을 테이프로 고정해 원기둥을 만들고 스티커 등으로 꾸며주세요.

5. 두꺼운 쪽이 앞으로 오게 하여 원기둥 비행기를 날려 보세요.
   Q 원기둥 비행기는 어떻게 날아가나요?

6. 원기둥 뒤쪽에 같은 간격으로 4군데에 2cm 정도의 가위집을 넣고 바람개비처럼 같은 방향으로 종이를 접어 올린 후 다시 비행기를 날려 보세요.
   Q 아까와 달라진 점이 있나요?
   💡 TIP 꼬리 부분에 바람개비 같은 구조를 만들어주면 더 안정적으로 바람을 잘 받을 수 있습니다.

7 비행기를 날릴 때 손목을 돌려 회전을 주며 날려보세요.

🅠 원기둥 비행기의 비행 거리가 어떻게 달라졌나요?

💡TIP 비행기가 잘 날지 않으면 앞부분에 클립을 하나 꽂고 날려주세요. 공기를 뚫고 가는 데 도움이 됩니다.

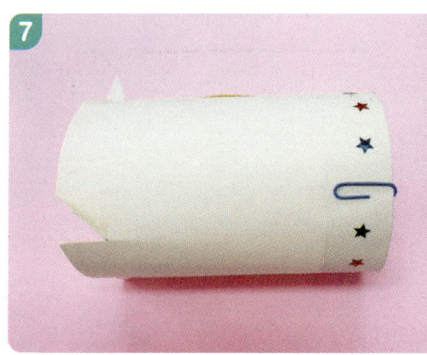

어떻게 될까요?

1 원기둥 비행기는 붕 떠오르다가 다시 가라앉으며 쭉 날아갑니다.

2 원기둥 비행기는 그냥 날아가는 것보다 회전하면서 날아가야 멀리까지 갈 수 있습니다.

3 원기둥 뒤 4군데를 서로 대칭이 되게 잘라 접어 올리거나 앞부분에 클립을 꽂으면 훨씬 더 멀리까지 날아갑니다.

실험 속 과학원리

기체의 속력과 압력, 양력

원기둥 주변을 흐르는 공기의 속도가 가장 빠른 곳은 원기둥의 꼭대기 부근이고 가장 느린 곳은 바닥 부근입니다. 원기둥의 위와 아래의 공기의 속도 차이에 의해 원기둥 위에는 낮은 압력이, 원기둥 아래에는 높은 압력이 작용해 원기둥은 비행기처럼 위로 뜨게 됩니다. 공기 중에서 물체를 위로 밀어 올려 뜨게 하는 힘을 '양력'이라고 합니다. 회전하면서 날아가는 원기둥의 안쪽으로 빨려 들어간 공기는 추진력을 제공해 원기둥을 멀리 날아가게 합니다

➕ 이것도 알아두세요

1 양력이란 공기 속을 운동하는 물체를 위로 떠오르게 하는 힘입니다.

2 원기둥이 회전하며 앞으로 날아갈 때 원기둥이 회전하는 방향으로 원기둥의 경로가 휘어지게 됩니다.

3 원기둥의 앞쪽을 약간 두껍고 무겁게 하거나 클립을 꽂는 이유는 공기의 저항을 이겨내기 위해서입니다.

개념 확인 Quiz

1 공기 속을 운동하는 물체를 위로 떠오르게 하는 힘을 _____이라고 합니다.

2 날아가는 물체의 앞부분을 약간 무겁게 하는 것은 _____을 이겨내기 위해서입니다.

▶▶ 정답은 권말에

091 큰 입술 글라이더

동력이 없이 바람을 타고 올라 활강하는 글라이더를 간단한 준비물로 만들어 멋지게 날려봐요.

교과연계
5학년 2학기
4단원 〈물체의 운동〉 심화

핵심용어
양력

준비물
은박 포장지 또는 색종이, 가위, 셀로판테이프, 유성 펜, 판지(우드락이나 하드보드지, 골판지 등)

이렇게 실험해요

1. 은박 포장지(또는 색종이)를 17×4.5cm 크기로 잘라 두 장 준비합니다.

2. 포장지 두 장을 2cm 정도 어긋나게 겹친 후 풀 또는 테이프로 붙입니다.
   - **TIP** 은박 부분이 밖으로 나오도록 붙여야 서로 달라붙지 않아요.

3. 2의 가운데를 벌린 후 한쪽 포장지를 손가락 사이에 끼우거나 자, 딱풀 등을 이용해 둥글려 주세요. 다른 한쪽도 똑같이 둥글려 가운데가 살짝 벌어진 입술 형태로 만듭니다.

4. 양쪽 날개 끝을 잡거나 입술 글라이더의 한쪽 가운데 부분을 잡아 살짝 벌린 입술 모양이 되도록 한 후 위에서 가만히 놓아줍니다.
   - **Q** 글라이더는 어떻게 움직이나요?
   - **TIP** 손바닥 위에 올려 위로 살짝 던져도 됩니다.

5. 비스듬히 기울인 판지를 빙글빙글 구르며 떨어지는 글라이더 가까이 대고 글라이더를 따라 천천히 걸어보세요.
   - **Q** 글라이더는 어떻게 움직이나요?
   - **TIP** 판지의 윗부분을 잡아주세요.

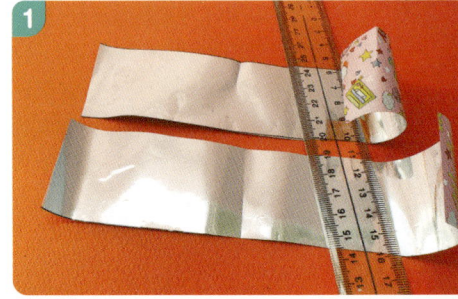

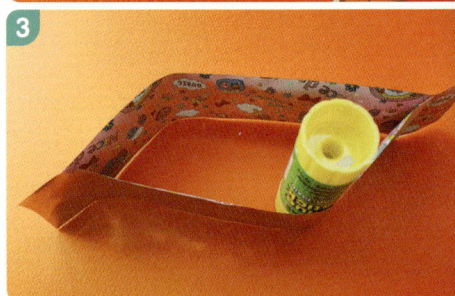

 **어떻게 될까요?**

1 글라이더는 아래로 내려오면서 빙글빙글 회전합니다.

2 판지를 글라이더 근처에 대고 앞으로 걸어가면 글라이더는 빙글빙글 회전하며 걸어가는 방향으로 이동합니다.

3 긴 쪽이 축이 되어 위에서 아래로 회전합니다.

실험 속 과학원리

공기의 흐름과 양력

비행기를 위로 떠오르게 하는 공기의 힘을 '양력'이라고 합니다. 큰 입술 글라이더는 앞으로 걸어 나가면서 생기는 바람이 판지에 맞고 위로 올라가면서 양력을 발생시켜 비행기를 떠 있게 합니다. 또한 앞으로 이동하는 판에 의해 생긴 공기의 흐름에 의해 큰 입술 글라이더는 앞으로 이동하게 됩니다.

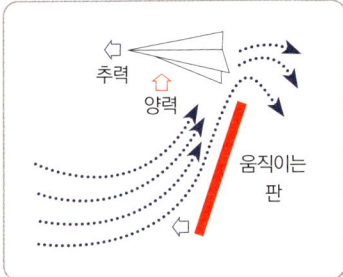

⊕ 이것도 알아두세요

1 비행기를 앞으로 움직이게 하는 힘은 '추력'이라고 합니다.

2 보통 추력은 비행기 엔진의 동력에 의해 생기지만 종이 비행기의 경우 바람이나 앞으로 밀어주는 힘에 의해 생깁니다.

3 '항력'은 비행기가 앞으로 나가는 것을 방해하는 힘으로, 공기 저항에 의해 발생합니다.

개념 확인 Quiz

1 비행기를 위로 떠오르게 하는 힘을 _____이라고 합니다.

2 _____은 비행기가 앞으로 나가는 것을 방해하는 힘으로, 공기 저항에 의해 발생합니다.

092 하늘을 구르는 쌍둥이 물고기

하늘에서 데굴데굴 구르며 내려오는 쌍둥이 물고기를 만들어봐요.
친구들끼리 함께 만들어 누가 오래 공중에 머무는지 시합해도 재미있어요.

교과연계
5학년 2학기
4단원 〈물체의 운동〉 심화

핵심용어
중력과 공기의 저항

준비물
색종이 2~3장, 셀로판테이프, 가위, 스티커

이렇게 실험해요

1. 색종이 한 장을 길게 4등분한 후 자릅니다.
2. 잘라낸 색종이 양 끝 3cm 지점에 어긋나게 가위집을 넣습니다.
3. 가위집을 낸 곳끼리 끼워 물고기 모양을 만듭니다. (총 2개)
4. 두 물고기를 서로 마주보게 한 후 테이프로 고정합니다. 사인펜이나 스티커로 물고기 눈을 표시합니다.
5. 쌍둥이 물고기를 공중에 던져보세요. 또 높은 곳에서 아래로 떨어뜨려보세요.
   Q 쌍둥이 물고기는 어떻게 떨어지나요? 높이에 따라 관찰해보세요.
6. 색종이 폭을 더 가늘게(8등분) 또는 더 두껍게(2등분) 하여 만들어보세요.
   Q 어느 것이 가장 많이 빙글빙글 돌며 떨어지나요?

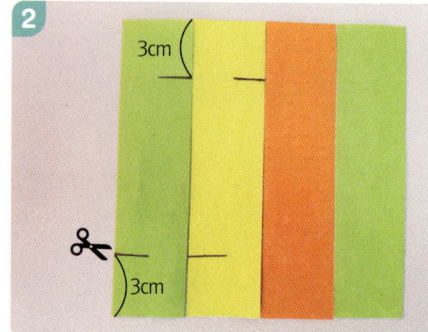

🔬 어떻게 될까요?

1 쌍둥이 물고기는 위에서 아래로 빙글빙글 돌며 떨어집니다.

2 바람의 방향에 따라 위에서 휘어져 내려옵니다.

3 높은 곳에서 떨어질수록 도는 횟수가 많아지고, 바닥에 가까울수록 더 빨리 돕니다.

4 가장 많이 빙글빙글 도는 것은 8등분 > 4등분 > 2등분한 색종이 순입니다.

실험 속 과학원리

공기의 저항

공기의 저항이란 공기 속을 운동하는 물체가 공기로부터 받는 저항으로, 운동 방향과 반대로 작용합니다. 자동차 문을 열고 손을 내밀면 바람을 느끼게 되는데 그때 차의 속도가 빠르다면 더 센 공기를 느끼게 됩니다. 이때 자동차나 창밖에 내놓은 손이 공기와 부딪치며 앞으로 가려는 운동을 방해받게 되는데, 이것이 공기의 저항입니다.

➕ 이것도 알아두세요

1 공기 속 물체가 움직이는 속력이 클수록 공기의 저항도 커집니다.

2 위에서 아래로 낙하하는 물체에 대해 공기 저항은 낙하를 방해하는 힘으로 작용합니다.

3 물체의 모양에 따라 낙하하는 물체가 받는 공기의 저항 정도에 차이가 생겨 떨어지는 모양이 다양해집니다.

개념 확인 Quiz

1 공기 속을 운동하는 물체가 공기로부터 운동을 방해하는 힘을 받게 될 때 이를 _____ 이라고 합니다.

2 펼쳐진 종이가 뭉쳐진 종이보다 공기저항을 더 (많이, 적게) 받습니다.

093 색종이로 만든 꼬마 헬리콥터

색종이를 이용해서 초간단 꼬마 헬리콥터를 만들어봐요.
위로 던지면 빙글빙글 돌면서 하늘에서 떨어져 재미있어요.

교과연계
5학년 2학기 4단원 〈물체의 운동〉 심화

핵심용어
중력과 공기의 저항

준비물
색종이, 셀로판테이프, 가위, 클립 1~2개

 이렇게 실험해요

1. 색종이 반 장을 가로세로로 접었다 펴서 4개의 직사각형을 만들어주세요.
   - TIP 중간선을 기준으로 위쪽은 날개, 아래쪽은 손잡이에 해당합니다.

2. 위쪽은 가운데를 중심에서 0.5cm까지 가위집을 내고 서로 반대 방향으로 젖혀 접어주세요.

3. 아래쪽은 삼등분을 해서 중간선 양쪽에 가위집을 낸 후 세 겹으로 겹쳐 접고 테이프로 고정합니다.
   - TIP 날개와 손잡이가 서로 직각이 되게 모양을 잡아주세요.

4. 완성된 꼬마 헬리콥터를 위에서 아래로 떨어뜨리거나 아래에서 위로 던져보세요.
   - Q 헬리콥터는 어떤 모습으로 움직이나요?

5. 손잡이에 수직으로 클립을 꽂은 후, 꼬마 헬리콥터를 위로 던지거나 높은 곳에서 떨어뜨려보세요.
   - Q 헬리콥터는 어떻게 움직이나요?

6. 꼬마 헬리콥터를 조금 더 작은 종이와 조금 더 큰 종이로도 만들어 앞에서 만든 헬리콥터와 같은 높이에서 동시에 떨어뜨려 비교해 보세요.

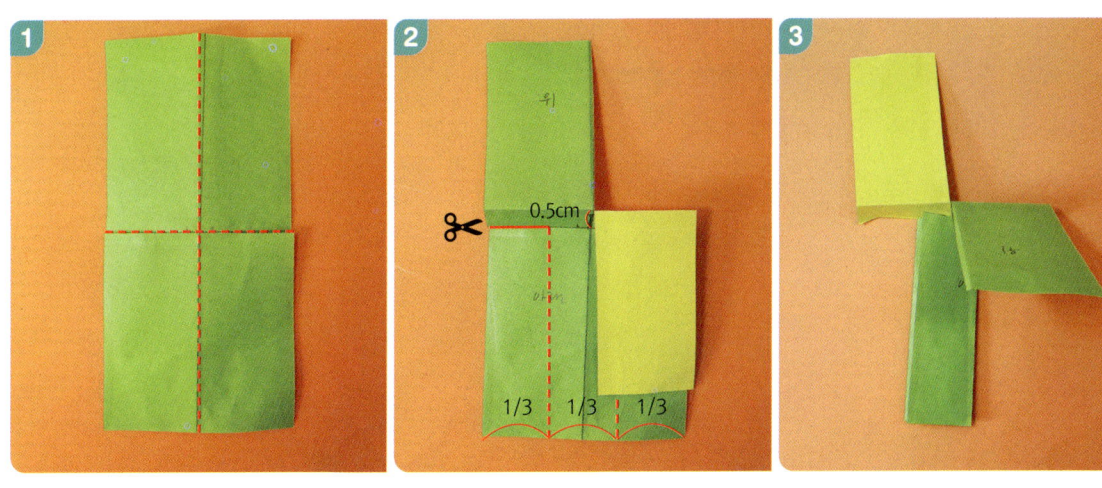

어떻게 될까요?

1 위로 던지거나 높은 곳에서 떨어뜨리면 두 개의 날개가 헬리콥터처럼 회전합니다.

2 클립을 꽂은 부분에 무게중심이 위치해 회전의 중심축 역할을 하며 헬리콥터가 안정적인 회전을 하게 됩니다.

3 작은 종이로 만들어 헬리콥터 날개가 작아지면 빠르게 회전하고, 큰 종이로 만들어 날개가 커지면 크게 천천히 회전합니다.

실험 속 과학원리

중력과 공기 저항

지구상의 모든 물체는 중력에 의해 낙하 운동을 하게 됩니다. 이때 종이 헬리콥터처럼 가볍고 날개가 펼쳐진 물체는 떨어지면서 공기의 영향을 많이 받게 됩니다. 클립을 꽂아 수직 아래 방향에 무게중심이 오게 하면 펼쳐진 날개가 공기와 부딪히며 저항을 받아 수평 방향으로 회전하게 됩니다.

➕ 이것도 알아두세요

1 헬리콥터의 회전 날개는 '로터'라고 합니다. 이 로터를 바람개비처럼 회전시키면 위로 떠오르는 양력을 얻게 됩니다.

2 종이 헬리콥터는 공기의 저항에 의해 회전하지만 진짜 헬리콥터는 모터로 날개를 회전시킵니다.

3 공기의 저항이 없다면 낙하하는 모든 물체는 동시에 땅에 떨어집니다.

개념 확인 Quiz

1 _____ 이 없다면 낙하하는 모든 물체는 동시에 땅에 떨어집니다.

2 꼬마 헬리콥터가 빙글빙글 도는 것은 펼쳐진 날개가 _____ 을 받아 회전하기 때문입니다.

094 실내용 부메랑 만들기

택배상자처럼 조금 두께감이 있는 종이를 이용해
실내에서 날릴 수 있는 깜찍한 미니 부메랑을 만들어 봐요.

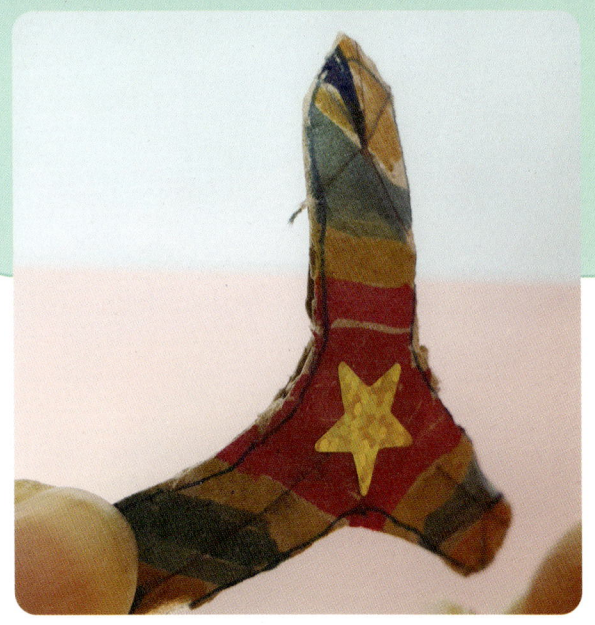

교과연계
5학년 2학기 4단원 〈물체의 운동〉 심화

핵심용어
양력과 공기의 저항

준비물
택배상자, 색연필이나 유성펜, 스티커(꾸미기 재료), 셀로판테이프, 가위 또는 칼

이렇게 실험해요

1. 택배상자에 한 변이 6cm인 정삼각형을 그리고, 세 꼭지점에서 마주보는 변에 각각 수선을 긋습니다.
2. 선을 참고로 하여 세 날개를 그리되, 부메랑의 끝부분과 움푹한 부분은 둥글립니다.
   - **TIP** 부드러운 곡선이어야 공기 저항을 줄일 수 있고 충돌시 위험을 줄일 수 있습니다.
3. 부메랑을 색칠하고 꾸민 뒤 가위로 오려줍니다.
4. 부메랑 전체가 부드럽게 볼록한 곡선이 되도록 날개를 포함한 몸체를 살짝 휘어주세요.
5. 날개 끝부분을 선풍기 날개처럼 세 날개가 모두 같은 방향으로 휘어지게 합니다.
6. 부메랑 날개를 수직으로 잡고, 날개를 손가락으로 튕겨 날립니다.
   - **Q** 부메랑이 날아갔다 돌아오는 모습은 어떤가요?
   - **TIP** 바닥이나 앞쪽보다 약간 위쪽을 향하도록 튕겨주세요.
7. 돌아오는 부메랑을 잡을 때는 양손을 위와 아래로 해서 샌드위치를 누르듯 잡습니다.
   - **Q** 부메랑을 날려 보낼 때와 돌아올 때 모습은 어떻게 다른가요?

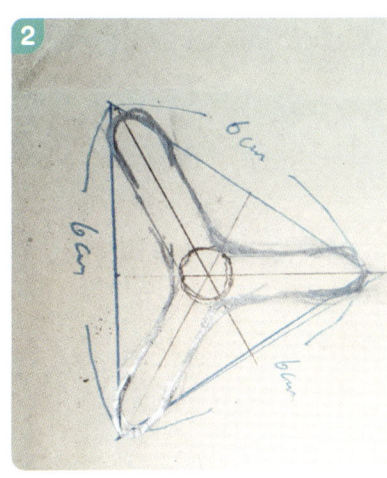  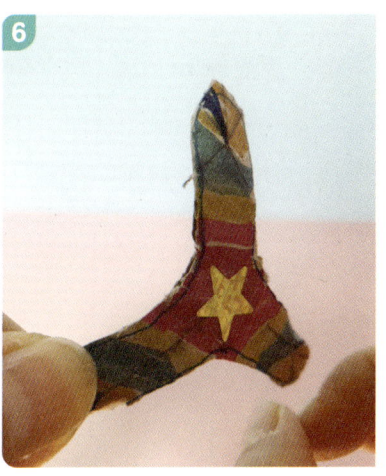

어떻게 될까요?

1 부메랑은 스스로 빙글빙글 회전하며 회전하는 방향으로 휘어져 돌아옵니다.

2 부메랑은 수직으로 날아가지만 돌아올 때는 옆으로 수평이 되어서 돌아옵니다.

실험 속 과학원리

양력과 공기 저항

부메랑이 제자리로 돌아오는 것은 양력과 공기 저항 때문입니다. 위로 떠오르는 힘은 비행기를 뜨게 하는 원리와 같이 양력에 의해 발생합니다. 부메랑을 한 쪽이 볼록하도록 휘는 것은 비행기의 날개와 같이 양력을 받아 잘 뜨게 하기 위한 것입니다. 날아가는 부메랑은 팽이처럼 회전하다가 점점 옆으로 누워 수평으로 돌게 되면서 공기의 저항에 의해 되돌아오게 됩니다.

➕ 이것도 알아두세요

1 부메랑을 수직으로 던지면 위 날개는 진행 방향과 같아 더 빨리 도는데 아래의 날개는 반대로 되어 있어 공기 저항을 더 받아 느리게 돌게 되며 부메랑에 양력차가 생겨 기울어지며 수평으로 돌게 됩니다.

2 부메랑의 볼록한 부분은 공기가 빠르게 지나가 압력이 낮고 평평한 아랫면은 압력이 높아 양력이 발생해 부메랑을 뜨게 합니다.

3 또한 부메랑을 수직으로 던져야 이러한 압력차에 의해 부메랑의 경로가 볼록한 쪽으로 휘어지며 다시 돌아오게 됩니다.

개념 확인 Quiz

1 부메랑이 제자리로 돌아오는 것은 양력과 _____ 때문입니다.

2 부메랑의 한쪽 면을 볼록하게 하면 양면에 공기 압력차가 생겨 _____ 이 발생해 부메랑을 뜨게 하면서 또한 운동 방향을 바꾸게 합니다.

095 양초 엘리베이터

스스로를 태워 주변을 밝히는 양초.
그런데 이 양초가 엘리베이터처럼 물을 위로 쑥 끌어올리는 마법을 부릴 수 있다고 해요.

교과연계
6학년 1학기 3단원 〈여러 가지 기체〉 심화

핵심용어
연소, 대기압

준비물
작은 양초, 여러 모양의 컵, 접시, 물, 물감

 이렇게 실험해요

1. 접시에 작은 양초를 올려 놓고 불을 붙입니다.
   - TIP 물에서 뒤집어지지 않고 균형을 잡을 수 있게 밑이 평평한 초를 써주세요.
2. 물 1/2컵을 접시에 붓습니다. 양초나 양초 심지가 젖지 않도록 해주세요.
   - TIP 실험 결과가 잘 보이도록 물감을 푼 물을 이용해도 좋아요.
3. 컵을 똑바로 세워 양초 위에 씌우고 어떤 일이 일어나는지 관찰해보세요.
   - Q 촛불은 어떻게 되었나요? 또 컵 밖의 물은 어떻게 되었나요?
4. 3의 관찰이 끝나면 컵을 똑바로 들어올려주세요.
   - Q 컵을 들어올리면 물은 어떻게 되나요?
5. 다양한 모양과 크기의 컵과 양초를 사용해보세요.

 **어떻게 될까요?**

1 컵을 씌우고 나면 잠시 후 촛불이 꺼집니다.

2 촛불이 꺼지면서 컵 주변에 있던 물이 컵 안으로 들어오면서 양초를 위로 밀어 올립니다.

3 컵 안으로 물이 들어올 때 보글보글 기포가 생깁니다.

4 물이 든 컵을 들어올리면 물이 잠시동안 컵에 멈춰 있다가 갑자기 쏟아집니다.

실험 속 과학원리

연소와 대기압

양초에 컵을 씌우면 컵 속의 촛불은 산소가 공급되지 않아 저절로 꺼지게 됩니다. 촛불에 의해 컵 안과 밖은 온도차가 발생하고 이에 의해 기압차도 생깁니다. 컵 안은 주변보다 높은 온도로 인해 공기의 밀도가 작아져 일정한 면적당 작용하는 기압이 낮아지게 됩니다. 그러면 병 밖의 물이 안으로 밀려 들어오게 됩니다. 컵을 똑바로 들어올리면 컵 안의 물은 컵 안과 밖의 온도차에 의해 생긴 기압차에 의해 잠깐 컵 안에 머물러 있다 한꺼번에 쏟아집니다.

➕ 이것도 알아두세요

1 기압은 공기의 무게에 의해 생기는 압력으로, 대기압이라고도 합니다.

2 기압은 같은 크기로 모든 방향에서 고르게 작용합니다.

3 공기는 기압이 높은 쪽에서 낮은 곳으로 이동합니다.

개념 확인 Quiz

1 공기의 무게에 의해 생기는 압력을 _____ 라고 합니다.

2 주변보다 기온이 높은 곳은 공기의 밀도가 작아져 기압이 (낮아지게, 높아지게) 됩니다.

096 손대지 않고 탁구공 들어올리기

탁구공을 손대지 않고 들어올리는 방법이 있다고 하네요. 페트병과 물만 있다면 가능하다고 하는데, 마술이 아니라 과학이 숨어 있네요. 입구가 조금 넓은 병으로 실험하면 더 효과적입니다.

교과연계
5학년 2학기 3단원 〈날씨와 우리의 생활〉 심화

핵심용어
대기압과 물의 부착력

준비물
페트병, 탁구공, 컵, 큰 그릇

이렇게 실험해요

1. 책상 위의 탁구공을 손대지 않고 페트병만으로 집어 올려보세요.
   - **Q** 손대지 않고 탁구공을 집어 올릴 수 있나요?

2. 컵에 물을 2/3 정도 채우고 탁구공을 띄웁니다.
   - **TIP** 물이 넘칠 것을 대비해 컵 밑에 큰 그릇을 놓거나 싱크대에서 실험해 주세요.

3. 페트병 입구를 탁구공에 갖다 대고 탁구공이 물에 잠길 정도로 병을 눌러주세요.
   - **TIP** 갑자기 세게 누르면 물이 넘칠 수 있어요.

4. 페트병을 천천히 들어올립니다. 특히 수면을 지날 때 조심스럽게 올려주세요.
   - **Q** 탁구공은 어떻게 되었나요?

어떻게 될까요?

1 책상 위의 탁구공을 빈 페트병으로 들어올리기는 어렵습니다.

2 물속 탁구공은 페트병에 달라붙어 물 위로 올라옵니다.

실험 속 과학원리

대기압과 부착력

공기의 무게 때문에 생기는 압력을 기압이라고 하며, 지구를 둘러싼 공기 기둥의 무게를 대기압이라고 표현합니다. 지표면에서의 대기압은 1기압이고 물기둥 10m의 무게와 맞먹습니다. 물의 부착력은 탁구공을 페트병에 달라붙게 하고 탁구공에 작용하는 대기압은 탁구공을 위로 떠받쳐 탁구공이 떨어지지 않게 합니다.

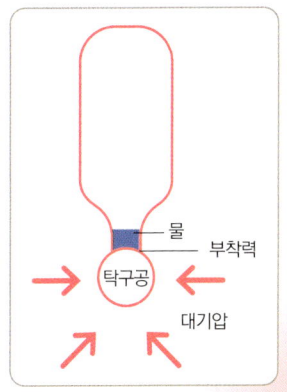

⊕ 이것도 알아두세요

1 물의 표면장력은 물분자들끼리 서로 잡아당기는 힘에 의해 생깁니다.

2 서로 다른 두 물질 분자 사이의 당기는 힘을 부착력이라고 합니다.

3 물분자들은 다른 물질을 잡아당겨 물에 달라붙게 하는 부착력을 가지고 있습니다.

4 대기압은 공기 기둥이 누르는 힘으로 위와 아래, 옆 등 모든 방향에서 작용합니다.

개념 확인 Quiz

① 지구를 둘러싼 공기 기둥의 무게를 _____ 이라고 합니다.

② 표면장력은 물분자들끼리 잡아당기는 힘에 의해 생기고, _____ 은 물분자가 다른 물질을 잡아당기는 힘에 의해 생깁니다.

097 오르락내리락 청포도 댄스

톡 쏘는 탄산이 매력적인 사이다. 그냥 마셔도 맛있지만 사이다로 여러 가지 재미있는 과학 실험을 해볼 수 있어요. 오늘은 사이다를 과학에 양보해 보세요.

교과연계
6학년 1학기 3단원 〈여러 가지 기체〉 심화

핵심용어
기체의 용해와 부력

준비물
투명컵 2개, 사이다(500ml), 청포도, 빨대, 쌀 또는 콩, 밀가루, 소금, 물

이렇게 실험해요

1. 컵에 물을 2/3 채우고 청포도를 넣어요.
   - Q 청포도는 어떻게 되나요?
   - TIP 청포도 대신 다른 포도나 방울토마토를 사용해도 됩니다.

2. 이번에는 컵에 사이다를 2/3 채우고 청포도를 넣어보세요.
   - Q 청포도는 어떻게 되나요?

3. 사이다 속 청포도를 계속 관찰합니다.
   - Q 청포도 표면에 달라붙은 것들이 보이나요? 청포도는 어떻게 움직이나요?

4. 사이다에 빨대를 담가보세요.
   - Q 빨대는 어떻게 되나요? 빨대 표면을 자세히 관찰해보세요.

5. 사이다에 쌀이나 콩을 넣어보세요.
   - Q 쌀이나 콩은 어떻게 되나요?

6. 사이다에 밀가루나 소금을 넣어보세요.
   - Q 밀가루와 소금은 어떻게 되나요?

 **어떻게 될까요?**

1 청포도를 물에 넣으면 가라앉습니다.

2 청포도를 사이다에 넣으면 표면에 기포가 달라붙으면서 위로 떠오릅니다. 위로 떠오른 청포도는 기포가 터지면서 빙글빙글 돌기도 하고 가라앉았다 다시 뜨기도 합니다.

3 사이다에 빨대를 넣으면 빨대에 기포가 무수히 달라붙으면서 빨대가 위로 떠오릅니다.

4 사이다에 쌀이나 콩을 넣으면 기포가 달라붙어도 위로 떠오르지 않습니다.

5 사이다에 소금이나 밀가루를 넣으면 갑자기 많은 기포가 발생합니다. 소금은 녹으며 거품이 사라지지만 밀가루는 오래 지속되며 물 위에 오래 떠 있습니다.

실험 속 과학원리

기체의 용해와 부력

부력은 액체나 기체 속에 있는 물체가 중력을 거슬러 위로 떠오르려는 힘을 말합니다. 기포가 물체에 달라붙으면 물체 전체의 무게가 가벼워져 중력보다 부력이 더 크게 작용하면서 물체가 위로 떠오르게 됩니다.

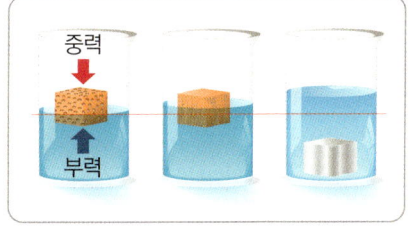

사이다에 물체를 넣으면 물에 용해되어 있던 기체가 빠져나오면서 물체에 달라붙어 공기튜브 역할을 해 물체를 떠오르게 합니다. 그러나 무거운 물체는 기포가 달라붙어도 중력이 더 크게 작용해 위로 떠오르지 못합니다. 쌀은 물보다 단위 면적당 무게가 더 많이 나가므로 위로 떠오르지 못합니다.

➕ 이것도 알아두세요

1 물이 물체를 위로 밀어올려 떠오르게 하려면 물체의 밀도가 물보다 작아야 합니다.

2 물은 공기보다 밀도가 커 물의 부력이 공기에 의한 부력보다 큽니다.

3 고운 가루 형태의 알갱이는 표면적이 넓어 기포가 더 잘 달라붙어 오래 떠 있을 수 있습니다.

개념 확인 Quiz

① 액체나 기체 속에 있는 물체가 중력을 거슬러 위로 떠오르려 하는 힘을 _____ 이라고 합니다.

② 물체가 물 위로 떠오르려면 부력이 물체의 무게보다 (커야, 작아야) 합니다.

098 사이다 기포의 정체

사이다는 톡 쏘는 맛이 가장 큰 특징인데요, 사이다의 톡 쏘는 맛을 만드는 기체의 정체는 무엇일까요?
여러 가지 실험을 통해 기체의 정체를 밝혀봐요.

교과연계
6학년 1학기 3단원 〈여러 가지 기체〉 심화

핵심용어
기체의 성질

준비물
사이다(500ml) 2병, 투명한 물병, 조개껍질(또는 계란껍질), 풍선 2개, 양초, 꼬치막대, 라이터

1 사이다에 조개껍질(또는 계란껍질)을 넣고 관찰합니다.
   Q 어떤 변화가 보이나요?

2 1의 병에 풍선을 씌우고, 풍선을 살짝 잡아당겨 기체가 잘 들어가도록 세워주세요.
   Q 풍선이 어떻게 되었나요?

3 병을 흔들거나 뜨거운 물에 담가보세요.
   Q 병 안과 풍선에 변화가 있나요?

4 초를 켠 후 병에서 풍선을 재빨리 빼내어 촛불에 풍선 속 기체를 쏘입니다.
   Q 촛불은 어떻게 되었나요?

5 새 사이다를 뚜껑을 연 후 풍선을 씌워 기체를 최대한 모읍니다.

6 모은 풍선 속 기체를 투명한 병에 옮긴 후 병을 거꾸로 뒤집어 세워둡니다.
   💡TIP 풍선의 기체를 새로운 병에 담을 때는 풍선 입구를 병 안에 넣어 옮깁니다.

7 꼬치막대에 불을 붙인 후 6의 병 안에 넣어보세요.

Q 불꽃은 어떻게 되나요?

TIP 사이다 속 기체(이산화탄소)는 공기보다 무거워 아래쪽에 모여 있습니다.

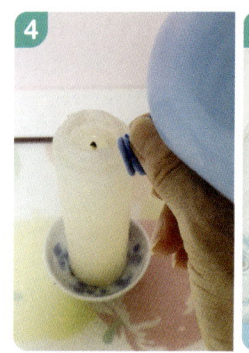
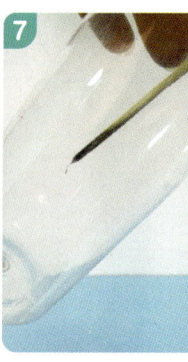

어떻게 될까요?

1 조개껍질(또는 계란껍질)을 사이다에 넣으면 뽀글뽀글한 기포가 매우 많이 달라붙고 주변에 활발하게 기포가 발생합니다.

2 사이다가 들어 있는 병에 풍선을 씌우면 풍선이 부풀어 오릅니다.

3 병을 흔들거나 뜨거운 물에 넣으면 기포가 더 많이 발생하면서 풍선이 조금 더 커집니다.

4 풍선에 모은 기체는 촛불이나 막대의 연소를 방해해 불을 끕니다.

실험 속 과학원리

기체의 성질

사이다는 물에 이산화탄소 기체가 녹아 있는 이산화탄소 수용액입니다. 이러한 음료를 탄산음료라고 하며 약한 산성을 띠고 있어 조개껍질 등을 녹입니다.

이산화탄소는 비교적 물에 잘 녹는 기체로 낮은 온도와 높은 압력이 주어져야 물에 잘 녹아 있을 수 있습니다. 그래서 맛있는 사이다를 먹으려면 사이다를 냉장고(낮은 온도)에 뚜껑(압력)을 닫아 보관해야 합니다.

➕ 이것도 알아두세요

1 이산화탄소는 공기보다 무거우며 조연성(물질이 타는 것을 돕는 성질)이 없어 불을 끄는 데 흔히 사용됩니다.

2 이산화탄소 자체가 불을 끄는 성질이 있다기보다는 연소하는 물체 주변의 산소 농도를 떨어뜨려 불을 꺼지게 합니다.

3 이산화탄소는 무색 무취의 기체로, 고체로 얼어 있는 상태일 때는 드라이아이스라고 부릅니다.

개념 확인 Quiz

1 이산화탄소는 (낮은, 높은) 온도와 (낮은, 높은) 압력이 주어져야 물에 잘 녹아 있을 수 있습니다.

2 이산화탄소는 공기보다 (가벼우며, 무거우며) 조연성이 없어 소화기 용도로도 자주 사용됩니다.

099 자투리 채소로 만드는 산소

오늘은 요리를 하다 남은 자투리 채소로 산소를 만들어봐요. 채소로 산소를 만든다니 채소가 산소를 품고 있다가 슬쩍 내놓는 걸까요, 아니면 채소 속 산소를 눌러 짜내기라도 하는 걸까요?

교과연계
6학년 1학기 3단원 〈여러 가지 기체〉 심화

핵심용어
산소의 발생

준비물
감자, 당근, 무 약간씩, 과산화수소수(60ml), 빈 생수병(500ml) 4개, 강판이나 믹서기, 숟가락, 라이터, 꼬치막대 1~2개, 풍선, 넙적한 그릇, 미지근한 물, 물약병

이렇게 실험해요

1 감자, 무, 당근을 깨끗이 닦아 믹서나 강판에 갈아주세요.

2 페트병에 1의 감자, 무, 당근을 각각 1숟가락씩 넣어주세요.

3 과산화수소수를 물약병에 담아 2의 페트병에 20ml씩 넣고 병들을 잘 관찰해보세요.

  Q 각 페트병에서는 어떤 현상이 관찰되나요? 가장 많은 변화가 나타난 것은 어느 채소인가요?

4 깜부기불을 페트병 입구에 가까이하고 바로 그 순간을 관찰해보세요.

  TIP 깜부기불은 거의 꺼져가는 불을 말합니다. 꼬치막대(또는 나무젓가락)에 불을 붙이고 잠시 후 꺼주면 됩니다.

  Q 깜부기불이 어떻게 되었나요?

5 채소 중 가장 반응이 큰 채소 1숟가락을 빈 페트병에 넣고 과산화수소수 20ml를 넣은 후 재빨리 풍선을 씌워주세요.

6 풍선을 페트병에서 뺀 후 입구에서 나오는 공기를 깜부기불 쪽으로 향하게 해보세요. 또는 직접 페트병 안에 깜부기불을 넣어보세요.

 깜부기불은 어떻게 되나요?

어떻게 될까요?

1 채소가 담긴 병에 과산화수소수를 집어 넣으면 하얀 거품이 발생합니다.

2 거품이 가장 많이 빨리 발생하는 순서는 감자 > 당근 > 무입니다.

3 깜부기불을 페트병에 넣거나 풍선 입구에 가까이 가져가면 깜부기불이 다시 환하게 살아납니다.

실험 속 과학원리

산소의 발생

과산화수소를 이산화망간과 반응시키면 산소와 물이 발생합니다. 이때 이산화망간은 과산화수소를 빨리 분해하게 하는 촉매 역할을 합니다. 채소 속에도 과산화수소를 물과 산소의 분해가 빨리 일어나도록 돕는 카탈라아제라는 성분이 들어 있습니다. 카탈라아제는 대부분의 채소에 들어 있으며 채소에 따라 그 양에 차이가 있습니다. 우리가 실험한 것 중에는 감자〉당근〉무의 순서로 많이 들어 있어 감자에 과산화수소를 반응시켰을 때 산소가 가장 많이 발생합니다.

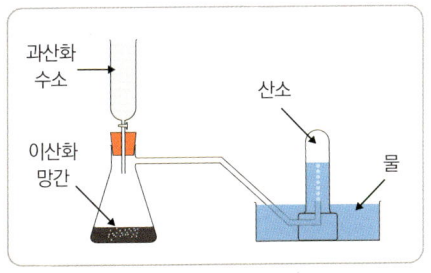

이것도 알아두세요

1 카탈라아제는 동물의 적혈구와 간에도 들어 있습니다. 상처가 나서 피가 나올 때 과산화수소로 소독을 하면 하얀 거품이 일어나는데 적혈구 속 카탈라아제가 과산화수소와 반응해 산소와 물을 발생시키기 때문입니다.

2 산소계 표백제인 옥시크린에는 과탄산나트륨이 들어 있는데, 이 성분이 물과 만나 분해가 되면서 산소가 발생하게 됩니다.

3 산소는 스스로 타지는 않지만 다른 물질이 타는 것을 돕는 성질이 있습니다.

개념 확인 Quiz

1 과산화수소를 이산화망간과 반응시키면 _____ 와 _____ 이 발생합니다.

2 _____ 는 스스로 타지 않지만 다른 물질이 타는 것을 돕는 성질이 있습니다.

100 딸깍딸깍 달리는 동전의 비밀

차가운 유리병을 따스하게 감싸주면 유리병 위의 동전이 딸깍딸깍 소리를 내며 달리기를 시작한다고 하네요.
누가 더 오래 달리나 시합을 해 봐도 재미있겠죠?

교과연계
6학년 1학기 3단원 〈여러 가지 기체〉 심화

핵심용어
기체의 온도와 부피

준비물
유리병, 백 원짜리 동전, 뜨거운 물, 풍선, 물그릇

이렇게 실험해요

1. 손가락에 물을 묻혀 유리병 입구에 빙 돌려 발라주세요.
   - **TIP** 물을 바르면 동전이 병에 달라붙어 병 속 공기가 밖으로 새어 나오는 것을 막아줍니다.

2. 유리병 입구에 백 원짜리 동전을 올려 입구를 막아줍니다.

3. 유리병을 손으로 따뜻하게 감싸고 3분 정도 기다려주세요.
   - **Q** 병 위의 동전은 어떻게 되나요?
   - **TIP** 병은 차갑고 손은 따뜻할수록 좋습니다.

4. 이번에는 유리병을 차가운 물에 3~4분 정도 담그거나 차가운 곳에 두었다 뜨거운 물에 세워서 담가주세요.
   - **TIP** 여름엔 잠시 차가운 물에 담갔다 꺼낸 후 사용해주세요.

5. 유리병 입구에 물을 묻힌 후 백 원짜리 동전을 올려 입구를 막아줍니다. 그리고 동전을 가만히 살펴보세요.
   - **Q** 병 위의 동전은 어떻게 되나요?

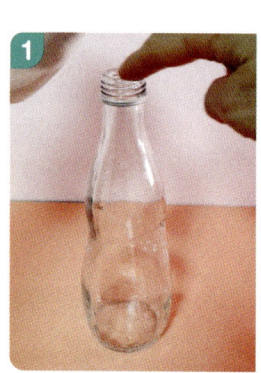

6 차가운 병에 풍선을 씌운 후 뜨거운 물에 담가보세요.

Q 풍선은 어떻게 되나요?

TIP 풍선을 몇 번 불었다 바람을 빼 부드럽게 만든 후 사용해야 풍선의 변화를 보기 쉽습니다.

어떻게 될까요?

1 손으로 감싼 유리병 위의 동전은 딸깍딸깍 소리를 내며 들썩입니다.

2 뜨거운 물에 담근 유리병 위의 동전은 들썩였다 내려오며 딸깍 소리를 냅니다.

3 뜨거운 물에 담근 유리병 위의 풍선은 부풀어 오릅니다.

실험 속 과학원리

기체의 온도와 부피 관계

기체에 열을 가하면 기체를 이루는 알갱이들의 운동(분자 운동)이 활발해지면서 알갱이들 사이의 거리가 멀어져 부피가 팽창하게 됩니다. 이처럼 압력이 일정할 때 기체의 온도가 높아지면 기체의 부피가 증가하고, 온도가 낮아지면 부피가 감소하는 것을 '샤를의 법칙'이라고 합니다.

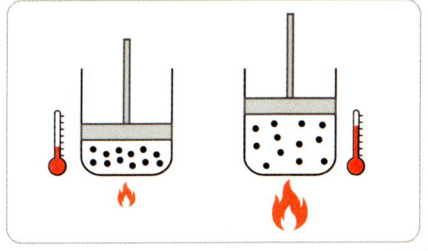

➕ 이것도 알아두세요

1 온도가 높아져 기체의 부피가 증가해도 기체 알갱이의 크기나 개수는 일정합니다.

2 열기구에 열을 가하면 열기구 안의 공기 부피가 늘어나며 밀도가 작아져 하늘에 뜰 수 있게 됩니다.

3 찌그러진 탁구공을 뜨거운 물에 넣으면 탁구공은 원래대로 다시 펴집니다.

개념 확인 Quiz

① 압력이 일정할 때 _____가 올라가면 기체의 부피는 증가합니다.

② 샤를의 법칙은 기체의 온도와 _____와의 관계를 나타낸 것입니다.

Appendix

개념 확인 Quiz 정답

개념 확인 Quiz 정답

Part 1
물질의 성질과 특성

- 001 ① 지시약   ② 산성, 염기성
- 002 ① 상태 변화   ② 열, 압력
- 003 ① 과냉각   ② 응고
- 004 ① 밀도   ② 농도
- 005 ① 용액   ② 용매, 용질
- 006 ① 밀도   ② 혼합물
- 007 ① 파라핀   ② 표면장력
- 008 ① 표면장력   ② 계면활성제
- 009 ① 표면장력   ② 안쪽
- 010 ① 농도   ② 작아서
- 011 ① pH   ② 산성
- 012 ① 점성   ② 끈끈한
- 013 ① 분자요리   ② 단백질
- 014 ① 연소   ② 산소
- 015 ① 이산화탄소   ② 소화
- 016 ① 큽니다   ② 부피
- 017 ① 확산   ② 빠릅니다
- 018 ① 열가소성   ② 열가소성
- 019 ① 밀도차
- 020 ① 밀도   ② 4
- 021 ① 모세관   ② 모세관
- 022 ① 크로마토그래피   ② 물
- 023 ① 밀도(또는 농도)
       ② 높은, 낮은
- 024 ① 어는점 내림   ② 어는점
- 025 ① 점탄성   ② 탄성, 점성
- 026 ① 밀도

Part 2
힘과 물체의 운동

- 027 ① 힘의 분산   ② 중력
- 028 ① 원운동   ② 회전 관성
- 029 ① 방향
- 030 ① 원운동   ② 원심력
- 031 ① 관성   ② 관성
- 032 ① 중력   ② 낙하운동
- 033 ① 무게중심
- 034 ① 마찰   ② 안쪽, 바깥쪽
- 035 ① 낮을수록   ② 낮은
- 036 ① 각운동량   ② 느려집니다
- 037 ① 힘   ② 기계
- 038 ① 무게중심   ② 받침점
- 039 ① 무게중심   ② 위
- 040 ① 균형
- 041 ① 받침점   ② 무게중심
- 042 ① 수평   ② 지레
- 043 ① 같습니다   ② 가까이
- 044 ① 모빌   ② 지레
- 045 ① 질량
- 046 ① 공기   ② 작용 반작용

Part 3
빛과 소리, 에너지의 전달

- 047 ① 떨림(또는 진동)   ② 진동수
- 048 ① 에너지   ② 운동 에너지
- 049 ① 진자   ② 길이
- 050 ① 진동   ② 파동
- 051 ① 진동   ② 높은, 낮은
- 052 ① 투명   ② 반사
- 053 ① 역학적 에너지   ② 보존
- 054 ① 굴절, 반사   ② 오목
- 055 ① 볼록   ② 초점
- 056 ① 굴절   ② 회절
- 057 ① 무아레
- 058 ① 삼원색   ② 흰색
- 059 ① 직진   ② 검정색
- 060 ① 음파   ② 진공

Part 4
전기와 자기

- 061　① 철　② N극, S극
- 062　① 자기력　② 철
- 063　① 양 극　② 자기장
- 064　① 척력　② 자화
- 065　① S극, N극　② 척력, 인력
- 066　① 자기장　② 전동기
- 067　① 자기장　② 자기력
- 068　① 전자석　② 극, 세기
- 069　① 정전기　② 대전, 대전체
- 070　① 전기력　② 척력, 인력
- 071　① 대전열　② 털가죽
- 072　① (+), (-)　② 방전
- 073　① 정전기 유도　② (+)전기
- 074　① 도체, 부도체
　　② 도체, 부도체
- 075　① 정전기 유도　② 부도체
- 076　① 부도체, 도체

Part 5
생물의 생활과 기능

- 077　① 부레　② 공기
- 078　① 화석　② 표준화석
- 079　① 속도차
- 080　① 기름
- 081　① 착시
- 082　① 기하학적　② 착시
- 083　① 잔상　② 잔상

Part 6
기체의 성질

- 084　① 줄어듭니다
　　② 보일의 법칙
- 085　① 압력　② 작아지기
- 086　① 유체　② 작습니다
- 087　① 빨라지고, 느려집니다
　　② 빠릅니다
- 088　① 마그누스　② 압력
- 089　① 깔때기　② 낮고
- 090　① 양력　② 공기의 저항
- 091　① 양력　② 항력
- 092　① 공기의 저항　② 많이
- 093　① 공기의 저항
　　② 공기의 저항
- 094　① 공기 저항　② 양력
- 095　① 기압　② 낮아지게
- 096　① 대기압　② 부착력
- 097　① 부력　② 커야
- 098　① 낮은, 높은　② 무거우며
- 099　① 산소, 물　② 산소
- 100　① 온도　② 부피

MEMO